中国社会科学院创新工程学术出版资助项目

中 国 社 会 科 学 院 财 经 战 略 研 究 院 文 库

# 马克思国际价值理论及其中国化探索

## ——中国"五外"和谐新战略研究

**MARXIST THEORY OF INTERNATIONAL VALUE AND ITS RE-CREATION IN CHINA**

*— Integrated Study on China's New Harmonized Strategies for "Five Aspects of Foreign Economic Relation"*

主　编　杨圣明　　副主编　冯　雷

社会科学文献出版社
SOCIAL SCIENCES ACADEMIC PRESS (CHINA)

# 出版前言

　　中国社会科学院财经战略研究院始终提倡"研以致用",坚持"将思想付诸实践"作为立院的根本,按照"国家级学术型智库"的定位,从党和国家的工作大局出发,致力于全局性、战略性、前瞻性、应急性、综合性和长期性经济问题的研究,提供科学、及时、系统和可持续的研究成果,当为中国社会科学院财经战略研究院科研工作的重中之重。

　　为了全面展示中国社会科学院财经战略研究院的学术影响力和决策影响力,着力推出经得起实践和历史检验的优秀成果,服务于党和国家的科学决策以及经济社会的发展,我们决定出版"中国社会科学院财经战略研究院文库"。

　　中国社会科学院财经战略研究院报告,由若干类专题研究报告组成。拟分别按年度出版发行,形成可持续的系列,力求达到中国财经战略研究的最高水平。

　　我们和经济学界以及广大的读者朋友一起瞩望中国经济改革与发展的未来图景!

中国社会科学院财经战略研究院

学术委员会

2012 年 3 月

# 课题组成员名单

**课题组长** 杨圣明 中国社会科学院学部委员、研究员、博士生导师

**成　　员** 黄胜强 中华人民共和国上海海关关长、经济学博士

裴长洪 中国社会科学院经济研究所所长、研究员、博士生导师

冯　雷 中国社会科学院财经战略研究院国际贸易与投资研究室主任、研究员、博士生导师

陈炳才 国家行政学院政策决策部副主任、研究员

王迎新 中国社会科学院财经战略研究院《财贸经济》编辑部主任、研究员

夏先良 中国社会科学院财经战略研究院国际贸易与投资研究室副主任、研究员

冯　远 中国社会科学院财经战略研究院服务贸易与 WTO 研究室副研究员、经济学博士

高文书 中国社会科学院人口与劳动经济研究所副研究员、经济学博士

**课题秘书** 冯　远

# 序　言

　　我们面前的这部学术理论著作是中国社会科学院财经战略研究院创新工程的一项重要科研成果。它以我国经济对外开放的全方位、宽领域、多层次的视阈，在马克思国际价值理论的指导下，深入系统地研究并阐明了我国"五外"（外贸、外资、外汇、外债、外援）和谐新战略问题。

　　"五外"之间既存在统一性，又存在矛盾性。在实践中，它们分别隶属不同部门管辖，矛盾和摩擦时常发生。我国改革开放30多年的实践证明，在诸多矛盾面前，必须从国家整体利益和全局利益出发，坚持统一对外原则，增强统一对外意识，制定和执行统一对外法规和政策，加强宏观管理和部门间的协调，力争把我国对外开放提高到一个新的水平上。

　　当然，"五外"有主次、轻重之分。在"十二五"期间，甚至更长的一段时间内，应以外贸为主、为基础、为核心。这不仅能带动就业和税收，而且有助于稳定人民币汇率，并在社会劳动生产率提高的基础上，保持人民币稳步升值，使外贸发展成为推动经济发展的重要引擎。引导外资成为推动外贸发展的重要力量，把外债的偿还能力控制在出口创汇能力的覆盖之下，把外贸、外资与外援有机结合起来，使外援促进外贸、外资的发展。

　　从长远看，外贸与外资的关系可能要经历三个阶段：第一阶段，以外贸为主，外资为辅；第二阶段，二者大体相当，难分伯仲；第三阶段，以外资，尤其以外向投资为主，外贸为辅。目前，中国尚处于第一阶段。如何走好第一阶段，并为走向第二、第三阶段做准备，将是我们面临的重大研究课题之一。

在课题的申请、组织和研究工作中，中国社科院的领导、财经战略研究院的领导以及院科研局和创新办的同志，都给予了大力支持，付出了辛勤的劳动。在此，谨向他们致以衷心谢意。限于知识和水平，不妥之处，在所难免，欢迎批评指正。

课题组全体成员

2012 年 5 月 2 日

# 目 录

# CONTENTS

## 第一章

# 中国"五外"和谐
# 新战略的理论基础

杨圣明　黄胜强

在经济全球化中，必须提出和研究国际价值问题。中国制定和执行"五外"和谐新战略时，必须提出和研究马克思国际价值理论及其中国化问题。

## 一　马克思国际价值理论的基本内容

马克思将他的劳动价值理论应用于资本主义社会的研究中，创立了剩余价值学说，这是大家熟知的。然而，马克思应用他的劳动价值理论考察世界市场时，创立了国际价值学说，知之者甚少。因此，有必要首先介绍这个理论学说的丰富内容。经过我们系统研究，它的基本内容归纳如下。

### （一）国际价值的成因

经济全球化和世界市场是国际价值形成的土壤和温床。关于经济全球化，马克思曾经有过极其精辟的分析与描述。他写道："资产阶级，由于开拓了世界市场，使一切国家的生产和消费都成为世界性的了。不管反动派怎样惋惜，资产阶级还是挖掉了工业脚下的民族基础。古老的民族工业被消灭了，并且每天都还在被消灭。它们被新的工业排挤掉了，新的工业的建立已经成为一切文明民族的生命攸关的问题；这些工业所加工的，已经不是本地的原料，而是来自极其遥远的地区的原料；他们的产品不仅供本国消费，而且同时供世界各地消费。旧的、靠国内产品来满足的需要，被新的、靠极其遥远的国家和地带的产品来满足的需要所代替了。过去那种地方的和民族的自给自足和闭关自守状态，被各民族的各方面的互相往来和各方面的相互依赖所代替了。物质的生产是如此，精神的生产也是如此。"① 在全球化的国际环境和条件下，任何国家要生存和发展，都必须在世界市场上出口和进口大量的商品。而这些商品千差万别、五花八门、无奇不有。如何将这些商品进行比较和交换？它们比较和交换的基础是什么？比例关系如何确定？各自的盈亏又如何衡量和计算？双方是否都获利？还是一方剥削另一方？诸如此类的问题迫使商品所有者去寻找他们都能接受的解决问题的办法。马克思总结了实践经验，从理论上找出了解决这类问题的根本法宝，即国际价值。所谓国际价值，简言之，就是各国的国别价值（又称国民价值）在世界市场上的转化形态。在国内生产和交换中形成的价值称为国别价值，而在国际生产和交换中形成的价值则称为国际价值。它们二者既有区别，又有联系；既相互制约，又相互促进。

## （二）国际价值的实体

国际价值的实体是生产某种商品所消耗的（凝结的）世界劳动或国际社会的人类抽象劳动。马克思写道："把价值看做只是劳动时间的凝结，只是物化的劳动，这对于认识价值本身具有决定性的意义。"② 这一点不仅适用于国内价值而且更适用于国际价值。马克思的劳动二重性学说在国际范围内也同样适用。具体劳动创造使用价值，而抽象劳动创造国际价值。这种抽象劳动是抽象范围更大、抽象程度更高的劳动。不懂得劳动二重性学说，不理解世界劳动的抽象性，就不能理解马克思的国际价值理

---

① 《马克思恩格斯选集》第 1 卷，人民出版社，1972，第 254~255 页。
② 《马克思恩格斯全集》第 23 卷，人民出版社，1972，第 243 页。

论。在一国之内，国民价值的实体是该国的正常质量或中等强度的抽象劳动。而"在以各个国家作为组成部分的世界市场上，情形不同了。国家不同，劳动的中等强度也就不同；有的国家高些，有的国家低些"。① 这样，任何一个国家的正常质量的劳动或中等强度的劳动都不可能成为国际价值的实体。它们在世界范围内，只能处于个别劳动的地位。这些个别劳动，在全球范围内，在世界市场上，经过更高程度的再抽象，转化为世界劳动。这种抽象的世界劳动就构成国际价值的实体。各国的个别劳动如何转化为世界劳动？这要靠对外贸易和世界市场。马克思写道："只有对外贸易，只有市场发展为世界市场，才能使货币发展为世界货币，抽象劳动发展为社会劳动。"② "在世界贸易中，商品普遍地展开自己的价值。"③ 准确地说，在世界市场上展开的这个价值，就是国际价值。

## （三）　国际价值的实质

国际价值的实质（本质）是指国际价值中所体现的国家与国家之间的商品交换关系。在世界市场上，国家与国家之间，或者说，商品的所有者之间，表面上相互交换商品（包括服务）这种物，而实质上是彼此交换商品中所含的劳动，发生价值关系。这种关系不是赤裸裸的国家与国家之间的关系，而是在物（商品）的掩盖之下的国家与国家的关系。跨国公司盛行的今天，商品交换关系似乎仅仅是公司之间的关系，甚至是公司内部的关系。从本质上看，跨国公司的内外关系仍然反映着国家之间的商品交换关系。在西方国际经济学界，谈论的都是物，不是商品，就是货币，从来不深究商品与货币背后隐藏的商品交换者之间的关系——国家与国家之间的商品交换关系。马克思国际价值理论是既见商品这种物又见它所掩盖的国家与国家之间的交换关系的理论。随着经济全球化的发展，商品交换关系越来越深地融入国家关系中。近几年来，跟随各国政要出访的企业家越来越多，这充分证明，国家关系越来越商品化、市场化。当前，

---

① 《马克思恩格斯全集》第 23 卷，人民出版社，1972，第 614 页。
② 《马克思恩格斯全集》第 26 卷（Ⅲ），人民出版社，1974，第 278 页。
③ 《马克思恩格斯全集》第 23 卷，人民出版社，1972，第 163 页。

发展中国家与发达国家之间表面上是商品等价交换关系，而事实上却是剥削与被剥削的关系。这就是国际价值蕴涵的实质。

## （四）国际价值的量

国际价值量是指国际价值的大小、多少问题。任何事物既有质的规定性，又有量的可度性，国际价值自然不例外。所谓国际价值量就是生产某种商品所消耗的国际社会的平均必要劳动时间（又称国际社会平均必要劳动量）。马克思指出，"棉花的价值不是由英国的劳动小时决定的，而是由世界市场上的平均必要劳动时间来决定的"。[①] 生产某种商品所消耗的劳动时间，各个国家是不同的，有的国家多些，有的国家则少些；不管哪个国家的劳动消耗的时间，都不能成为国际社会的平均必要劳动时间。这个平均必要劳动时间，不是某个国家或某个大人物规定的，而是在生产经营中通过市场竞争形成的。它一旦形成，就"作为起调节作用的自然规律强制地为自己开辟道路，就像房屋倒在人的头上时重力定律强制地为自己开辟道路一样"。[②] 由国际社会的平均必要劳动时间决定的国际价值量是世界市场上衡量商品经营者优劣、好坏的客观标准。劳动消耗少于这个标准的是先进者，而多于这个标准的，则是落后者；前者发财致富，而后者则破产倒闭。由此可知，国际价值量是商品生产经营者的生命线，是催促各国生产经营者不断前进的无情的鞭子。

## （五）国际价值的尺度

衡量国际价值大小的尺度有三种：世界货币、世界劳动的平均单位和世界平均必要劳动时间。在国内，价值量大小、多少的衡量尺度有两个：外在尺度是货币，内在尺度是社会必要劳动时间。这两个尺度有紧密联系。"货币作为价值尺度，是商品内在的价值尺度即劳动时间的必然表现形式。"[③]

---

① 《马克思恩格斯全集》第47卷，人民出版社，1979，第405页。
② 《马克思恩格斯全集》第23卷，人民出版社，1972，第92页。马克思在这里所称的"自然规律"系指价值规律。
③ 《马克思恩格斯全集》第23卷，人民出版社，1972，第112页。

与此不同，在世界上，衡量国际价值大小、多少的外在尺度是世界货币，内在尺度是世界劳动的平均单位和世界平均必要劳动时间。进入世界市场，各国的货币必须脱下民族服装，恢复原来的贵金属块的形式，即把国内货币转化为世界货币。当世界货币执行价值尺度的职能时，也与国内市场上的情形不同。在国内市场上，只能有一种贵金属充当货币，执行价值尺度的职能。"在世界市场上，占统治地位的是双重价值尺度，即金和银。"① 纸币出现后，强大国家的纸币也具有世界货币的职能。例如，当今的美元、欧元和日元，都可以作为国际价值的尺度。我们希望人民币尽早成为世界货币之一，成为衡量国际价值的尺度之一。为什么要用世界劳动的平均单位作为衡量国际价值的内在尺度？对此，马克思写道："每一个国家都有一个中等的劳动强度，在这强度以下的劳动，在生产一种商品时所消耗的时间要多于社会必要劳动时间，所以不能算作正常质量的劳动。在一个国家内，只有超过国民平均水平的强度，才会改变单纯以劳动的持续时间来计量的价值尺度。在由各个国家组成的世界市场上，情形不同了。国家不同，劳动的中等强度也就不同；有的国家高些，有的国家低些。于是各国的平均数形成一个阶梯，它的计量单位是世界劳动的平均单位。因此，强度较大的国民劳动比强度较小的国民劳动在同一时间内能生产出更多的价值，而这又表现为更多的货币。"② 显然，在一国之内只有一个中等的劳动强度，而在世界上则有众多国家的中等劳动强度，并组成一个阶梯。但是，它们之间缺乏比较的基础。所以，要采用世界劳动的平均单位将各国不同的众多的中等劳动强度的劳动加以折算，以便计量和比较国际价值量的大小或多少。只有如此，才能改变单纯以劳动时间来计量的价值尺度。在劳动世界，马克思提出的世界劳动的平均单位具有重大的理论价值和实践意义。借助于世界劳动的平均单位可以把各个国家难以直接对比的劳动转化为可以直接比较的劳动，使"一个国家的三个劳动日也可能同另一个国家的一个劳动日交换"。③ 在货币世界，"欧洲货币单

---

① 《马克思恩格斯全集》第 23 卷，人民出版社，1972，第 163 页。
② 《马克思恩格斯全集》第 23 卷，人民出版社，1972，第 613~614 页。
③ 《马克思恩格斯全集》第 26 卷（Ⅲ），人民出版社，1972，第 112 页。

位"刚出现时，曾被讥笑为"怪物"，而今天人们已经认识到它的巨大作用。正是借助它，欧洲各国的不同货币制度才走向了统一，货币由多元化转向了单一化，出现了"欧元"。没有昔日的"欧洲货币单位"，就没有今日的"欧元"。世界劳动的平均单位类似于"欧洲货币单位"，借助它将使各国不同的劳动转化为世界劳动，使劳动的多元化转化为一元化，使国内价值转化为国际价值。这一点已被历史证明。

## （六）国际价值规律

商品经济或市场经济中只有一条价值规律。所谓国际价值规律仅指"价值规律在国际上的应用"。[①] 无论如何都不能把国内价值规律与国际价值规律看作两条根本不同的规律。这一点，必须言之在先，否则，会产生不少理论上的混乱。

根据马克思的著作所述，国际价值规律的要求同国内价值规律的要求相比，至少有以下三个特点。

### 1. 同一劳动时间内，不同国家创造不同量的国际价值

马克思写道："在以各个国家作为组成部分的世界市场上，情形不同了。国家不同，劳动的中等强度也就不同；有的国家高些，有的国家低些。""强度较大的国民劳动比强度较小的国民劳动，会在同一时间内生产出更多的价值。""价值规律在国际上的应用，还会由于下述情况而发生更大的变化：只要生产效率较高的国家没有因竞争而被迫把他们的商品的出售价格降低到和商品的价值相等的程度，生产效率较高的国民劳动在世界市场上也被算作强度较大的劳动。""一个国家的资本主义生产越发达，那里的国民劳动的强度和生产率，就越超过国际水平。因此，不同国家在同一劳动时间内所生产的同种商品的不同量，有不同的国际价值。"[②] 马克思又写道："一百万人在英格兰，比在俄罗斯，不只会生产更多得多的生产物，并且会生产价值更大得多的生产物，虽然个个生产物更便宜得多。"[③]

---

① 《马克思恩格斯全集》第 23 卷，人民出版社，1972，第 614 页。

② 《马克思恩格斯全集》第 23 卷，人民出版社，1972，第 613~614 页。

③ 马克思：《剩余价值学说史》第二卷，人民出版社，1975，第 66 页。

由此可知，生产效率和劳动强度小的许多发展中国家在世界市场上处于十分不利的地位，成为国际社会中的弱势群体。

**2. 不同劳动时间内，不同国家创造相同数量的国际价值**

马克思写道："在一个国家内，亏损和盈利是平衡的。在不同国家的相互关系中，情况就不是这样。即使从李嘉图理论的角度看——这一点是萨伊没有注意到的——一个国家的三个劳动日也可能同另一个国家的一个劳动日交换。价值规律在这里有了重大变化。或者说，不同国家的劳动日相互间的比例，可能像一个国家内熟练的、复杂的劳动同不熟练的、简单的劳动的比例一样。在这种情况下，比较富有的国家剥削比较贫困的国家，甚至当后者像约·斯·穆在《略论政治经济学的某些有待解决的问题》一书中所指出的那样从交换中得到好处的时候，情况也是这样。"① 当前，发展中国家基本上是以三个劳动日同发达国家的一个劳动日进行交换，其中的剥削是显而易见的。

**3. 剥削与"双赢"并存**

既然发展中国家处于被剥削的地位，为什么还要进入世界市场进行商品交换呢？这是因为，暂时落后的国家，在国际交换中"所付出的实物形式的物化劳动多于他所得到的。但是，他由此得到的商品比他自己所能生产的更便宜。"② 简言之，落后国家在出口方面吃亏而在进口方面获利。目前，国际经贸谈判经常听说获得"双赢"甚至"多赢"的结果。这表明双方、多方都获利了，但谁获多少利，则没有准确数字，肯定一方利多，另一方利少，双方相等者甚少。对于这一点，马克思指出："两个国家可以根据利润规律进行交接，两国都获利，但是一国总是吃亏……一国可以不断攫取另一国的一部分剩余价值而在交换中不付任何代价。"③ "处在有利条件下的国家，在交换中以较少的劳动换回较多的劳动。"④

如上所述，国际价值是各国商品生产经营者进行等价交换的基础、尺

---

① 《马克思恩格斯全集》第26卷（Ⅲ），人民出版社，1972，第112页。
② 《马克思恩格斯全集》第25卷，人民出版社，1975，第265页。
③ 《马克思恩格斯全集》第46卷（下），人民出版社，1980，第401~402页。
④ 《马克思恩格斯全集》第25卷，人民出版社，1975，第265页。

度和平等的客观标准。这里所说的"等价"、"平等"就在于以同一个尺度——国际价值来衡量和判断。但是，各个国家经济发展程度不同，科技水平不同，劳动生产率不同，因而，创造同量的国际价值则要花费很不相同的劳动时间，在发达国家可能仅用一个劳动日，而在新兴国家和发展中国家则可能耗费三个劳动日。这样，就出现了马克思所指出的三个劳动日同一个劳动日相交换的问题。这个问题一旦出现，平等将转化为不平等，等价交换将转化为不等价交换，产生剥削行为，"价值转移"必然发生。这就是商品经济（市场经济）中的二律背反，不以人们的意志为转移。有人不理解这一点，主张保留等价交换，同时消灭剥削、不平等、不等价等不合理、不公平的问题，这是无论如何都办不到的。问题的根源在于市场经济。国际市场经济中的基本规律即国际价值规律决定了一切国际法权都是表面的平等而事实上的不平等，表面的等价交换而事实上的剥削。既获利，又受剥削，这是市场经济的本质和规律所决定的。要摆脱这种矛盾环境，消灭剥削，只有离开市场经济，否定国际价值及其运行规律，这在目前是绝对不可能的。只有进入新的更高级的社会——共产主义社会，商品、货币、市场、价值规律等消亡之后，事实上的真正平等，无剥削的极乐世界，才会降临人间！当前的唯一办法就是艰苦奋斗、自力更生、实施"科教兴国"战略，不断提高社会劳动生产率，建设现代化的强国，争取早日消灭商品经济。

### （七）国际价值转形

国际价值的转形就是国际生产价格，它与国际价值的区别就在于国际平均利润的形成。为此要弄清两个问题：为什么要形成平均利润？怎样形成平均利润？平均利润并不是资本家的企望，而是从等量资本必须带来等量利润与等量资本又难以带来等量利润的深刻社会矛盾中生出的多味果实。平均利润的形成经过了长期的激烈的市场竞争。恩格斯曾经明确指出，平均利润始自威尼斯商人时代。他写道："威尼斯人在列万特各国，汉撒同盟的人在北方各国，购买商品时每人所支付的价格都和邻人一样，商品花费的运费也一样。他们出售商品所得到的价格也和本'民族'的所有其他商人一样，而且在购买回头货时支付的价格也一样。因此，利润率对所有的人来说都是均等的。对大贸易公司来说，利润要按照投资的大小来分配是理所当然的。"①

恩格斯还详细描述了平均利润形成的过程。他写道："威尼斯人、热那亚人、汉撒同盟的人、荷兰人——每个民族都各有特殊的利润率，甚至每个销售市场当初都或多或少各有特殊的利润率。这些不同的团体利润率的平均化，是通过相反的道路，即通过竞争来实现的。首先，同一个民族在不同市场上的利润率得到平均化。如威尼斯的商品在亚历山大里亚得到的利润大于在塞浦路斯、君士坦丁堡或特拉比曾德得到的利润，那么，威尼斯人就会把更多的资本投入对亚历山大里亚的贸易，而把相应的资本从其他市场的贸易中抽出。然后，在向同一些市场输出同种商品或类似商品的各民族之间，也必然会逐渐发生利润率的平均化，其中有些民族往往会遭到破产，从而退出历史舞台。"②

1492 年后的地理和商业大发现（古巴、海地和巴哈马群岛的发现，北美大陆的发现，绕过非洲南端到达印度的航路的发现以及南美大陆的发现等），使国际贸易的范围大大扩展了，使宗主国与殖民地之间的贸易更加突出了。这种情况对于利润的平均化有何影响？恩格斯指出："在新的地区主要由国家建立的殖民地越多，商会贸易就越会让位于单个商人的贸易，从而利润率的平均化就会越来越成为只是竞争的事情。"③

恩格斯在世时，国际上的利润平均化过程还仅局限于商业和国际贸易的范围之内，尚未进入工业、农业等物质生产领域。因为那时的机器大工业并不普遍，仅限于少数的欧美国家，而世界上绝大部分地区仍然处于以自耕农为主的自然经济的农业时代；国际上的剩余资本还并不多，而且由于种种障碍又无法在国家之间进行转移。这样，在国际范围内的工业、农业等领域便无法形成平均利润，自然也就无国际生产价格可言了。因此，恩格斯指出："在国内单个生产者之间进行的零售贸易中，商品平均说来

---

① 《马克思恩格斯全集》第 25 卷，人民出版社，1975，第 1021 页。
② 《马克思恩格斯全集》第 25 卷，人民出版社，1975，第 1022 页。
③ 《马克思恩格斯全集》第 25 卷，人民出版社，1975，第 1023 页。

是按照价值出售的，但是在国际贸易中，由于上面所说的理由，通常都不是如此。这种情况和现在的世界相反。现在，生产价格适用于国际贸易和批发商业。"①

恩格斯逝世后100多年来，随着经济全球化加速发展，平均利润已经成为全球性的，涵盖绝大多数国家及其工业、农业和服务业等主要产业的一种强大的历史趋势。经济全球化的过程，既是各国走向世界市场，相互促进、共同发展的过程，又是全球范围内利润平均化的过程。由于各国经济发展水平不同，资本有机构成不同，资本周转速度不同以及管理水平不同，必然存在着高低不同的利润率。在这种情况下，资本和劳动力必然从利润率低的国家和地区流向利润率高的国家和地区，而利润率高的国家和地区由于资本和劳动力增多，供给增加，利润率水平将会逐渐下降；而原来利润率低的国家和地区由于资本和劳动力的流出，供给减少，在需求不变甚至增加的条件下，利润率将会提高。这样，在由高到低与由低到高两种相向力量的作用下，逐渐形成均等的或平均化的利润率。国际平均利润一旦形成，国际价值也就自然转化为国际生产价格。

有人往往会提出这样的问题：资本和劳动力还难以在国家间流动，因此无法形成平均利润和国际生产价格。的确，国际上还存在着严重的保护主义，还存在着不公平竞争，还存在着各种各样的壁垒。资本自由化、劳动力自由化、贸易自由化等等还名不副实。发达国家往往强调资本自由化，要求发展中国家开放资本市场，而对劳动力自由化却横加阻挠，企图阻止发展中国家的劳动力流入发达国家；与此相反，发展中国家则强调劳动力自由化，希望将国内多余的劳动力转移至发达国家，而对资本自由化则有许多顾虑，不愿开放资本市场。这两种相反的态度受历史条件制约，在当前条件下难以避免。但是，随着经济全球化的发展，社会经济条件将发生变化，阻碍资本和劳动力流动的条件将逐步减弱直至消失。与此相适应，资本和劳动的流动将由少到多，逐渐扩大。如果把目前的流动规模同50年前相比，同100年前相比，就会发现惊人的变化。中国改革开放仅

---

① 《马克思恩格斯全集》第25卷，人民出版社，1975，第1024页。

仅 30 多年，进出中国的资本和劳动力规模发生了多么大的变化，增长了多少倍！从较长时期考察，国际资本和劳动力流动的速度在加快，流动规模在扩大，具有明显的上升趋势。这种趋势就是利润率平均化趋势的基础和前提，也是国际生产价格形成和发挥作用的土壤和温床。

### （八）国际价值同货币、价格、工资的关系

马克思写道："不同国家在同一劳动时间内所生产的同种商品的不同量，有不同的国际价值，从而表现为不同的价格，即表现为按各自的国际价值而不同的货币额。所以，货币的相对价值在资本主义生产方式较发达的国家里，比在资本主义生产方式不太发达的国家里要小。由此可以得出结论：名义工资，即表现为货币的劳动力的等价物，在前一种国家会比在后一种国家高；但这决不是说，实际工资即供工人支配的生活资料也是这样。"[①] 马克思的这段话告诉我们如下三个问题。

**1. 国际价值同单位货币的相对价值成反比**

在同一劳动时间内，生产同种商品时，由于劳动强度大，生产效率高，发达国家比不太发达的国家能够生产出较多的商品，并创造出更多的国际价值，因而表现为更多的货币额。这样，每单位货币的相对价值就小；与此相反，由于劳动强度低，生产效率低，不太发达的国家比发达国家只能生产出较少的商品，创造较少的国际价值，因而表现为更少的货币额。这样，每单位货币的相对价值就大。显而易见，创造的国际价值量越多，单位货币的相对价值量就越小，二者成反比。

**2. 发达国家比不太发达国家的商品价格水平高**

由于发达国家的单位货币的相对价值小，表现同样的商品价值需要更多的货币，因而，商品的价格水平必然高些；相反，由于不太发达国家的单位货币的相对价值大，表现同样的商品价值需要的货币较少，这样，商品的价格水平就必然低些。当前国际上，价格的实际状况与此论断相符。

---

① 《马克思恩格斯全集》第 23 卷，人民出版社，1972，第 614 页。

**3. 发达国家比不太发达国家的名义工资高，但这绝不是说实际工资也是如此**

由于发达国家的商品价格普遍偏高，即使发达国家与不太发达国家的劳动者消费同样的生活资料，发达国家比不太发达国家的名义工资也要高，但实际工资可能出现高于、等于或低于三种情况。

## （九）国际价值同商品出售时价格高于价值程度成正比

同国内价值相比，国际价值还有一个特点，即受各国的价格背离价值程度的影响。正如马克思指出的，只要生产效率较高的国家没有因竞争而被迫把他们的商品的出售价格降低到和商品的价值相等的程度，生产效率较高的国民劳动在世界市场上也被算作强度较大的劳动，因而它形成的国际价值就较多。这说明，增加国际价值，除了在生产领域尽量加强劳动强度，提高劳动生产率外，在流域领域尽量保持高价，使国内价格高于价值，使外贸出口价格再高于国际价值，也不失为重要的对策。价格高于价值，不论在国内市场上，还是在世界市场上，都会获取超额利润。

马克思还指出："投在对外贸易上的资本能提供较高的利润率，首先因为这里是和生产条件较为不利的其他国家所生产的商品进行竞争，所以，比较发达的国家高于商品的价值出售自己的商品，虽然比他的竞争国卖得便宜，只要比较发达的国家的劳动在这里作为比重较高的劳动来实现，利润率就会提高，因为这种劳动没有被作为质量较高的劳动来支付报酬，却被作为质量较高的劳动来出售。"[1] 把劳动力的价格在国内压低到价值之下来支付，而在世界市场上又把出口商品的价格抬高到价值之上来出售，这是发达国家惯用的手法，也是他们的利润率较高的奥秘之一。

总之，国际贸易领域能够增加国际价值量。正如马克思指出的："随着新开辟的交换的源泉，国内贸易和对外贸易中的价值量都会增加。"[2]

---

① 《资本论》第 3 卷，人民出版社，1975，第 264～265 页。
② 《马克思恩格斯全集》第 44 卷，人民出版社，1975，第 118～119 页。

但是，李嘉图却认为："对外贸易的扩张虽然大大有助于一国商品总量的增长，从而使享受品总量增加，但却不会直接增加一国的价值总额。"① 为什么不会增加？根本原因在于，李嘉图否定价值规律在国际上的应用，或者说否定国际价值规律的存在及其作用。正如他所说："支配一个国家中商品的相对价值的法则不能支配两个或更多国家间互相交换的商品的相对价值。"② 具体原因在于，他错误地以本国的土地与劳动的产品数量去衡量国际价值。李嘉图写道："因为一切外国商品的价值是以和它们相交换的本国的土地和劳动的（产品）数量来衡量的，所以，即使由于新市场的发现而使本国一定量的商品能够换得的商品数量增加一倍，我们所得的价值也不会更大。"③ 这显然是错误的。

## 二　马克思国际价值理论是对经济全球化时代的重要理论贡献

### （一）马克思国际价值理论既是经济全球化理论，又是揭示国际剥削的理论

国际价值理论是马克思在对资本主义生产方式的批判中提出的。马克思写道："对外贸易和世界市场既是资本主义生产的前提，又是它的结果。""只有对外贸易才能使作为价值的剩余产品的真正性质显示出来。"④ 商品是马克思政治经济学的逻辑起点，而对外贸易和世界市场则是其逻辑归宿。就商品而言，在其两个构成元素"价值"和"使用价值"中，价值作为凝结在商品中的一般的、无差别的人类抽象劳动，只有在充分比较劳动的社会属性前提下，也就是在包括各民族经济活动在内的世界市场上，才能完全展现出来。调节商品生产的价值规律，只有到世界市场上，

---

①　《李嘉图著作和通信集》第 1 卷，商务印书馆，1992，第 108 页。

②　《李嘉图著作和通信集》第 1 卷，商务印书馆，1992，第 112～113 页。

③　《李嘉图著作和通信集》第 1 卷，商务印书馆，1992，第 109 页。

④　《马克思恩格斯全集》第 26 卷（Ⅲ），人民出版社，1974，第 278 页。

才真正具有普遍意义。经济全球化是价值规律充分发挥作用的必然要求。因此，马克思国际价值理论实际上是一种经济全球化理论，对认识经济全球化具有重要的指导意义，其基本原理虽然历经100多年，对当今的经济全球化仍具有很强的解释力和指导力。

## （二）马克思国际价值理论是发展中国家融入经济全球化的理论基础

发展中国家是世界经济发展的重要力量。近年来，经济全球化呈现加速发展的趋势，越来越多的发展中国家融入经济全球化的大潮之中，成为经济全球化进程的重要推动者。

由于经济全球化的发展进程是在资本主义主导之下进行的，它是资本主义生产方式在世界范围内的进一步延伸。因此，发达国家占据有利地位并且是经济全球化的主导者，广大发展中国家在这一过程中处于相对不利的地位，在参与国际分工和进行商品国际交换过程中面临较大的困难与挑战。但马克思认为，国际分工和国际商品交换同样遵循价值规律，只不过其作用形式有所不同。在国内交换中起支配作用的是国内价值规律，而国际分工和国际商品交换中起支配作用的是国际价值规律。在国际市场上，在以国际价值为基础进行等价交换的情况下，如一国的国别价值低于国际价值，就可稳定地获得大大高于国内市场的超额利润。在国际商品交换中，一般来说，发达国家的劳动生产率高，较多商品的国别价值低于国际价值，能在交换中获得较多的贸易利益。不仅如此，正如马克思所说："价值规律在国际上的应用，还会由于下述情况而发生更大的变化：只要生产效率较高的国家没有因竞争而被迫把他们的商品的出售价格降低到和商品的价值相等的程度，生产效率较高的国民劳动在世界市场上也被算作强度较大的劳动。"[①] 因而，发达国家也能从高价出售产品中获取更多的贸易利益。

从劳动生产率较低的国家来看，由于其国别价值即个别价值低于国际

---

① 《马克思恩格斯全集》第23卷，人民出版社，1972，第614页。

价值的较少，且差幅较小，也是有可能等于或高于国际价值的，在与发达国家进行商品交换时，它确实处于不利地位，但这并不意味着从贸易中不能获得利益。马克思指出，经济不发达国家在与发达国家进行商品交换时，"这种国家所付出的实物形式的物化劳动多于他所得到的，但是他由此得到的商品比他自己所能生产的更便宜"①。这是因为，国际市场上商品的价值实现不同于国内，每一种参与国际交换的商品到达消费者手里，都要通过国际市场和国内市场两次市场交换，有两次价值实现的机会。这与只在国内市场交换的商品存在重大区别。也就是说，国际价值的创造和实现不同于一国内部的价值创造和价值实现。无论是落后国家还是先进国家，通过国际和国内两次市场交换，所实现的商品价值都可能大于出口商品中实际消耗的劳动时间，或是节约国内生产同类产品将要耗费的劳动时间。对落后国家而言，以国际价值为标准同先进国家进行交换时，所付出的商品中包含的劳动时间虽然大大超过所得到的商品中实际耗费的劳动时间，然而商品输入后，还要按国内的生产条件再在市场上实现一次价值。进口商品不是国内不能生产，而是成本很高，因此，落后国家输入商品在国内市场上实现的价值，还是会大于或至少能等于出口商品中实际耗费的劳动时间。因此，落后国家参与国际分工和进行国际商品交换能得到好处。而且，落后国家通过参与国际分工和国际商品交换，还能看到自己与发达国家之间的差距，努力提高劳动生产率，降低个别（国别）价值，争取在国际竞争中处于有利地位。事实上，不少后进国家或地区通过扬长避短，充分利用自己的优势，生产出成本低于国际生产成本的商品，成功打进国际市场，有的还把发达国家的同类产品挤出市场，由此获得巨大的贸易利益，促进本国、本地区的经济发展，缩小与发达国家的差距。

### （三）马克思国际价值理论是引导全球化均衡发展的思想武器

目前正在加速发展的全球化，在本质上具有非均衡的性质。所谓非均

---

① 《马克思恩格斯全集》第 25 卷，人民出版社，1975，第 265 页。

衡，指的是全球化的推进和发展并非整齐划一地扩及世界的每一个角落；同样作为世界经济的主体，发达国家和发展中国家在全球化进程中的地位和作用是悬殊的和不平等的；发达国家和发展中国家在全球化进程中的经济收益也存在巨大的差异。

全球化进程的非均衡化是国际经济旧秩序直接导致的。必须建立以马克思国际价值理论为基础的国际经济新秩序，才能实现全球化的均衡发展。在全球经济市场化的条件下，国与国之间的经济关系本质上不过是商品（包括服务）交换关系，国际经济秩序也只是世界市场的交换秩序。这种商品交换关系或交换秩序究竟应该是什么样的模式？如何建立？从根本上讲是一个国际价值及其运行规律问题。马克思国际价值理论所阐明的国际价值规律，是国际商品交换的基础和是非评价标准，也是国际经济新秩序建立的依据。国际价值规律的基本要求是，在世界市场上交换双方要按照国际价值量进行等价交换。所谓等价是指双方各自的商品所含的国际价值量相等。不论何国何地的商品生产经营者在国际价值面前一律平等，或者说，国际价值是个平等的尺度。遵循这个要求，那就是维护商品等价交换的正常关系和秩序；违背这个要求，则是破坏国际经济关系和秩序。我们要建立的国际经济新秩序不是别的，恰恰就是在国际价值规律基础上的正常的国际商品等价交换秩序。我国政府过去坚持的平等互利，目前提倡的"双赢"、"多赢"、"共赢"，都是基于国际价值规律的基础，是符合这个规律的基本要求的，因而获得了国际社会的普遍赞赏。

## （四）在当今国际贸易纯理论的发展中马克思国际价值理论位于核心地位

经济全球化始于国际贸易，国际贸易理论理所当然地成为经济全球化的理论基石。国际贸易纯理论或国际贸易纯粹理论（the Pure Theory of International Trade）这个概念最早出现在马歇尔的著作中。按照一般的解释，国际贸易纯理论是指那些用高度抽象的研究方法分析国际贸易的最一般问题的国际贸易理论。有些人认为，在马克思的经典著作中并没有对于国际贸易理论的完整表述,有关国际贸易的理论分散在他的全部著作中,因此马克思对国际贸易纯理论并没有较多的贡献。事实上,马克思将其科学劳动价值理论应用于世界市场和国际贸易中,所创立的国际价值理论在国际贸易纯理论中却具有十分重要的地位和作用,在当今国际贸易理论发展中处于核心地位。这是因为,没有以劳动价值论为基础的价值分析,要真正建立科学的国际贸易理论是不可能的。马克思国际价值理论之所以居于国际贸易理论的核心地位,其根本原因在于它既立足于科学的劳动价值理论的基础之上,又能正确回答当代国际贸易领域中的现实问题,以及世界市场上长期争论不休的各种问题。

国际贸易纯理论的三大核心理论,即比较成本论、相互需求论和资源禀赋论,对国际贸易问题的分析各有其独到的见解和相应的理论贡献,其中比较成本论一直被西方国际经济学界奉为经典,即使在今天,也是研究国际贸易理论的逻辑起点。比较成本分析等价于价值分析,具有比较成本优势等价于具有个别价值较低的竞争力优势,而正是这种优势引发了国际贸易,并决定了国际贸易的流向,因此,由比较成本优势所引发的互利贸易同时也一定是价值规律使然的贸易,这便是比较成本论所暗含的劳动价值论基础。马克思以世界市场和国际贸易的形成为前提,沿着逻辑与历史相统一的逻辑拓展劳动价值论,初步形成了国际价值理论,为后人研究这一问题提供了出发点。因此,无论是比较成本论、相互需求论,还是资源禀赋论,在马克思国际价值理论面前都显现出一些重大的甚至是致命的理论缺陷:比较成本论虽然以劳动价值论为基础,但就整体而言,其劳动价值论是不彻底的,不能正确解释为什么在国家之间不等量的劳动可以相交换,为什么这种交换还会互利;相互需求论的创始人之所以被称为庸俗经济学家,是因为其理论背离了劳动价值论,以交换价值代替价值;要素禀赋论宣称必须放弃劳动价值论,但从其理论核心看,却仍是以比较成本论为基础。

美国著名经济学家保罗·克鲁格曼所著的 Rethinking International Trade 一书,走进了当今世界的"新贸易理论"这一领域。克鲁格曼借用 DS 模型分析方法第一次系统地将产业组织理论和市场结构理论应用到国际贸易问题分析中。他打破了传统贸易理论中完全竞争和规模收益不变的假设，在不完全竞争和规模收益递增的前提下分析了国际贸易的起因和利益来源，解释了传统理论无法回答的诸如产业内贸易、技术创新与垄断利润等新的贸易现象，探讨了税收和补贴政策对国际贸易和产出的影响，并首次创建了战略性贸易政策模型。因此，他的理论被称为"新贸易理论"。克鲁格曼的新贸易理论虽然改变了一些理论研究的假设条件，但仍然秉承了古典经济学的核心内容和基础理论。他继承了亚当·斯密的分工理论，承认大卫·李嘉图的比较优势理论以及他们的不彻底的劳动价值分析。

## 三 马克思国际价值理论是中国"五外"和谐新战略的理论基础

### （一）互利共赢开放战略

互利共赢开放战略是 21 世纪中国对外开放的总体战略，涵盖了政治、经济、科技、文化等各个领域、方位和层次的对外开放。这里仅从经济学尤其是国际贸易学的视角探讨这个战略的内涵、理论基础、基本要求及其重大的现实意义。

在经济全球化、市场全球化和贸易全球化的国际环境里，国家之间的经济关系本质上不过是商品（包括服务）交换关系。所谓国际经济秩序不过是国际交换秩序、市场竞争秩序。而这种商品交换关系或市场竞争秩序应该建立在什么样的基础之上？采用何种模式？如何建立？中国政府提出的总战略、基本原则和基本政策过去称为平等互利，现在称为互利共赢，国内学术理论界则取名"等价交换"。这些称谓并没有从理论上进一步说透、说彻底。在理论上，应当说，互利共赢开放战略是马克思国际价值理论中国化的新成果、新应用。换言之，马克思国际价值理论是中国互利共赢开放战略的理论基础。在国际市场上，各国的商品千差万别，形态各异，为什么能够相互比较和交换？比较的科学标准是什么？交换的合理依据在哪里？交换是平等互利的、双赢的，还是一方剥削另一方？对这些问题，马克思国际价值理论都给出了科学回答。

价值规律是商品经济（市场经济）的基本规律，不论是在各国，还是国际社会中，均是如此。在国际范围内，国际市场上的交换双方要按照国际价值量进行等价交换，各自获取应得的利益。不论何时何地的商品及其主人——商品生产经营者，在国际价值规律面前一律平等。或者说，国际价值是双方交换的依据，是平等的尺度，是合理的标准。遵循国际价值规律的这个基本要求，那就是维护和发展商品等价交换的正常关系和秩序；否则，就是破坏正常的国际交换关系和秩序。中国倡导的国际经济新秩序不是别的，恰恰就是在国际价值规律基础上的正常的国际商品等价交换秩序。中国政府过去坚持平等互利，目前提倡"双赢"、"多赢"、"共赢"，都是在基于国际价值规律的基础上提出的，是符合这个规律要求的，因而获得了国际社会的普遍赞赏。但是，有些发达国家并不遵守国际价值规律的要求，不按国际价值这个标准判断是非，而是采取双重标准或多重标准，扰乱国际经济关系和世界市场秩序，从中渔利。

**1. 国际价值规律的特点：等价交换掩盖着剥削**

同国内市场经济中的价值规律相比，国际市场经济中的国际价值规律至少具有以下三个特点。

（1）同一劳动时间内，不同国家的劳动创造不同量的国际价值。

马克思写道："一个国家的资本主义生产越发达，那里的国民劳动强度和生产率，就越超过国际水平。因此，不同国家在同一劳动时间内所生产的同种商品的不同量，有不同的国际价值。"[1] 由此可知：生产率和劳动强度较低的新兴国家和发展中国家在世界市场上显然处于不利地位，成为国际社会的弱势群体。

（2）不同劳动时间内，不同国家创造相同数量的国际价值。

马克思指出："在一个国家内，亏损和盈利是平衡的。在不同国家的相互关系中，情况就不是这样。""一个国家的三个工作日也可能同另一

---

[1] 《马克思恩格斯全集》第 23 卷，人民出版社，1972，第 614 页。

个国家的一个工作日交换。价值规律在这里有了重大变化。""在这种情况下，比较富有的国家剥削比较贫穷的国家。"① 当前，新兴国家和发展中国家基本上是以三个劳动日同发达国家的一个劳动日进行交换，其中的剥削不言而喻。

（3）双赢与剥削并存。

既然新兴国家和发展中国家在国际上处于受剥削的地位，为什么还要进入世界市场进行商品交换呢？对此，马克思明确指出，暂时落后的国家，在国际交换中，"所付出的实物形式的物化劳动多于他所得到的，但是他由此得到的商品比他自己所能生产的更便宜。"② 简言之，落后国家在国际贸易的出口方面吃亏，而在进口方面获利。正如马克思所说："两个国家可以根据利润规律进行交换。两国都获利，但是一国总是吃亏。"③ 既获利，又受剥削，这是当代新兴国家和发展中国家在世界市场上真实情况的写照。

如上所述，国际价值是各国商品生产经营者进行等价交换的基础、尺度和平等的客观标准。这里所说的"等价"、"平等"就在于以同一个尺度——国际价值来衡量和判断。但是，各个国家经济发展程度不同，科技水平不同，劳动生产率不同。因而，创造同量的国际价值要花费不同的劳动时间，在发达国家可能仅用一个劳动日，而在新兴国家和发展中国家则可能耗费三个劳动日。这样，就出现了马克思所指出的三个劳动日同一个劳动日相交换的问题。这个问题一旦出现，平等将转化为不平等，等价交换将转化为不等价交换，产生剥削行为，"价值转移"必然发生。这就是商品经济（市场经济）中的二律背反，不以人们的意志为转移。有的人不理解这一点，主张保留等价交换，而同时消灭剥削、不平等、不等价等不合理、不公平的问题，这是无论如何都办不到的。问题的根源在于市场经济。国际市场经济中的基本规律即国际价值规律决定了一切国际法权都是表面上的平等和事实上的不平等，表面上的等价交换和事实上的剥削。

① 《马克思恩格斯全集》第26卷（Ⅲ），人民出版社，1974，第112页。
② 《马克思恩格斯全集》第25卷，人民出版社，1972，第265页。
③ 《马克思恩格斯全集》第46卷（下），人民出版社，1980，第402页。

既获利，又受剥削，这是市场经济的本质和规律所决定的。要摆脱这种矛盾环境，消灭剥削，只有离开市场经济，否定国际价值及其运行规律，这在目前是绝对不可能的。只有进入新的更高级的社会——共产主义社会，商品、货币、市场、价值规律等消亡之后，事实上的真正平等，无剥削的极乐世界，才会降临人间！当前的唯一办法就是艰苦奋斗、自力更生、实施"科教兴国"战略，不断提高社会劳动生产率，建设现代化的强国，争取早日消灭商品经济。

**2. 国际价值理论是走向贸易强国的指路明灯**

（1）三个劳动日交换一个劳动日的现实。

我国按贸易规模而言，已经成为仅次于美国的贸易大国，但仍然不能称为贸易强国，主要原因在于，外贸仍是粗放增长方式，出口商品真正拥有自主知识产权者甚少；资本和技术密集型的产品少，而劳动、资源、能源密集型的产品多。据有关部门计算，我国出口8亿件衬衫换回的外汇，才能购买一架空客A380飞机，类似的情况还不少，这说明我国同欧美发达国家的国际贸易正处于以我们的三个劳动日同他们的一个劳动日相交换的阶段。这种交换，既发挥了欧美国家的科技优势，又发挥了我国的劳动力优势，双方都获利，即达到"双赢"，同时又含有不等价的剥削成分。这是当前条件下国际价值规律铁面无私的公平裁判，任谁也奈何不了？

（2）一个劳动日交换一个劳动日的目标。

按国际价值这个标准进行衡量，当前我国的三个劳动日在交换中可能等于欧美国家的一个劳动日。经过专家研究和计算，实际情况的确如此，那么我国为制造向欧美出口商品而消耗的劳动将有大约2/3是无效劳动。换言之，如果我国达到欧美发达国家的科技水平和劳动生产率水平，完成现在的出口贸易额，仅有1/3的劳动消耗就够了。这说明，我国劳动数量潜力和质量潜力多么巨大啊！我们绝不能停留在以三个劳动日交换欧美一个劳动日的阶段。但是，我们又不可能一步登天，不可能在短时间内解决同发达国家的差距。可以分三步走，划分三个阶段，目前处于"3∶1"阶段，走完这个阶段至少还要20年时间；"2∶1"阶段，这个阶段也需要20年时间，由中等发达国家迈向更高水平的发达国家，加速提高我国的科技水平和劳动生产率水平；最后是"1∶1"阶段，届时我国的科技水平和劳动生产率水平将与欧美持平，商品生产劳动消耗大体一致，中国真正进入发达国家的行列。事实将证明，"3∶1"转化为"1∶1"的过程就是我国走向贸易强国的必由之路。

（3）如何完成"3∶1"向"1∶1"的过渡。

"3∶1"向"1∶1"的过渡，实际上是我国对外贸易由粗放式增长向集约式增长的过渡，是由贸易大国转变为贸易强国的过渡。完成这些质量类型转变或过渡的关键在于，能否在提高科技水平的基础上，迅速提高我国的社会劳动生产率。列宁曾说，社会劳动生产率是社会主义战胜资本主义的最根本最重要的条件。在这里可以说，社会劳动生产率归根到底是实现贸易强国的最根本的条件。只有达到发达国家的社会劳动生产率的水平，才能以同样的劳动时间创造出同他们一样的国际价值量，进而达到真正的等价交换。在提高社会劳动生产率时，不能单纯依靠增加劳动时间和劳动强度，必须主要依靠科学技术和管理水平的提高。在外贸方面，要真正落实"科技兴贸"战略，提高我国出口商品的科技含量。

## （二）"五外"和谐新战略

所谓"五外"是指外贸、外资、外汇、外债和外援。我国的对外开放是全方位、多层次、宽领域的开放，"五外"的开放就是其中的重要组成部分。早在 20 世纪末，笔者就根据 1997 年爆发的东南亚金融危机的经验教训，初步总结出这"五外"应如何协调的几点建议。[①] 10 年以后，又依据 2008 年以美国的次贷危机为导火索的全球金融危机的新教训新经验进一步提出了努力开创"五外"新格局的问题。[②] 根据科学发展观的要求，应把"五外"的关系再进一步提升到中国对外开放战略的高度。故本章将它们定位为"五外"和谐新战略。下面将阐明这个新战略的基本要点。

---

① 杨圣明：《"五外"惹出新机制》，《改革月报》1999 年第 9 期。
② 杨圣明：《努力开创"五外"和谐新格局》，《财贸经济》2010 年第 12 期。

**1. 外贸与外资关系的和谐问题**

外贸与外资的关系可能要经历三个阶段,目前是以外贸为主,外向投资为辅的阶段;中期是二者大体相当的阶段;后期是以外向投资为主,外贸为辅的阶段。现在中国尚处于第一阶段。如何走好第一阶段,并为走好第二、三阶段作准备,将是我们研究的重大问题之一。

从历史上考察,西方主要发达国家都是依靠外贸与外资(商品输出与资本输出)这两条腿走向世界的。列宁在《帝国主义是资本主义的最高阶段》一文中揭示了这条路径。他写道:"自由竞争占完全统治地位的旧资本主义的特征是商品输出。垄断占统治地位的最新资本主义的特征是资本输出。""资本输出成了鼓励商品输出的手段。"这就是说,在资本主义自由竞争时期,商品输出为主,而资本输出为辅;在垄断时期,则以资本输出为主,而以商品输出为辅。现在看来,社会主义国家走向世界也主要依靠这两条腿。当然,这两条腿在不同历史条件下各自的性质不同,作用方式和后果也不同,但二者相互协调、密切配合、相互促进、共同发展的关系则是相同的。

在当前国际条件下,外贸与外资既有互补互利的方面,又有相互制约的地方。"三资"企业的进出口在我国外贸进出口总额中所占的比重早已超过50%以上,占据半壁江山。可见,外资对外贸多么重要。外资结构合理与否,也会影响外贸平衡、外汇平衡的能力。当外资大量流入不创汇的项目时,虽然可以弥补经常项目的逆差,但也会形成外汇供大于求的局面,迫使本币升值,导致本币高估,贸易条件恶化。在外贸与外资的关系方面,我国目前存在的问题主要有:外贸是"长腿",而外向投资是"短腿";外贸中重出口轻进口;外资中重引进外资轻向外投资;对外投资中重资本市场上的投资而轻直接投资(绿地投资)。下面将逐一分析这些问题。

在外贸与外资的关系中,最突出的问题是外贸"长腿"与对外投资"短腿"的问题。2010年我国外贸进出口总额已达2.9万亿美元,而向外直接投资仅3000亿美元左右,二者大约是10:1,相差悬殊。出现如此严重的问题,原因并不是没有钱对外投资,而是对外投资结构严重失衡,把大量资本投向美国的国债和企业债券，仅用很少的资本进行海外直接投资（绿地投资）。因此，我国走向世界只能主要（甚至唯一）依靠对外贸易，使外贸依存度畸高。由于对外出口规模大，增长速度快，占据了较多的国际市场份额，招致了一些国家的对华反倾销、反补贴。2008年爆发的危机，虽然"冠名"金融危机，但对中国金融业的冲击并不大，更严重的冲击是对中国的对外贸易，其原因之一就是中国的外贸依存度过高。如果中国的外向型投资多一些，在国外设立更多的企业并在当地生产和销售，不经过外贸出口这个环节，那就可能避免上述问题的发生。可见，加快中国的外向型投资，在当地生产和销售，绕开外贸出口这个环节，将更有利于中国企业"走出去"。目前，西方发达国家走向世界主要依靠外向投资，辅之对外出口，他们的海外公司销售额相当于其出口额的3~5倍。例如，1995年美国海外分公司的销售额为1.8万亿美元，而同年美国的出口额不足6000亿美元。① 美国的今天将是中国的明天。今天的中国必须加快外向型投资步伐，力争使外贸与对外投资这两条腿平衡、协调起来。

在外贸出口与进口的关系方面，也存在重出口轻进口的不和谐问题。从1994年起至2010年，连续17年我国都是出口大于进口，出现了年年顺差，累计顺差已达1.5万亿美元。这分明是中国亿万劳动者辛勤劳动的成果，却成了美欧国家一些议员攻击和诬蔑中国的口实，甚至被贬为重商主义的"证据"。这个问题也是某些国家以对华反补贴、反倾销的借口，不利于我国外贸的发展。从理论上说，长时期大量顺差或逆差都是不正常的，对国内外经济都是不利的，只有出口与进口基本平衡才是最佳的。重视出口，轻视进口，是计划经济时期遗留下来的问题。那时，由于国家缺少外汇，一直把出口创汇放在外贸的首位，格外注重出口，而轻视进口，进入市场经济时期，这个问题并没有解决而是延续了下来，仍然把出口和创汇摆在第一位。然而，今天的情况发生了巨大变化，国家不仅不缺少外汇，而且外汇储备已达2.9万亿美元，居世界第一位，如果再把出口创汇

--------

① 见《不仅仅看出口》一文，原载1998年9月8日〔美〕《商业日报》，转引自新华社编1998年9月15日《参考资料》。

放在首位，那就太不合时宜了。根据上述情况，党中央在"十二五"规划建议中明确指出，要充分认识"进口对宏观经济平衡和结构调整的重要作用"，从根本上改变过去重出口、轻进口的问题，坚决实行出口与进口并重（并举）的方针。这是我国外贸上一次重要的战略性转变，必然会加快走向贸易强国的步伐。

在直接投资方面，"引进来"与"走出去"，也存在着突出的不和谐问题，即重视"引进来"，而轻视"走出去"。改革开放三十多年间，我国实行"引进来"的方针，成功地吸收了大量外资，截至 2010 年底已累计超过 1.2 万亿美元，成为吸引外资最多的发展中国家。"走出去"则相形见绌，2010 年底累计不超过 3000 亿美元，仅相当于前者的 1/4，二者很不相称。对外直接投资少的弊端已在上面分析过了，这里仅指出其原因所在。其一，起步晚。对外投资问题并没有在改革开放之初就提上日程，而是在 1997 年东南亚金融危机重创中国对外贸易致使其第一次下降后才起步的，晚了大约 20 年。这可能是一种战略失误。其二，对外部世界不了解。我国在过去长时间闭关锁国，不了解国际投资问题，缺乏信息和人才，举步维艰。其三，国际环境复杂，风险大。不用说过去的那个时代，即使目前中国在海外的投资也常常遭受重大损失。且不说在美国收购屡屡失败，仅在沙特阿拉伯的一次铁路投资损失就高达 40 多亿元人民币。由于美、法、英发动对利比亚的战争，致使中国对利比亚的石油投资损失超过几百亿元人民币。总之，作为一个后起的新兴国家，中国要"走出去"是很难的。然而，在经济全球化、市场全球化和国际贸易全球化的今天，闭关锁国，绝不是出路，只是死路。对决心走向贸易强国的中国来说，必须排除万难，走向世界舞台，演出威武雄壮的戏剧。正因如此，党中央在"十二五"规划的建议中第一次提出，要由吸收外资为主转向吸收外资与对外投资并重（并举）。这个指示揭示了我国以往 30 多年走向世界时外贸"长腿"与对外投资"短腿"以及吸收外资与对外投资不协调的根源及其解决的途径。这不能不说是中国在国际投资问题上的一次重要的战略转变，将会有力地促进贸易强国的兴起。

在对外投资中，还要正确处理直接投资（绿地投资）与资本市场投资（债券、股票、期货等）的关系，这种关系是实体经济与虚拟经济关系派生出来的一种关系。资本市场是双刃剑，既有助于筹措资本，发展经济，又能给投机者提供机会使其暴富或成为乞丐。买空卖空的资本市场尤其金融衍生品市场是投机者的"乐园"。2008年的全球金融危机充分证明了这一点。尽管企业破产、工人失业，但华尔街大亨还有丰厚收入，穷奢极欲。如上文所述，我国在相当长的时间里轻视向国外的直接投资，却格外注重在国外资本市场上的投资，尤其在美国资本市场上的投资，且投资数额巨大，仅购买美国国债和企业债券一项就高达上万亿美元。这不能不使我们在这次金融危机期间提心吊胆，多次提醒美国政府要保护我国投资资金的安全，而他们却置若罔闻。不仅如此，美国还再三推行所谓的"量化宽松"货币政策，大量发行美元，使美元大幅贬值。由于美国国债是以美元计价的，美元的贬值基本上等于美国国债的贬值。为避免或减少这种贬值给我国造成的损失，有人提议尽快抛售我国持有的美国国债，这是行不通的，如果大量抛售，其价格将迅速下跌，造成更快贬值。的确，上贼船容易，下贼船难，只好再交学费，吸取教训了。

**2. 外贸、外资与外汇关系的和谐问题**

我国的外汇问题，包括外汇储备规模和结构、人民币汇率以及人民币国际化等问题。这里仅从外汇与外贸、外资的相互关系上探讨几个问题。1997年东南亚金融危机时，泰国、印尼、菲律宾等国家的货币纷纷大幅度贬值，美、日等国趁机对中国施压，要求人民币贬值，以便把中国拖入危机之中。但是，中国政府庄严承诺人民币绝不贬值。事实证明，中国的承诺是负责任的，不仅有利于亚洲各国金融市场的稳定，为东南亚地区快速度过危机作出了贡献，也有利于维护中国大陆及港澳台地区经济和金融的稳定，受到了国际社会的好评。2008年美国次贷危机引发全球金融危机时，美欧等发达国家则多次施压，要求人民币升值，而中国政府则根据国内外环境力求人民币汇率稳定。对于人民币贬值或升值这个问题，表面上看仅是个汇率问题，其实是"五外"关系问题。贬值与升值各有利弊，应当根据"五外"的关系，慎重地权衡利弊，两利取其重，两害取其轻。至于人民币汇率能否稳定，不仅受制于"五外"关系，更取决宏观经济环境。

为了更深入理解这些问题，我们将在下面做些更系统的分析。

（1）外贸与外汇的关系。

外汇从何而来？可能有这样几种途径：外贸的创汇，外资的投入，向国外借债，在市场上购买外汇，接受国外的捐赠和援助等。在这些途径中，外贸创汇是最基本的。外贸是外汇的基础。在资本主义发展的初期，西方国家曾以重商主义为理论依据，通过其外贸数量上的多出少进，价格上的高出低进，获取了大量外汇。日本曾实施"贸易立国"战略，通过外贸取得巨额外汇。仅1981~1997年，日本的外贸盈余累计达1万亿美元以上，成为世界上拥有外汇最多的国家。中国目前拥有2.9万亿美元的外汇储备，居世界首位，其功绩首先应当归外贸。三十多年来，中国外贸所创的外汇成为外汇储备的主体。如此巨额的外汇储备，显著提升了中国的国际地位，增加了我国在国际货币基金组织和世界银行等机构中的发言权。这分明是中国亿万劳动者所创造的，应当归功于他们。但是，也有美国的一些议员歪曲事实，硬说这是人民币对美元汇率太低造成的，必须使人民币汇率大幅度升值（40%以上）。对于这一点，将在文中有关汇率问题的部分进行系统全面的反驳。这里仅指出一点，中国的外贸顺差其实仅仅是对美国的贸易顺差，而对除美国以外的整个世界而言，中国的进口与出口是平衡的。仅以2010年而言，中国从美国进口1020亿美元，向美国出口2833亿美元，顺差1813亿美元。同年，中国在全球（包括美国在内）的进口13948亿美元，出口15779亿美元，顺差1831亿美元。既然中国的进出口大体是平衡的，那么人民币汇率就是合适的，应当保持基本稳定。在这种情况下，如果人民币大幅度升值，岂不扰乱国际贸易和国际汇率。可见，某些人居心叵测！目前，力求人民币汇率基本稳定，既体现了中国的国家利益又适应了国际环境的要求，值得肯定。至于对美国的贸易顺差，那主要是美国的三大政策，即高消费政策、高赤字政策和出口管制政策造成的。

（2）外资与外汇的关系。

按照传统国际金融理论，像中国这样的发展中国家进行现代化建设时，必然会遇到"双缺口"问题，即资本缺口和外汇缺口。可是中国不仅不缺少外汇，而且成为外汇储备最多的国家。这既要归功于外贸的创汇能力，又要归功于引进大量外资。表面上，这似乎是两个不相干的问题，而实际上这两个问题是统一的。引进外资形成的所谓"三资"企业，不仅是外贸出口的主力军，同时又是创汇的主力军。外国在华企业创出的巨额外汇，又以利润的形式经过不同渠道回归母国。这就说明，中国的外贸顺差大，形成的外汇收入多，并没有完全归中国所有，而是被在华投资企业瓜分了不少，并返回其母国。可以说，西方发达国家都分享到这杯美羹。说透了这一点，就可知美国的某些议员仅仅根据中国外贸顺差多（其中包括美国在华企业的大量贸易顺差），就断言人民币应该大幅度升值是多么可笑了。由上述分析，不难明白，最好把外资引向出口创汇产业，力求其创汇与用汇达到基本平衡，使中外双方共赢。

中美之间围绕着人民币汇率问题的争论向我们警示：外贸顺差不一定越大越好，外汇储备不一定越多越好，外贸依存度不一定越高越好，它们总有一个适宜的"度"，这个"度"当然就是外贸、外资、外汇三者的接合部或交汇点。如果偏离这个"度"，将引发一些不平衡，可能出现负面效应。这是迈向贸易强国的一个重大战略问题，值得关注和探讨。

**3. 外贸、外资与外援的关系**

过去，我国对外援助都是无偿的，不与外贸、外资挂钩，可以说三者各自独立进行，互不相干。改革开放后，实行市场经济以来，三者逐步结合起来，融为一体。这就将无偿援助与有偿贸易、投资结合起来，将"输血"变成"造血"，既增强了受援国发展经济的能力，又促进了中国对外贸易，外向投资的发展，达到互利合作的双赢。然而，这并不意味着无偿援助消失。恰恰相反，体现国际主义精神的无偿援助还会同时加强，实施无偿援助与有偿贸易、投资并重的政策。

无偿援助与有偿贸易、投资结合起来，符合国际价值规律的要求。为上文所述，国际价值规律的特点之一，是各个国家经济发展程度、科技水平、劳动者素质以及自然条件不同，在同样的劳动时间内，创造不同的国际价值。如果按国际价值进行交换，富有的国家赚钱，贫穷落后的国家亏损，前者剥削后者，这必然使全球贫富差距不断扩大。这是新、老殖民主义者近三四百年来惯用的伎俩，旧中国深受其害，至今还难以忘怀。现在，中国独立了，富裕了，强大了。但是，同西方发达国家相比，中国的科技水平，劳动者素质，社会劳动生产率等还是落后的，因而在国际交换中，仍然处于被剥削的地位。与此相反，如果将中国同一些落后的亚非拉国家相比，按国际价值的等价交换这一标准，中国将处于有利的地位。虽然双方达到互利共赢，但各自赢多少，获利多少，并非半斤八两，可能四六开、三七开……在这种情况下，获利多的一方应通过无偿援助让一部分利给予另一方。这是无偿援助与有偿贸易、投资结合的实质所在，从根本上区别于贪得无厌的殖民主义者的掠夺。中国作为社会主义国家，不论是有偿贸易与投资，还是无偿援助，从来都不附加任何政治条件。这是社会主义新型对外援助的另一个根本特点。

在外贸、外资同外援的关系中，还有一些不和谐的问题。由于外贸、外资、外援由不同行政部门管理，又有不少企业参与其中，由于协调不够，常有梗阻问题。当然，也有一些国外第三者的干扰问题。我国的金融、保险等"走出去"滞后，人民币国际化也刚起步，通晓国际经济、法律、税收等复合型人才也很缺乏。这些往往会给对外援助、对外投资以及双方贸易带来许多困难。加快解决上述这些问题，既会改善对外援助，又将会有力促进中国的贸易强国建设。

### 4. 外贸、外资、外汇与外债的关系

近代国际经济史表明，后进的发展中国家进行现代化建设时，都会遇到资金短缺问题，尤其是外汇匮乏问题。为解决这个问题，如果大举向外借款，就会成为债台高筑者。我国没有出现这个问题。2009 年，我国外债余额达到 4286 亿美元，偿债率 2.9%，负债率 8.7%，债务率 32.2%。这些指标都没有超越国际公认的警戒线，处在合理的水平上①。不仅如此，我国还有大量剩余资本输出国外进行投资，或者投向国际货币基金组织、世界银行等国际金融组织，成为多种国际基金的组成部分。这不仅是中国历史上的奇迹，也是世界近代史上的奇迹，它完全打破了传统国际金

---

① 偿债率 = 偿还外债本息÷当年贸易和非贸易外汇收入（国际收支口径）；负债率 = 外债余额÷当年国内生产总值（GDP）；债务率 = 外债余额÷当年贸易和非贸易外汇收入（国际收支口径）。

融理论，创立了新型的国际金融理论，值得大书特书一笔。为什么能够取得如此成功？简单地说，归功于改革开放。闭关锁国绝无此壮举。在改革开放中，通过贸易创汇与引进外资两个渠道基本上解决了我国现代化建设所需的外汇问题。同时，依靠自力更生、艰苦奋斗、亿万群众的高储蓄，又解决了现代化建设所需的国内资金问题。在当今的世界上，中国再也不是债务缠身、低三下四的债务国了，而是扬眉吐气的大债权国！

外债与外资在本质上是相同的，外债其实是利用外资的一种形式。外债同外资相比，还有独特优势。在使用外债的方式上借债国有更大的自主权，可以根据国家需要灵活使用。外债的形式随着国际金融业的快速发展也发生了巨大的变化，由国家间直接举债为主向通过市场发行国家债券为主转变。美国是当今世界上通过市场发行国家债券筹集资本最多的国家。仅中国购买的美国国债已高达 9000 亿美元左右，成为最大的买主，也是最大的债权主。近几年来，中国政府也开始在香港或国外出售中国的国家债券。国家债券的发行实质上是财政机制通过市场与金融机制结合起来，更广泛地动员和使用国内外的资本。这是国家举债形式的新发展。

外债的规模多大为宜，很难一言而尽，这主要取决于还债能力。具体地说，还取决于国内总产值（GDP）的规模、增长速度及其分配，国家贸易收入，非贸易收入以及外商投资等因素。换言之，外债的规模取决于上文所述的"五外"的关系。

### 5. 正确认识和处理"五外"关系的三原则

"五外"之间既有统一性，又有矛盾性。它们之间既相互制约，又相互促进。为了正确认识和处理这些关系，力争使"五外"和谐发展，达到互利共赢，应当遵循以下几个原则：

（1）统一对外原则。

"五外"本来有内在的统一性，但是，在实践中，它们又分别隶属不同部门管辖，受部门观点和部门利益的制约，"五外"之间的矛盾经常发生有时还相当尖锐。比如，负责外贸出口和来华旅游的部门或企业，往往要求或赞成人民币贬值，以利扩大出口，吸引来华旅游；负责进口和赴国外旅游的部门或企业，则希望人民币升值；负责偿还外债本息的部门或企业，往往反对人民币贬值，以免增加还债成本；宏观管理部门则力求币值的稳定，以便管理。由于还债机制尚不完善，责任不落实，凡举债的企业或部门总希望债务越多越好，而债务的管理部门和偿还部门则持相反的观点；在国内资金剩余、信贷额度剩余的条件下，有的部门和企业不希望再引进外资，也反对再举借外债；在外贸进出口方面，由于缺乏统一的对外机制，各企业相互压价，或哄抬物价，抢购货物，争夺市场。以铁矿石等大宗商品价格的国际谈判为例，我国进口量如此之大，却失去了话语权，原因何在？主要是众口不一。以上列举的种种事例说明，必须从国家的整体利益、全局利益出发，坚持统一对外原则，增强统一对外意识，制定和执行统一的对外法规和政策。在这方面，日本有较成熟的经验，值得借鉴。

（2）以外贸为基础的原则。

"五外"有轻重、主次之分，不能等量齐观。在"五外"中，外贸是基础，是核心。外贸发展了，外汇就会增多，外债就可少借。外贸能够带动国内大批产业的崛起，提高国内科技水平，增加就业和税收。二战后，日本提出"贸易立国"，把外贸作为拉动经济的火车头。美国总统奥巴马面对严重的经济金融危机，提出出口新战略以寻求出路，要求外贸出口额五年翻一番，以带动美国的实体经济发展。在我国，必须长期坚持以外贸为中心，不仅带动就业和税收，而且使外贸的盈余成为增加外汇储备的可靠基础，把外资引向外贸的创汇行业，把外债的偿还能力置于外贸出口创汇能力之上，把外援与外贸、外资有机结合起来，使外援促进外贸、外资。

（3）行动和谐的组织原则。

为了更好地发展外向型经济，落实科学发展观，必须进一步协调"五外"关系。"五外"隶属不同部门，面向世界上众多国家和地区，经常发生矛盾。在国际谈判中，不仅与外国谈判对象有矛盾，而且国内各部门的态度和意见也不一致，使内外矛盾叠加在一起，谈判效果欠佳。这就需要全盘考虑统一决策，尤其是国际服务贸易涉及的部门、行业和企业更多，同国外的关系更复杂多变，更需要协调行动。目前，名义上是商务部统一对外，而实际上仍是由多方牵头。以外贸进出口为例，事实上商务部仅管出口，而进口由国家发改委管理。引进外资和外向投资由商务部、国资委、国家发改委等且有分工地管理。至于国际服务贸易的管理，更是纷繁复杂。针对上述情况，本文有两点建议：其一，全面改革我国外向型市场经济体制，以适应创建贸易强国的需要；其二，为加强领导和协调行动，成立国家对外经济贸易委员会，尽快妥善解决开放中政出多门、相互掣肘的问题。

### （三）"科技兴贸"战略

#### 1. "科技兴贸"战略提出的背景

我国的外贸同整个国民经济一样，不外乎两种发展方式，一种是外延的粗放方式，另一种是内涵的集约方式。这两种方式的不同点在于，前者主要依靠生产要素数量的增加，而后者则主要依靠生产要素质量的提高。这两种方式并不是孤立的，而是相互联系的，它们在经济和贸易发展的不同阶段上处于不同的地位，起着不同的作用。一般说来，在经济和外贸发展的初级阶段，以外延、粗放方式为主，而在经济和外贸发展的中级阶段，逐步向内涵、集约方式为主转变；达到高级阶段之后，经济和外贸发展将以内涵、集约方式为主。当今的西方发达国家已达到这个阶段。应当强调指出，在这三个阶段中，中间阶段最艰难。或者说，由粗放、外延方式为主转向以集约、内涵方式为主，是极其艰难的。人类的历史已经证明了这一点。苏联在 20 世纪 60 年代初就提出了这个转变的问题，但是，直至 1991 年苏联解体，亡党亡国，仍处于以粗放经营，外延发展方式为主，始终没有实现经济发展方式和外贸发展方式的根本转变。

中国的学者早在 1962 年总结"大跃进"失败的教训时就提出了转变经济增长方式的问题。[①] 1984 年刘国光在他主编的《中国经济发展战略问题》（笔者是该书的作者之一）一书中，全面系统研究并阐明了"从粗放发展到集约增长的转变"问题。党的十三大提出，"要从粗放经营为主逐步转

---

① 刘国光：《略论外延的扩大再生产与内涵的扩大再生产的关系》，载 1962 年 7 月 2 日《光明日报》。

上集约经营为主的轨道";十四大进一步强调,"促进整个经济由粗放经营向集约经营转变"。科学发展观提出后,党和政府更加重视并再三强调转变经济发展方式问题。为什么如此重视这个问题?原因主要有两条:一是这个问题关系着现代化建设的前途与命运,资源、能源约束已经成为进一步发展经济的主要障碍,粗放方式经营难以为继。二是这个问题虽然反复强调,但效果并不佳,有的地方或行业还继续恶化。所以党中央在关于"十二五"规划的建议中再次强调:"以加快转变经济发展方式为主线,是推动科学发展的必由之路,符合我国基本国情和发展阶段的新特征。加快转变经济发展方式是我国经济社会领域的一场深刻变革,必须贯穿经济社会发展的全过程和各领域,提高发展的全面性、协调性、可持续性,坚持在发展中促转变。在转变中谋发展,实现经济社会又好又快发展。"①

中国的外贸同其他经济领域一样,长期存在着粗放式的数量增长型的特点。早在开放之初,20世纪80年代,外经贸部针对外贸出口中的重数量、轻质量,档次低、质量差、科技含量低等问题曾经提出并执行了"以质取胜"战略。这个战略要求,不仅要把提高商品的质量放在首位,而且还要不断提高援外项目质量,对外承包工程质量,外派劳务人员质量以及商品售后服务质量等。而要做到这些,必须提高科技水平。"以质取胜"战略可谓是"科技兴贸"战略的雏形。进入90年代后期,外经贸部又在总结"以质取胜"战略实施经验教训的基础上提出了"科技兴贸"战略。这个新战略不论在宏观层面,还是在微观企业,都要求科技带动外贸,实施科工贸一体化(或科农贸一体化),使外贸真正转移到集约化的道路上,以实现外贸增长方式的根本转变。从那时起至今的十几年间,虽然在转变外贸发展方式上,取得了一定成绩,但是外贸中最突出的问题仍然是以粗放经营,外延发展方式为主。如何将外贸发展转移到以集约经营,内涵发展方式为主,依然是我国面临的艰巨任务。

**2. "科技兴贸"战略是最根本的战略**

为了创建贸易强国,本文提出必须实施四大战略。这些战略并非同等

---

① 《中共中央关于制定国民经济和社会发展第十二个五年规划的建议》,2010年10月28日《人民日报》。

重要，有轻重、主次之分。应当说，"科技兴贸"战略是最根本最重要的战略，是四大战略的核心和根基。这个论断的主要根据在于：

（1）"科技兴贸"把科学技术放在发展外贸的首位。

"科技兴贸"战略是拉动外贸发展的火车头，是创建贸易强国的根基。关于科学技术在经济社会中的作用和地位问题，邓小平指出："马克思说过，科学技术是生产力，事实证明这话讲得很对。依我看，科学技术是第一生产力。"[①] 对于外贸来说，科学技术是外贸发展的第一推动力，是创建贸易强国的最有力的推动者。高质量的外贸品从何而来？只能由高科技武装起来的劳动者使用以高科技装备起来的劳动工具，作用于科技含量高的劳动对象，不断地被制造出来。没有高科技，侈谈所谓高质量外贸产品，岂不是天方夜谭？至于外贸商品如何推向全世界，这要靠先进的社会科学所设计的品牌、网络、信息、营销、运输、保险、金融等软实力以及劳动者素质的培育和发挥。"科学技术是第一生产力"这个命题既含有自然科学，也包括社会科学。只肯定前者而否定后者是不妥的、片面的。对于外贸来说，亦如此。依靠先进的自然科学技术制造出好的外贸产品，依靠优秀的社会科学成果将产品推向全世界，这就是我们走向贸易强国的两大法宝。它们当然有不同的分工，在货物商品贸易中，以自然科技的成果为主，而以社会科学的成果为辅；在服务产品的交换即国际服务贸易中，以社会科学的成果为主，以自然科技的成果为辅。这样配套，会更好地落实"科技兴贸"战略。

（2）"科技兴贸"战略是以马克思国际价值理论为指导的战略。

马克思认为，在国际市场上，商品按内在的国际价值量进行等价交换，或者说商品的国际交换遵循着国际价值规律。这是国际贸易的平等（公平、公正）性所在。但是，不同国家创造同量的国际价值所耗费的劳动时间（劳动量）是不同的，甚至相差悬殊，发达国家科技水平高，劳动复杂程度高，劳动强度和劳动生产率亦高，因而创造同量的国际价值耗费的劳动时间（劳动量）少。与此相反，落后国家和发展中国家的科技水平低，复杂劳动少，简单劳动多，劳动生产率低，创造同量的国际价值

---

① 《邓小平文选》第 3 卷，人民出版社，1993，第 274 页。

则要耗费更多的劳动时间（劳动量）。这种"过多"的劳动时间在国际交换中是不会被承认的，只能白白浪费了，这是国际贸易的不平等（不公平、不公正）所在。说透了，这是国际剥削所在。发展中国家如何摆脱这种情况？为了早日成为贸易强国，与发达国家平起平坐，不再受列强们的歧视和剥削，唯一的出路和办法只能是"科技兴国"、"科技兴贸"。这就是"科技兴贸"战略的真谛所在。

（3）"科技兴贸"战略吸收了诸多贸易理论的"合理内核"。

我国的"科技兴贸"战略除以马克思国际价值理论为指导外，当然还要吸收诸多国际贸易理论的科学成分。有的文章提出，后危机时代对外贸易发展新战略，既要吸收李嘉图比较优势理论的合理内核，要素禀赋理论的合理内核，也要吸收新贸易理论的合理内核。对外贸易是经济增长发动机理论的合理内核，对外贸易乘数理论的合理内核，以及国家竞争优势理论的合理内核。[①] 本章认为，还应当补充一个合理内核，即"科技兴贸"理论的合理内核。不仅如此，进而还应当把这个合理内核置于上述诸多合理内核的首位，作为引领者。因为只有"科技兴贸"理论的合理内核才能明确无误地把科技放在发展外贸的首位，因此它应当属于这个位置，这是符合当代世界贸易发展新趋势新特征的。放眼世界看，当代的贸易强国无不具有科技优势，无不是科技强国，只有以当代高新科技成果武装我国对外贸易，才能圆贸易强国之梦。

**3. 实施"科技兴贸"战略的重大举措**

（1）以自主创新为主导，加快发展高新技术产品的进出口贸易。

中国已经超越美国成为世界头号制造业大国。[②] 但是，中国高新技术产品的出口仍然落后于美国，不仅在总出口中所占比重低，2010 年仅

---

① 李钢、白明、李俊、崔卫杰：《后危机时代中国外贸发展战略之抉择》，《国际贸易》2010 年第 1 期。

② 美国的经济咨询机构（美国环球通视有限公司）于 2010 年 3 月 14 日公布的报告称，2010 年全球制造业的产出为 10.1 万亿美元，其中美国占 19.4%，而中国占 19.8%，超过美国，成为制造业头号大国，打破了美国连续 110 年占据世界头号商品生产国的历史。上次中国第一的时间在 1850 年左右。1850～1900 年的 50 年期间英国居第一位，中国在 1830 年约占世界制造业的 30%，到 1900 年降至 6%，1990 年只有 3%。在制造业的劳动生产率方面，美国仍然领先，2010 年两国的产出大体相同，但美国制造业的工人仅有 1150 万，而中国则高达 1 亿人，见 2011 年 3 月 15 日《参考消息》。

31%，而且自主创新者少，拥有知识产权者少，且由在华外资企业主导。2009 年，我国高新技术产业中，内资企业所占比重刚刚超过 1/3。据科技部的资料，我国高新技术产业的发展目前存在三大问题：一是高新技术产业占制造业比重呈下降趋势，这表明制造业结构调整任务依然艰巨。二是高新技术产业的效率低，有待提高，据计算，美国、日本的高新技术产业全员生产率分别是我国的 6 倍和 5 倍，德国、法国则为我国的 4 倍。三是高新技术产业的科学研究、开发试验等的投入强度仍然偏低，远远低于美国、德国等西方发达国家。这三个问题制约着我国高新技术产业的发展，也是增加我国高新技术产品出口的最大障碍，要千方百计加以破解。改革开放三十多年来，中国的高新技术创新能力有了较大提高。但是，相当多的创新成果的产业化、产品化步履维艰，其关键在于缺乏有利于创新和创业的经济环境、法治环境和社会环境。解决这些问题，要靠改革。当前的高新技术产业及其产品出口过多地集中在高新技术开发区和科技兴贸创新基地。如何发挥全国科研院所、高等院校的创新力值得更多关注。

在进口方面，同样要把高新技术产品的进口放在首位，实行出口与进口并重，以弥补我国的不足，加快缩小同发达国家的差距。为此，要着重解决三个问题：一是坚持不懈地同西方发达国家对华出口管制政策作斗争。按照 WTO 的非歧视原则，我方处于有利、有理地位，应当更有力地工作，寻找薄弱环节，力争突破。二是加强引进后的消化、吸收、再创造的环节，更充分地发挥已进口的高新技术产品的酵母作用和榜样作用。三是增加对高新技术产品进口的财政、金融支持，尤其加大财政补贴的力度，切实解决资金问题。

（2）争创国际技术标准，加快迈向技术标准大国、强国的步伐。

随着关贸总协定（GATT）和世界贸易组织（WTO）推动的谈判成功，关税、配额、许可证等传统贸易保护手段（又称贸易壁垒）大大降低，退居次要地位，取而代之的是技术贸易壁垒成为主要手段。根据世贸组织的《技术性贸易壁垒协议》（TBT）规定，技术壁垒主要由三部分组成：技术法规，标准和合格评定程序。所谓技术法规是指强制执行的有关产品特性或相关工艺和生产方法的规定，主要包括国家制定的有关法律和法规、政府部门颁布的有关命令、决定、条例以及有关技术规范、指南、准则、专门术语、符号、包装、标志或标签要求。所谓标准是指经过公认机构批准供通用或重复使用的、非强制执行的关于产品特性或相关工艺和生产方法的规则或指南。标准又分国际标准，国家标准，行业标准，产品标准等。所谓合格评定程序是指任何直接或间接用以确定产品是否满足技术法规或标准的程序。它有认证、认可和相互认证三种主要形式。上述三部分中，技术法规是主权国家自主制定的，伸缩余地不大，合格评定程序是为确定技术标准服务的。显然，技术标准是三者中的主要部分。在这方面，中国还有大显身手的广阔天地。为了创建贸易强国，必须争创国际技术标准，加快迈向技术标准大国、强国的步伐。

世界贸易组织提倡在国际贸易中尽量采用国际标准。这体现在《技术性贸易壁垒协议》附件 3《关于制定、采用和实施标准的良好行为规范》中。该规范要求，所有标准化机构应尽量采用国际标准，并充分参与国际标准化机构的工作。各成员的中央政府标准化机构有义务接受并遵守该规范，同时成员方有义务使其领土内的其他标准化机构行为符合这一规范。由此可知，争创国际标准应是我国努力的方向。

目前，欧美等西方发达国家都有大量的技术标准。比如，欧盟拥有技术标准 10 万多个，德国的工业标准有 1.5 万多个。由发达国家主导的国际标准化组织（ISO）和国际电工委员会（IEC）还公布了 1.2 万个标准。不仅如此，他们往往将其制定的标准定为国际标准，并强制发展中国家承认和执行。这个问题已经影响并制约中国外贸的出口，成为走向贸易强国的绊脚石。除继续同这种不公平现象作斗争外，我国的主要任务是尽快提出我国的标准化战略，首先必须千方百计提高科技水平，创新国际标准，不断使中国的更多国家标准成为国际标准；其次要增强全民的标准意识，不断提升各种行业标准、产品标准。

（3）大力发展绿色国际贸易，建设绿色贸易强国。

化学制品的滥用、化石能源的废物废气排放、转基因的异化作用以及核辐射的危害等等，已经严重恶化了人类生存环境，对地球上的各种生命都构成了严重威胁。于是，以消除这种危害为宗旨的绿色倡议、绿色行动、绿色贸易、绿色经济……共同汇成世界经济发展的绿色潮流，势不可挡。顺之者昌，逆之者亡。在这种国际背景下，发展绿色国际贸易、建设绿色贸易强国当然是最佳选择。所谓绿色国际贸易包括绿色技术标准、绿色环境标志、绿色包装制度、绿色卫生检疫制度、绿色补贴等。要达到绿色贸易，首先必须基于绿色产品和绿色产业。这就要求我国的农业、工业、建筑业、交通运输业等必须成为绿色产业，生产出绿色产品。由此可知，发展绿色贸易，不仅使我国成为绿色贸易强国，还可带动和促进整个国民经济的绿色化。

## （四）"两洋"战略问题

### 1. 中国必须有走向贸易强国的海洋战略

凡贸易强国都有自己独特的海洋战略，古今中外概莫能外。水是生命之源，又是舟楫之便的基础。只有经过太平洋、印度洋、大西洋等"海洋道路"，中国才能走出国门，成为真正意义上的贸易强国。依靠火车、汽车只能在欧亚大陆的范围内走一走，无法跨洋越海，而飞机虽然能超越海洋，但其运量有限，所以海洋道路是我国走向贸易强国的必由之路。海洋战略是我国全球战略极其重要的组成部分。

近四五百年来，葡萄牙、西班牙、荷兰、英国、美国等世界贸易强国无不通过大西洋、太平洋、印度洋等"海洋道路"走向全世界，无不具有独特的海洋战略、大型远洋商船队及其后盾——强大的海军。他们为争夺海洋通道（包括海峡、运河）曾经进行过多次战争。只要我们回顾 16 ~ 17 世纪争夺地中海和 18 ~ 19 世纪争夺大西洋以及 20 世纪争夺苏伊士运河、巴拿马运河等的历史①，就清楚了海洋战略对于贸易强国的重要性。

随着世界经济的重心和优势由西向东转移，从北向南转移，太平洋

---

① 仅英国和荷兰在 17 世纪就因贸易和关税问题，进行过三次海上战争（1652 ~ 1653 年第一次，1665 ~ 1667 年第二次，1672 ~ 1674 年第三次）。

将逐渐成为 21 世纪贸易强国争夺的主要对象。对于太平洋在世界贸易中的地位，马克思曾经预言道："太平洋就会像大西洋在现代、地中海在古代和中世纪一样，起着伟大的世界交通航线的作用；大西洋的作用将会降低，而像现在的地中海一样成为内海。"① 这个预言在 21 世纪将会变成现实。中国作为太平洋西岸的贸易强国，必须有中国特色的全球海洋战略。

**2. "两洋"战略是中国目前的战略重心**

"两洋"战略是指太平洋和印度洋两个大洋战略。中国位于太平洋西岸，而太平洋又是中国面临的唯一海洋。因此，中国理所当然应当把太平洋战略放在首位。目前，我国每年近 3 万亿美元进出口货物的大部分是经过太平洋的"海上道路"完成运输的。这条海道可以说是中国的咽喉要道，必须用全力保证它的安全和畅通。但是，近年来，有国家想在这条路上制造一些麻烦，企图把中国限制在"第一岛链"之西，甚至声称我国的南沙群岛、西沙群岛关乎他们的利益。对于这些杂音我国应有警惕，应有准备，以防万一。太平洋的安全尤其是西太平洋的安全，是中国成为贸易强国的极重要的一个前提。

唯物辩证法告诉我们，做任何事情都应有两手准备。在中国走向世界的问题上，除了继续加强开拓太平洋通道外，同时，还应当把开拓印度洋通道放在重要的战略位置上，或者说，实施"走出去"的印度洋战略。这个战略的核心问题是借助于缅甸、泰国这两个临印度洋的国家走进印度洋，进而达到非洲、阿拉伯世界直至欧洲。在缅甸方面，从中缅边境上的云南瑞丽出发，途经缅甸的曼德勒直达缅甸西南部的印度洋岸边的重要港口实兑港（又称阿恰布港）。在泰国方面，经昆曼高速公路和铁路由中国的昆明直达泰国的曼谷（港），再由运输船经马六甲海峡进入印度洋。对于我国正在开辟的印度洋战略，国外媒体早已有所报道。英国广播公司网站 2009 年 8 月 12 日发表的题为《中国如何影响印度的军事战略》一文中称："中国提供资金修建卡拉奇附近的瓜德尔深水港，在斯里兰卡建造汉

---

① 《马克思恩格斯全集》第 7 卷，人民出版社，第 264 页。

班托特港，在孟加拉国的吉大港建造集装箱码头，在缅甸的实兑港兴建加油设施等等。""为了抵御中国在缅甸科科群岛上的实力，印度在安达曼群岛上建立了三军指挥中心。"① 该文谈的虽然是军事战略问题，对经济贸易战略也有借鉴参考价值。

### 3. 关于进一步实施印度洋战略的一点建议

埃及的苏伊士运河将印度洋与大西洋连接起来，极大地方便了东西方的交流；巴拿马运河又将太平洋与大西洋贯通了，这就为环球航行提供了便利。现在，本文建议：由中国与泰国共同合作，在泰国南部的克拉地峡开挖和建造世界上第三条大运河（目前我们暂且简称"克拉运河"），将太平洋与印度洋连接起来，为中国和泰国通过印度洋走向非洲、阿拉伯世界和欧洲提供更加便捷的一条海上通道。

"克拉运河"一旦建成，不仅能缩短中国到达印度洋的 2000 多海里的航程，而且还能缓解目前马六甲海峡过往船只的堵塞问题，更能为中国通过印度洋走向非洲、阿拉伯世界和欧洲开辟另一条海上道路。这对于中国建设贸易强国来说，具有不可估量的战略意义。不仅如此，"克拉运河"的建成还能为东盟各国尤其是泰国、缅甸、柬埔寨、老挝、越南、菲律宾等提供一条走向非洲、阿拉伯世界和欧洲更加便捷、安全的海上通道，更有利于东盟各国外向型经济的发展，这个举措将把中国与东盟的经贸合作提高到一个新水平。建成中国—东盟自贸区以来，虽然时间很短，但成绩显著。2010 年中国与东盟双边贸易额达 2927.8 亿美元，仅次于欧盟、美国和日本，居第四位。其中，2010 年中国自东盟进口达 1545.6 亿美元，增长 44.8%，中国向东盟出口达 1382.2 亿美元，增长 30.1%；中国对东盟的贸易逆差 163.4 亿美元，同比增长 30.7 倍。双方的相互投资本来是"短板"，近年来也有突破。2010 年中国对东盟直接投资 25.7 亿美元，增长 12.0%；东盟对中国直接投资达 63.2 亿美元，同比增长 35.2%。这样良好的发展势头，随着"克拉运河"的建成，将会持久地发展下去。

---

① 《印军高官坦诚印度不是中国对手》，2009 年 8 月 12 日《参考消息》。

## 四 马克思国际价值理论是审视和解决目前中国对外开放问题的指针

自 20 世纪 90 年代以来，我国对外贸易发展迅猛。到 2010 年，对外贸易总额已达 29727 亿美元，成为全球第二大贸易国。同时，也应看到巨额进出口的背后，仍存在诸多问题，如利用廉价劳动力扩大出口、加工贸易技术含量低以及出口效益低。以上问题的存在表明，马克思国际价值理论在我国对外贸易的发展实践中没有得到很好的应用。

### （一）当前我国对外贸易发展实践中存在的主要问题

#### 1. 利用廉价劳动力扩大出口

目前，我国劳动者的平均工资不仅远低于发达国家，还低于很多发展中国家。从马克思国际价值的理论上讲，这是一种竞争优势。然而，我国的很多产品之所以具有竞争优势很大程度上是人为地通过降低劳动力成本取得的。在外贸活动中，出口厂商为了节约成本以提高出口产品的价格竞争优势，经常违反劳动法规定，让工人们无偿地加班加点工作，克扣工人福利，减少必要的劳动保护和环保措施。通过降低劳动力成本来获得竞争优势，换回的是此起彼伏的反倾销等制裁和国内民工福利的损失。我国的劳动力正受到来自国际的剥削。

#### 2. 加工贸易技术含量低

自 20 世纪 80 年代以来，加工贸易在我国逐年发展，而且发展迅猛。到 20 世纪 90 年代，已逐步取代一般贸易成为我国第一大贸易方式。2004年，加工贸易出口额占出口总额的 55%。目前，我国的加工贸易，即使属于高新技术产业中的加工贸易，也主要从事劳动密集型的加工组装环节，技术含量不高，附加值较低。由于加工贸易"两头在外"的特点，其与国内经济的联系不紧密，出口结构升级对国内企业带动作用小，出口结构升级变化对国内产业结构升级和技术进步的影响有限。由于加工贸易产品附加值低，出口获得的贸易收益少，国内获得的贸易利益有限，只能赚取少量的加工费和税收，大部分贸易利润为外企所获得。

### 3. 出口效益低

我国出口贸易的高速增长是粗放式的增长。出口产品中真正拥有自主产权的少，资本密集型和技术密集型产品少，而劳动密集型和资源密集型产品多，因此并没有带来质量和效益的同步增长。这种出口数量扩张，增量不增价的特征，在我国极具出口竞争优势的纺织业中尤为明显。据有关部门计算，我国出口 8 亿件衬衫换回的外汇，才能购买一架空客 380 飞机。类似的情况还不少。用马克思国际价值理论来解释，说明我国同欧美发达国家的国际贸易正处在以我们的三个劳动日同他们的一个劳动日相交换的阶段。更为严重的是，由于我国出口的产品档次较低，而低档产品的国际市场容量有限，过度的出口扩张，必然导致同类产品的国际价格下跌，使我国的出口产品的国际价值更低。有些企业为了扩大出口，提高产品的国际占有率，竟违背马克思国际价值理论，不惜竞相压价，以超低价出口，致使部分地区出口秩序混乱。

以上问题的存在，表明我国要从一个贸易大国成为贸易强国仍有很长的一段路要走，对外贸易的可持续发展仍任重而道远。只有以马克思国际价值理论为指导，正视对外贸易中存在的不足，才有可能对症下药，有利于问题的及时解决。

## （二）马克思国际价值理论对解决当前问题的指导意义

马克思国际价值理论虽然创立于 100 多年前，但凭借其敏锐的洞察力和科学的研究方法，在当代经济全球化条件下仍具有强大的生命力。只要将国际价值理论的研究前提加以扩充，就能对当代的国际分工和国际交换格局、国际贸易利益的分配作出科学的解释。马克思的国际价值理论对我国制定新时期对外开放战略具有重要的指导意义。

### 1. 加速加工贸易的产业升级

在要素分工、环节分工已成为当今国际分工主要形式的情况下，一个国家或地区国际分工地位的提升，主要表现在凭借特定要素的比较优势参与产业链条或产品工序所处地位及增值能力的提升上。如果一国拥有丰富的资本、技术、人力资本等高级要素，就能在国际分工环节中处于价值链的高端，从而在国际价值的创造和分配中处于有利地位；相反，如果一国拥有的是简单劳动力等一般的或低级的要素，则只能被动地处于价值链的低端并接受国外高级要素的整合，在国际价值的分配中必然处于不利的境地。因此，中国绝对不能盲目沉醉于自身的所谓廉价劳动力的优势之中。我国要在大力发展劳动密集型产品加工贸易的同时，积极培育技术密集型、知识密集型产品的生产和加工贸易出口。只有这样，才能使我国商品中含有的较小的国内价值较变为较大的国际价值，在国际市场上获得更多的超额利润。

**2. 大力推动"走出去"战略**

跨国公司是当代国际分工、国际价值创造和国际交换的微观主体，跨国公司的数量和跨国公司的竞争优势直接关系到一国在国际价值分配中的地位和贸易利益的获取。据统计，2006 年，全球跨国公司母公司数量已达 6.5 万家，拥有国外分支机构约 85 万家。跨国公司及其分支机构控制着全球 30% 多的生产，80% 的国际直接投资，60% 多的国际贸易和 80% 的国际技术转让。与国外相比，我国虽然有中国石化、中国工商银行、中国移动、中国电力等企业进入世界 500 强行列，但这些企业多数都是国有垄断企业，与国外跨国公司相比，虽然企业规模不算小，但竞争力还不够强。因此，我国应采取符合国际惯例和世贸组织规则的产业政策，扶持国内企业发展，培育能有效参与国际竞争的微观主体，使其借助公司优势到国际市场上参与国际价值分配，从而获得更多的收益。

**3. 实行积极的科技兴贸战略**

鉴于科技进步、产品的研究与开发在当代国际价值创造和分配中的作用，我国应实行积极的科技创新战略。通过技术创新，节约国内生产中的劳动投入和资源消耗，降低单位商品的国别价值，在国际价值交换中获取更多的超额利润。

**4. 实行相对宽松的产业政策和自由贸易政策**

规模经济、垄断竞争对国际价值生产和分配有着重要影响。我国不能一味地满足于以劳动密集型产品去参与国际分工，而应实行积极的产业政策，如战略性贸易政策。我国应扶持具有规模经济效应、技术外溢效应和垄断竞争特征的战略性产业的成长，这不仅可使我国在国际价值分配中争得有利地位，而且可带动国民经济的整体发展。产业政策应根据国内外市场的竞争状况有所调整，对国内市场和国际市场同时处于垄断或垄断竞争状态的、国内市场处于垄断或垄断竞争状态而国际市场处于自由竞争状态的产业，政府应实行相对宽松的产业政策和自由贸易政策；相反，对国内市场处于或接近自由竞争状态而国际市场处于垄断或垄断竞争状态的产业，政府应实行适度保护的产业政策和贸易政策。

### 5. 稳步推进人民币汇率改革

人民币汇率目前面临两难选择：国际上面临升值压力，国内又面临贬值压力。这种矛盾对立现象的根源何在？主要在于中国同欧美发达国家高低悬殊的社会劳动生产率，表现为在同一劳动时间内所生产的同种商品的不同量，有不同的国际价值。正如马克思指出的："不同国家在同一劳动时间内所生产的同种商品的不同量，有不同的国际价值，从而表现为不同的价格，即表现为按各自的国际价值而不同的货币额。所以，货币的相对价值在资本主义生产方式较发达的国家里，比在资本主义生产方式不太发达的国家里要小。"[①] 这样，前一类国家的劳动力价格以及其他商品的价格比后一类国家更高。欧美发达国家站在高处，总认为人民币兑美元的汇率太低，必须大幅度升值；而与此相反，中国则站在低处，认为人民币汇率基本合理，不能大幅度升值。中美的这种对立观点根源于高低悬殊的社会劳动生产率。将来有一天，中美两国的劳动生产率持平，那时人民币兑美元汇率可能达到1∶1，争论也许停止。由此可知，人民币汇率改革是随着劳动生产率的提高而逐步推进的。人民币汇率改革必须坚持自主、可控、渐进的原则。解决贸易顺差过大的问题，不一定从汇率入手，可以提高国内劳动力价格、资源价格和环境价格，进而提高出口价格。这样，可以把汇率改革的实惠留在国内，使国际价值的实现与分配有利于我国，防止肥水流入外人田。

---

① 《马克思恩格斯全集》第23卷，人民出版社，1972，第614页。

**主要参考文献**

马克思:《资本论》第 1~3 卷,人民出版社,1972。

《马克思恩格斯全集》第 26 卷(1、2、3 册),人民出版社,1974。

杨圣明主编《马克思国际价值理论研究》,中央编译出版社,2010。

杨圣明主编《马克思国际贸易理论新探》,经济管理出版社,2002。

王林生:《国际价值与不等价交换的论战》,载《国际价值与国家价格》,对外贸易出版社,1986。

姚曾荫:《价值规律在世界市场上的作用》,《世界经济》1983 年第 3 期。

袁文祺:《关于价值规律在世界市场上作用的初探》,《世界经济》1980 年第 9 期。

杨圣明:《经济全球化与国际价值问题》,《中国社会科学院研究生院学报》2002 年第 6 期。

《世界经济》编辑部:《关于国际价值理论的讨论》,《世界经济》1983 年第 6 期。

# 第二章
# 中国外贸战略

冯 雷

货物贸易的发展为中国在国际市场上赢得了"世界工厂"的称号，制造业的发展为工业制成品的国际贸易提供了有力的支撑。劳动力的传统优势，劳动生产率提升的潜在空间决定了我国货物贸易的发展态势。

## 一 我国货物贸易发展的阶段性特点

改革开放以来，我国货物贸易的发展呈现出较为明显的阶段性特点。这些特点，一方面显示出劳动力比较优势的基础性影响，另一方面表明改革开放的制度性因素在发挥着重要的作用。

第一，从发展速度来看，以2001年为界，之前我国货物贸易的发展在低水平上保持匀速增长，从1980年的381.4亿美元逐步提升到2001年的5097.7亿美元，20年间增长了12倍之多；之后在高水平上快速增长，短短10年间，从5097.7亿美元提升到2011年的36420.6亿美元，增长了6倍之多。由于前后两个时期的基数不同，虽然之前的倍数高于之后的倍数，但增长的意义却迥然不同。

第二，从进出口平衡来看，以1994年为界，之前我国货物贸易进出口顺差与逆差互现，其中有 9 年出现了逆差，5 年表现为顺差，逆差年数多于顺差年数，逆差最大的 1985 年达到了 149 亿美元，顺差最大的 1990 年为 87.4 亿美元，累计逆差与顺差相抵后，表现为逆差 353.8 亿美元；之后持续顺差 18 年，顺差最大的 2008 年达到了 2981.3 亿美元，18 年累计顺差 16555.8 亿美元。2008 年国际金融危机爆发后，进出口平衡状况有所改善。随着进口的强劲扩张，2011 年进口 17434.6 亿美元，较 2009 年的 10059.2 亿美元净增了 7375.4 亿美元，两年间增幅超过了 73%。

第三，从经济发展的阶段性和对外贸易制度变迁来看，我国货物贸易的发展可以分为三个不同的阶段：一是 1980～1993 年，改革开放初期，国民经济与对外贸易的总体发展水平较低，14 年间，对外贸易发展规模接近 2000 亿美元。二是 1994～2001 年，经济结构调整软着陆，各项新的制度因素出台后，国民经济与对外贸易保持相对稳定，呈现稳步增长。8 年间，对外贸易规模超过了 5000 亿美元。三是 2002～2011 年，我国在加入世界贸易组织后，国民经济与对外贸易发展都进入了提速期，10 年间，对外贸易规模超过了 36000 亿美元。

2008 年国际金融危机后，对外贸易发生了新的变化。2009～2011 年的 3 年间，从规模上看，2009 年对外贸易较 2008 年有明显的收缩，减少了 3557.3 亿美元，跌幅接近 14%，其中，出口减少了 2290.8 亿美元，跌幅达到了 16%；进口减少了 1266.4 亿美元，跌幅达到了 11.2%；顺差规模迅速缩小，锐减 1024.4 亿美元，缩减幅度达到了 34.4%。2010 年对外贸易较 2009 年又有了明显的放大，增加了 7652.3 亿美元，增幅达到了 34.7%，其中，出口增加了 3763.2 亿美元，增幅达到了 31.3%；进口增加了 3889.1 亿美元，增幅达到了 38.7%，超过了出口的增幅；顺差规模持续缩减，仅为 1831 亿美元，在对外贸易规模恢复增长并超过 2008 年水平的情况下，较 2009 年还减少了 125.9 亿美元。2011 年对外贸易额较 2010 年持续扩张，增加了 6693 亿美元，增幅达到了 22.5%，较前一年增速有所放缓，其中，出口增加了 3206.7 亿美元，增幅达到了 20.3%；进口增加了 3486.3 亿美元，增幅达到了 25%，进口的增量与增幅都超过了出口；贸易顺差规模继续缩小，仅为 1551.4 亿美元，较上一年减少 279.6 亿美元。

### 表 2-1　中国货物贸易进出口额

单位：亿美元

| 年　份 | 进出口总额 | 出口总额 | 进口总额 | 差　额 |
|---|---|---|---|---|
| 1980 | 381.4 | 181.2 | 200.2 | -19.0 |
| 1981 | 440.3 | 220.1 | 220.2 | -0.1 |
| 1982 | 416.1 | 223.2 | 192.9 | 30.3 |
| 1983 | 436.2 | 222.3 | 213.9 | 8.4 |
| 1984 | 535.5 | 261.4 | 274.1 | -12.7 |
| 1985 | 696.0 | 273.5 | 422.5 | -149.0 |
| 1986 | 738.5 | 309.4 | 429.1 | -119.7 |
| 1987 | 826.5 | 394.4 | 432.1 | -37.7 |
| 1988 | 1027.9 | 475.2 | 552.7 | -77.5 |
| 1989 | 1116.8 | 525.4 | 591.4 | -66.0 |
| 1990 | 1154.4 | 620.9 | 533.5 | 87.4 |
| 1991 | 1356.3 | 718.4 | 637.9 | 80.5 |
| 1992 | 1655.3 | 849.4 | 805.9 | 43.5 |
| 1993 | 1957.0 | 917.4 | 1039.6 | -122.2 |
| 1994 | 2366.2 | 1210.1 | 1156.1 | 54.0 |
| 1995 | 2808.6 | 1487.8 | 1320.8 | 167.0 |
| 1996 | 2898.8 | 1510.5 | 1388.3 | 122.2 |
| 1997 | 3251.6 | 1827.9 | 1423.7 | 404.2 |
| 1998 | 3239.3 | 1837.6 | 1401.7 | 435.9 |
| 1999 | 3606.3 | 1949.3 | 1657.0 | 292.3 |
| 2000 | 4742.9 | 2492.0 | 2250.9 | 241.1 |
| 2001 | 5097.7 | 2661.5 | 2436.1 | 225.4 |
| 2002 | 6207.7 | 3256.0 | 2951.7 | 304.3 |
| 2003 | 8509.9 | 4382.3 | 4127.6 | 254.7 |
| 2004 | 11545.5 | 5933.3 | 5612.3 | 321.0 |
| 2005 | 14219.1 | 7619.5 | 6599.5 | 1020.0 |
| 2006 | 17604.0 | 9689.4 | 7914.6 | 1774.8 |
| 2007 | 21737.3 | 12177.8 | 9559.5 | 2618.3 |
| 2008 | 25632.6 | 14306.9 | 11325.6 | 2981.3 |
| 2009 | 22075.3 | 12016.1 | 10059.2 | 1956.9 |
| 2010 | 29727.6 | 15779.3 | 13948.3 | 1831.0 |
| 2011 | 36420.6 | 18986.0 | 17434.6 | 1551.4 |

资料来源：《中国统计年鉴2011》，中国统计出版社，2011。

从图 2 - 1 可以清晰地看出 2008 年金融危机后我国货物贸易发展的特点，我国货物贸易的进出口总额、出口总额和进口总额的变化趋势近乎一致，呈现出 2009 年的低谷与 2011 年的新高；而顺差的变化则迥然不同，自 2009 年开始掉头向下，即使在 2010 年和 2011 年贸易规模持续扩张的情况下，顺差规模也持续下降。总体来看，这一新变化在某种程度上说明我国对外贸易发展方式的转变取得了一定的成效，即更加注重进口的扩展，更加注重对外贸易的平衡发展。

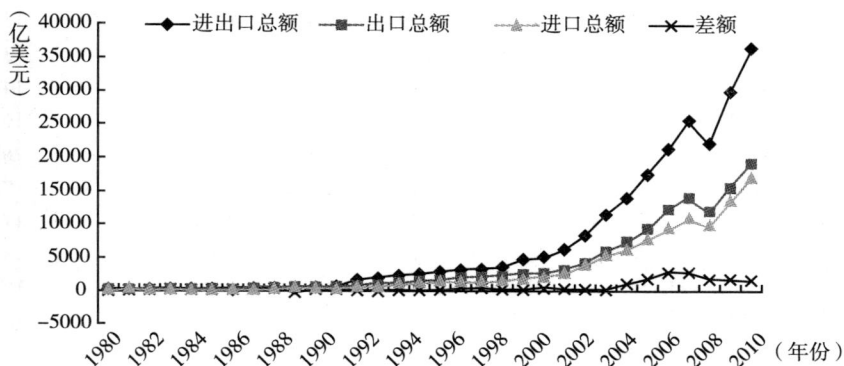

图 2 - 1　中国货物贸易进出口额

资料来源：根据表 2 - 1 制作。

## 二　劳动力优势是我国货物贸易发展的基础条件

劳动力传统优势是改革开放以来我国货物贸易长期发展的基础性条件。从就业状况和工资水平来看，我国的劳动生产力水平即社会劳动生产率仍有很大的提升空间。

### （一）就业人口的三次产业分布

从我国三次产业就业人口的动态分布来看，1980～2010 年的 30 年间，发生了根本性的变化。1980 年，我国第一产业就业人口 2.91 亿人，第二产业 0.77 亿人，第三产业 0.55 亿人，各自的占比为 68.7%、18.2%

和 13.1% ，这一期间我国就业人口大部分集中在第一产业。2010 年，我国第一产业就业人口 2.79 亿人，第二产业 2.18 亿人，第三产业 2.63 亿人，比例分别为 36.7% 、28.7% 和 34.6% 。

表 2-2　中国三次产业的就业人口分布

| 年份 | 经济活动人口（万人） | 就业人员（万人） | | | | 构成（合计=100） | | |
|---|---|---|---|---|---|---|---|---|
| | | 总和 | 第一产业 | 第二产业 | 第三产业 | 第一产业 | 第二产业 | 第三产业 |
| 1980 | 42903 | 42361 | 29122 | 7707 | 5532 | 68.7 | 18.2 | 13.1 |
| 1981 | 44165 | 43725 | 29777 | 8003 | 5945 | 68.1 | 18.3 | 13.6 |
| 1982 | 45674 | 45295 | 30859 | 8346 | 6090 | 68.1 | 18.4 | 13.5 |
| 1983 | 46707 | 46436 | 31151 | 8679 | 6606 | 67.1 | 18.7 | 14.2 |
| 1984 | 48433 | 48197 | 30868 | 9590 | 7739 | 64.0 | 19.9 | 16.1 |
| 1985 | 50112 | 49873 | 31130 | 10384 | 8359 | 62.4 | 20.8 | 16.8 |
| 1986 | 51546 | 51282 | 31254 | 11216 | 8811 | 60.9 | 21.9 | 17.2 |
| 1987 | 53060 | 52783 | 31663 | 11726 | 9395 | 60.0 | 22.2 | 17.8 |
| 1988 | 54630 | 54334 | 32249 | 12152 | 9933 | 59.3 | 22.4 | 18.3 |
| 1989 | 55707 | 55329 | 33225 | 11976 | 10129 | 60.1 | 21.6 | 18.3 |
| 1990 | 65323 | 64749 | 38914 | 13856 | 11979 | 60.1 | 21.4 | 18.5 |
| 1991 | 66091 | 65491 | 39098 | 14015 | 12378 | 59.7 | 21.4 | 18.9 |
| 1992 | 66782 | 66152 | 38699 | 14355 | 13098 | 58.5 | 21.7 | 19.8 |
| 1993 | 67468 | 66808 | 37680 | 14965 | 14163 | 56.4 | 22.4 | 21.2 |
| 1994 | 68135 | 67455 | 36628 | 15312 | 15515 | 54.3 | 22.7 | 23.0 |
| 1995 | 68855 | 68065 | 35530 | 15655 | 16880 | 52.2 | 23.0 | 24.8 |
| 1996 | 69765 | 68950 | 34820 | 16203 | 17927 | 50.5 | 23.5 | 26.0 |
| 1997 | 70800 | 69820 | 34840 | 16547 | 18432 | 49.9 | 23.7 | 26.4 |
| 1998 | 72087 | 70637 | 35177 | 16600 | 18860 | 49.8 | 23.5 | 26.7 |
| 1999 | 72791 | 71394 | 35768 | 16421 | 19205 | 50.1 | 23.0 | 26.9 |
| 2000 | 73992 | 72085 | 36043 | 16219 | 19823 | 50.0 | 22.5 | 27.5 |
| 2001 | 73884 | 72797 | 36399 | 16234 | 20165 | 50.0 | 22.3 | 27.7 |
| 2002 | 74492 | 73280 | 36640 | 15682 | 20958 | 50.0 | 21.4 | 28.6 |
| 2003 | 74911 | 73736 | 36204 | 15927 | 21605 | 49.1 | 21.6 | 29.3 |
| 2004 | 75290 | 74264 | 34830 | 16709 | 22725 | 46.9 | 22.5 | 30.6 |
| 2005 | 76120 | 74647 | 33442 | 17766 | 23439 | 44.8 | 23.8 | 31.4 |
| 2006 | 76315 | 74978 | 31941 | 18894 | 24143 | 42.6 | 25.2 | 32.2 |
| 2007 | 76531 | 75321 | 30731 | 20186 | 24404 | 40.8 | 26.8 | 32.4 |
| 2008 | 77046 | 75564 | 29923 | 20553 | 25087 | 39.6 | 27.2 | 33.2 |
| 2009 | 77510 | 75828 | 28890 | 21080 | 25857 | 38.1 | 27.8 | 34.1 |
| 2010 | 78388 | 76105 | 27931 | 21842 | 26332 | 36.7 | 28.7 | 34.6 |

资料来源：《中国统计年鉴 2011》，中国统计出版社，2011。

在就业市场上，第一产业比重大幅度下降，从 68.7% 下降到 36.7%，第二产业比重有所上升，提高了 10 个百分点，而第三产业的就业规模已经超过了第二产业，发展成为与第一产业规模基本相当的产业，成为我国吸纳就业的重要产业空间。一、二、三次产业的就业人员比重趋于接近，大体上构成了三分天下的格局。

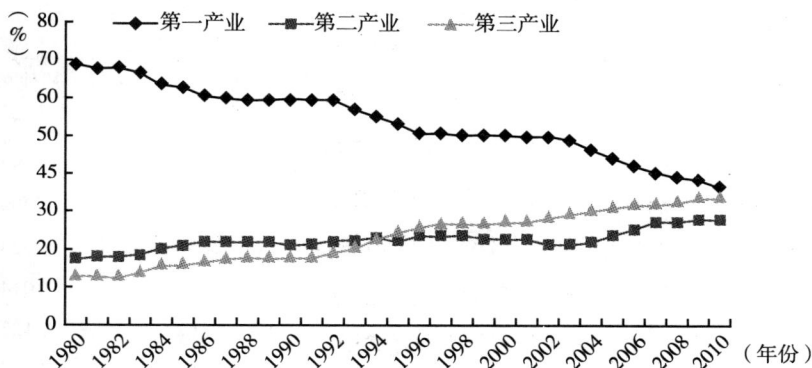

图 2 - 2　中国一、二、三次产业就业比重

资料来源：根据表 2 - 2 数据绘制。

第一产业就业人数明显下降，从 2.91 亿人缩减为 2.79 亿人，下降了约 4 个百分点，第二产业稳定增长，从 0.77 亿人增长到 2.18 亿人，提高了近 2 倍，第三产业就业人数迅猛增长，从 0.55 亿人增长到 2.63 亿人，提高了近 4 倍。

仅从就业人口的分布来看，可以说，国民经济偏重于第一产业的状况得到了本质上的改善，三次产业呈现较为均衡的发展。在过去的 30 年中，我国劳动力规模在三次产业间的变化与工业制成品的出口形成了互动的对应关系，极大地推动了我国货物贸易的发展。这一潜力从我国平均工资水平的变化中也可以看出来。

## （二）平均工资水平在不同所有制性质单位的分布

1995 年，我国国有单位的年平均工资水平为 5553 元，城镇集体单位为 3934 元，其他单位为 7728 元；2010 年，这些数字分别为 38359 元、24010 元和 35801 元，分别提高了 6 倍、5 倍和 3.6 倍，从绝对值来看，均有大幅度的提高，其中国有单位提高的幅度和速率最大，城镇集体单位次之，其他单位由于其较高的初始水平而显得最为缓慢。

表 2 - 3　中国平均工资水平

| 年份 | 平均工资（元） | | | | |
|------|------|------|------|------|------|
| | 合　计 | 在岗职工 | 国有单位 | 城镇集体单位 | 其他单位 |
| 1995 | 5348 | 5500 | 5553 | 3934 | 7728 |
| 1996 | 5980 | 6210 | 6207 | 4312 | 8521 |
| 1997 | 6444 | 6470 | 6679 | 4516 | 9092 |
| 1998 | 7446 | 7479 | 7579 | 5314 | 9241 |
| 1999 | 8319 | 8346 | 8443 | 5758 | 10142 |
| 2000 | 9333 | 9371 | 9441 | 6241 | 11238 |
| 2001 | 10834 | 10870 | 11045 | 6851 | 12437 |
| 2002 | 12373 | 12422 | 12701 | 7636 | 13486 |
| 2003 | 13969 | 14040 | 14358 | 8627 | 14843 |
| 2004 | 15920 | 16024 | 16445 | 9723 | 16519 |
| 2005 | 18200 | 18364 | 18978 | 11176 | 18362 |
| 2006 | 20856 | 21001 | 21706 | 12866 | 21004 |
| 2007 | 24721 | 24932 | 26100 | 15444 | 24271 |
| 2008 | 28898 | 29229 | 30287 | 18103 | 28552 |
| 2009 | 32244 | 32736 | 34130 | 20607 | 31350 |
| 2010 | 36539 | 37147 | 38359 | 24010 | 35801 |

资料来源：历年中国统计年鉴。

其他单位的组成较为复杂，主要包括私营、外商投资和港澳台商投资企业，所以，根据上表数据的对比，可以归结为国有单位、城镇集体单位和私营、外商投资和港澳台商投资企业的年平均工资比较，呈现如下变化：

一是，国有单位的年平均工资水平持续高于城镇集体单位的年平均工资水平，且有持续扩大的趋势。1995 年，国有单位的年平均工资高于城镇集体单位年平均工资 1619 元，2010 年这一差距扩大为 14349 元；从相对值来看，1995 年前者高于后者 41.15%，2010 年扩大为 59.76%。如果考虑到城镇集体单位工资中的社会福利含量低于国有单位，那么这一差距仍然处于被低估的水平，且处于缓慢的接近过程，即这种劳动力成本方面的优势仍有较大的发挥空间。

二是，1995 年，私营、外商投资和港澳台商投资企业的年平均工资水平高于国有单位和城镇集体单位的年平均工资水平，分别高出 39% 和 96%，2010 年这一状况发生了变化，国有单位的年平均工资水平已经高于私营、外商投资和港澳台商投资企业的年平均工资水平，超过了 7%，年平均工资水平的关系发生了逆转；但私营、外商投资和港澳台商投资企业的年平均工资仍然高于城镇集体单位的水平约 49%，然而高出的比例同 1995 年相比已经缩减了一半。

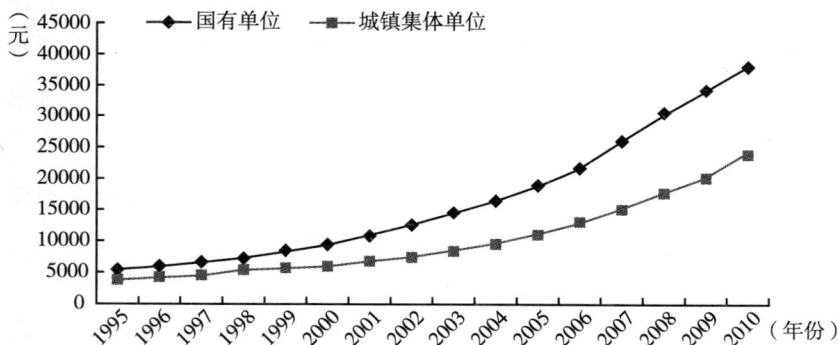

图 2 - 3　我国国有单位和城镇集体单位的年平均工资

资料来源：根据表 2 - 3 数据绘制。

各种所有制单位年平均工资水平的普遍提高，一方面，显示了随着国民经济的发展，改革开放的成果稳步地被更广泛的就业人群所分享；另一方面，也说明劳动力优势在不同所有制单位之间的分布以及我国货物贸易所依赖的程度的动态关系。

## （三）劳动力成本的国际与地区差异

在国际上，我国劳动力成本长期处于每小时 1 美元区域，与欧美等国家的劳动力成本存在着较大的差异。这一差异决定了国际分工以及国际资本流动的必然趋势，形成了劳动密集型产业向我国的顺次转移，其结果是我国逐渐成长为世界上的制造业大国，劳动密集型产品的大规模出口成为我国对外贸易的主导部分。劳动力成本优势在我国的不同分布特点如下：

第一，劳动力成本层级的所有制分布，表现为国有—集体—个体的劳动力成本优势递增分布。一般而言，国有企业职工的收入水平高于集体企业职工的收入水平，集体企业职工的收入水平高于私营或民营企业职工的收入水平。在国有、集体和个体或私营间形成了所有制层级与收入水平的正相关关系。

在计划经济体制与市场经济体制的磨合中，国有企业中的劳动力相对来说需要付出较大的交易成本才能够与增量资本结合，而集体或个体企业中的劳动力则较容易与增量资本结合，这就为市场体制下的增量资本既包括外商投资也包括民间资本的发展提供了具有成本优势的劳动力供给，尤其是在农业生产管理体制改革中游离出来的大量的农村劳动力供给。较低的工资水平通过三资企业和民营企业的建立与发展开辟了与资本相结合的路径，并主要通过加工贸易方式下的产品外销间接地进入国际市场，形成了我国外贸出口的基本支撑因素。

第二，劳动力成本层级的地区分布，表现为沿海—内陆的劳动力成本优势递增分布。与国际市场之间的距离以及由此产生的运输费用构成了地区间经济发展水平差异化的关键因素。沿海地区经济在改革开放的推动下，由于其良好的区位优势，受到了增量资本的青睐，率先发展起来，成为我国外贸出口的主要基地。随着外向型经济的深入发展及对劳动力需求的不断增加，吸引着内地农业部门的廉价劳动力从内地流向沿海，实现了劳动力与资本的结合，并形成了农民工在沿海与内地之间的区域流动和工作与探亲交替的季节性流动。

根据《中国统计年鉴2011》的资料显示，2010年，广东、山东、江苏、浙江等沿海经济较发达省份的工资水平明显高于其他内陆省份，如广东年平均工资为4484元，山东3167元，浙江3518元，江苏

2999 元；处于中部经济带的省份，如安徽仅为 1225 元，河北 1630元，山西 1287 元，湖北 1601 元，湖南 1480 元，而江西则仅有 837元；处于西部经济带的省份，如甘肃 569 元，新疆 851 元，宁夏仅有226 元。

就经济区位来讲，由于受运输成本以及体制等软环境方面的因素的制约，我国外向型经济发展的主要方式——加工贸易很难直接随着城镇就业人员工资水平的变动而转变，但是，我国劳动力的相对移动，即从中西部流向沿海地区的农民工潮，却可以有效地支撑加工贸易的持续发展。这种区域间劳动力成本的层级优势将会在今后相当长一段时期内保持下去，成为我国货物贸易发展的基础性条件之一。

第三，劳动力成本层级的动态延缓与推进。随着改革进展，内地农民工流入沿海地区谋取职业的过程中，形成了农业剩余劳动者——沿海地区企业的农民工——回乡创业者的循环。这一循环从劳动力成本的层面来看，是新的农民工对原有农民工的补充与替代。

随着农民工劳动条件的改善及劳动力工资的提升，劳动力成本结构中对家庭生活、子女教育、休闲娱乐的要求开始萌动、增长，农民工的工资在增加，进入企业成本，并逐渐成为劳动力就业的新标准。在这一过程中，不断有新的农业劳动力来到沿海打工，部分替代了原有的劳动力，一方面延缓了工资提升的速度，另一方面也放慢了企业成本增长的进程，同时保持了出口企业在国际市场上的竞争力。这种劳动力成本层级的动态延缓—推进现象，在相当长一段时期内保持了我国外贸出口的整体竞争力。

### （四）劳动生产力的解放是发挥我国劳动力成本优势的关键

我国货物贸易蓬勃发展是在改革开放的过程中实现的，其发展路径体现出我国生产力解放的基本特征。

第一，持续地解放农业生产力。农业生产发展和管理体制改革促进大量农业剩余劳动力向工业及城镇地区转移，为工业发展提供了大量的生力军。劳动力从农业向工业转移，从内地向东南沿海转移，与沿海地区的率先开放发展相适应，与外商投资集中在沿海以及加工贸易方式相适应，形成了沿海地区产业的高速发展。劳动力供给水平由低向高的发展，决定了沿海地区在改革开放过程中产业结构的演进模式，也构成了我国出口贸易以及加工贸易的产业结构模式。

随着农村转移劳动力质量的不断提高，沿海产业升级有了劳动力供给的基础，不断从小五金、服装鞋帽、玩具等熟练工种为主的产业，向家电、机械制造、信息产业等技能型工种为主的产业发展。在这一过程中，沿海地区的企业群体通过资金的积累、管理经验的积累、国际销售渠道的积累以及自主知识产权的积累，提升了其在国际分工链条中的地位。

我国的要素禀赋优势集中体现在劳动力成本远远低于国际水平。一方面，这种要素禀赋长期以来被经济体制所束缚，无法发挥其在国际市场上的竞争优势，致使我国国民经济发展在相当长一段时期内基本上是停滞不前的。从另一方面来看，经济发展速度的巨大落差，劳动报酬的缓慢增长，累积起了潜在的劳动力成本优势。这种潜在的优势积蓄到一定程度，通过经济体制的改革，生产关系的变革，得到了释放。解放农业生产力，为沿海地区对外开放、外向型经济以及货物贸易的发展提供了重要的基础性条件，以劳动密集型生产为特征的沿海地区经济结构及产业结构得以充分发展，致使我国相关产业的产品在国际市场上具备了较强的比较优势，占领了较大的市场份额，出口得到了迅猛的发展，并成为解释贸易顺差的基本依据。

第二，劳动力质量的提高为沿海产业升级提供了劳动力供给的基础。寻求劳动生产率提升的新突破，源自提高劳动生产率的技术动力、资本动力和管理动力，源自竞争优势的创新。寻求实现货物贸易模式的突破，占据国际产业分工链条的增值高端，引领国际分工模式的转换，源自劳动生产率提升的突破，源自我国要素禀赋结构的改善。技术要素、资本要素和管理要素的增长，超越了劳动力成本优势的持续影响，改变着我国要素禀赋的结构，并通过出口贸易的引导作用，推动我国产业结构的调整，改变着我国产业部门在全球供应链中的地位。

　　创新竞争优势的空间来源于劳动生产率提升的诸多重要方面：一是大力发展、保护自主知识产权，加大制造业的技术要素投入。技术创新对提高劳动生产率的作用，在价值创造与国际价值的决定方面具有重要的影响力。通过技术创新，引导资源向高端产业发展。二是通过企业并购，建立资本雄厚的跨国企业集团。资本积累对进入或发展某些具有资本门槛的产业具有重要意义。相关产业生产率的提高，为产业的国际转移提供了条件，成为决定相关产业产品国际价值的因素。三是注重人才培养，加大管理要素投入在价值创造中的空间。供应链上的各种经营管理人才是决定产品国际价值的重要因素。

　　从战略角度上看，保持并发展与劳动力成本优势相适应的传统出口产品仍然是我国在相当长一段时间内的政策选择，其积极意义在于通过传统产品的出口，保持国民经济持续发展的基本驱动力。有效地利用并引导劳动力成本的层级差异化，在发展劳动密集型产品生产与出口的同时，向资本、技术以及管理密集型产品或高新技术产品的生产与出口转换，改变对外贸易和经济的发展模式，通过货物贸易出口的持续增长，科学地配置国内资源与国际市场的关系。

## 三　多元生产关系的并存结构是推进货物贸易迅猛发展的制度因素

　　生产关系要适应生产力的发展水平，生产关系反过来会推动生产力的发展，二者的辩证关系在我国经济体制改革和对外开放的实践中得到了最有力的证明。多元的市场主体和多元的生产关系并存的结构成为推进我国货物贸易迅猛发展的制度性因素。

### （一）多元市场主体的发展带动了经济结构的变化

　　2001～2010 年的 10 年间，我国经济结构发生了较为明显的变化（见表 2 - 4）。

**表2-4　中国工业企业数及总产值**

单位：亿元

| 项　　目 | 2001 年 | | 2010 年 | |
|---|---|---|---|---|
| | 企业单位数（个） | 工业总产值（当年价格） | 企业单位数（个） | 工业总产值（当年价格） |
| 其中:国有企业 | 34530 | 17229 | 8726 | 57013 |
| 私营企业 | 36218 | 8761 | 273259 | 213339 |
| 港澳台商投资企业 | 18257 | 11847 | 34069 | 65358 |
| 外商投资企业 | 13166 | 15374 | 39976 | 124560 |
| 全国总计 | 171256 | 95449 | 452872 | 698591 |

注：规模以上工业企业为年主营业务收入在 500 万元以上的企业。

资料来源：《中国统计年鉴2011》，中国统计出版社，2011。

第一，国有企业数量大量减少，产值规模成倍增长。2001 年，国有企业 34530 家，工业总产值 17229 亿元，2010 年国有企业数量 8726 家，锐减 25804 家，只有原来的 1/4，但工业总产值却达到了 57013 亿元，增长了 2 倍多。

第二，私营企业数量和工业总产值双双急剧增长。2001 年私营企业数量 36218 家，工业总产值 8761 亿元，2010 年，私营企业数量增加到 273259 家，工业总产值 213339 亿元，分别增长了 6.5 倍和 23.4 倍。

第三，外商投资企业和港澳台商投资企业在数量和工业产值方面均有长足发展。2001 年外商投资企业和港澳台商投资企业的数量分别从 13166 家和 18257 家增长到 2010 年的 39976 家和 34069 家，工业总产值从 15374 亿元和 11847 亿元增长到 124560 亿元和 65358 亿元；企业数量的增幅分别为 203.6% 和 86.6%，工业总产值的增幅分别为 710.2% 和 451.7%。

## （二）多元主体的发展带动了城镇就业结构的变化

从劳动力个体层面上进一步提升了劳动生产效率。

表 2 - 5　中国城镇就业结构

单位：万人

| 年份 | 就业人员合计 | 国有企业 | 集体企业 | 私营企业 | 港澳台商投资企业 | 外商投资企业 | 个体 |
|---|---|---|---|---|---|---|---|
| 2001 | 24123 | 7640 | 1291 | 1527 | 326 | 345 | 2131 |
| 2002 | 25159 | 7163 | 1122 | 1999 | 367 | 391 | 2269 |
| 2003 | 26230 | 6876 | 1000 | 2545 | 409 | 454 | 2377 |
| 2004 | 27293 | 6710 | 897 | 2994 | 470 | 563 | 2521 |
| 2005 | 28389 | 6488 | 810 | 3458 | 557 | 688 | 2778 |
| 2006 | 29630 | 6430 | 764 | 3954 | 611 | 796 | 3012 |
| 2007 | 30953 | 6424 | 718 | 4581 | 680 | 903 | 3310 |
| 2008 | 32103 | 6447 | 662 | 5124 | 679 | 943 | 3609 |
| 2009 | 33322 | 6420 | 618 | 5544 | 721 | 978 | 4245 |
| 2010 | 34687 | 6516 | 597 | 6071 | 770 | 1053 | 4467 |

资料来源：《中国统计年鉴2011》，中国统计出版社，2011。

国有企业和集体企业就业人数分别从 2001 年的 7640 万人和 1291 万人减少到 2010 年的 6516 万人和 597 万人，私营企业就业人数相应的从 1527 万人增加到 6071 万人，个体就业人数从 2131 万人增加到 4467 万人，外商投资企业和港澳台商投资企业的就业人数分别从 345 万人和 326 万人增加到 1053 万人和 770 万人，这一变化大大改变了 2001 年城镇就业人口以国有企业和集体企业为主的格局。国有企业和集体企业的就业人数从约占城镇就业总人口的 37%，下降到 21%，私营、个体、外商投资和港澳台投资企业的就业比重从 18% 上升到 36%。结合上述论及的私营、外商投资和港澳台商投资企业工业总产值增速的较高增长，就业人员在不同所有制部门中的劳动效率得到了明显的提升，劳动力资源在不同所有制部门中的配置更加有效率。

## （三）新型生产关系的确立诱发出多元经济主体的共同发展

多元经济主体以及新型生产关系的确立作为经济体制改革和对外开放的一个重要方面，在多个层次上解放了生产力，形成了多元经济主体的迅速发展。多元生产关系并存的结构表现为，适度调整了国民经济的所有制结构，在保持国有经济占主导地位的同时，发展了民营经济，引进了国际直接投资，并直接推进了我国制造业与出口贸易的发展，多元市场主体的发展，也推进了货物贸易的迅猛发展。在过去的10多年中，我国进出口贸易的大半已经为非国有经济部门所实现，其中，外商投资企业的进出口规模更是一枝独秀，撑起了我国货物贸易的半壁江山。

第一，国有企业改革为民营经济提供了发展的空间。大量中小型国有企业改制转型，逐渐走向了市场，成为独立自主、自负盈亏的民营经济群体中的重要组成部分；个体经济在市场经济浪潮的引导与推动下应运而生，通过自身的努力逐渐成为民营经济发展壮大的一个重要来源。

第二，利用外资政策为三资企业的发展提供了发展的空间。改革开放之初，引进外资就成为我国国民经济发展的一个重要推动力。尽管专家学者们对三资企业在我国经济中的地位及作用有过诸多争论，但是事实证明了引进外资政策的合理性。通过管理制度、技术装备、人力资源、示范效应等多个角度，三资企业逐渐融入我国经济的循环中。

第三，大型国有企业在国民经济的战略部门形成的产业布局，体现了社会主义经济的基本属性特征，并通过现代企业制度的塑造，使诸多关系国计民生的产业成为推动我国国民经济顺利发展的重要主导力量。随着多元经济主体的确立与发展，与之相应的对外贸易获得了长足的发展。在我国对外货物贸易中，国有经济在一些重要的战略性产业中具有举足轻重的作用。钢铁、石油、重型机械、造船、汽车制造等多个行业的发展与贸易的增长，都离不开国有经济的推动。民营经济在与人们日常生活密切相关的行业中领先发展，并进而把这种优势引入对外贸易中。轻工产品的诸多种类、服装鞋帽、白色家电等多个行业的生产扩张与出口增长都离不开民营经济的推动。三资企业在通信技术、生物制药、精细制造等方面处于领先地位并与国际产业发展同步，通过跨国公司的全球产业布局，把我国相关产业直接融入国际产业发展的潮流中，极大地推动了相关领域的国际贸易。民营经济和三资企业与国际产业衔接所形成的加工贸易在我国对外贸易中占据了重要份额，通过相关政策的引导，延长了国内的产业链条，拓展了增值的空间，成为我国对外贸易中极具特色的组成部分。三资企业在对外贸易中，尤其是在高新技术产品的出口中占据了举足轻重的份额，发挥了其与国际产业发展趋势密切相关的优势，成为我国出口贸易中占据前沿的重要部分。

### （四）多元经济主体在货物贸易中的多元定位

在新型生产关系与多元主体框架下组织起来的企业组织适应了生产力的发展水平，在对外贸易结构中找到了适当的定位：

第一，不同商品生产与贸易的选择。国有经济主要定位在具有战略意义的商品生产与贸易领域，外资企业定位在高新技术发展领域，民营企业活跃在通用技术产业及广阔的民用产品领域。

第二，不同贸易方式的选择。国有经济及战略产品以一般贸易方式为主，三资企业与民营企业在加工贸易方式上占有优势地位，三资企业的公司内贸易也具有极大的空间。

第三，不同的区域分布。三资企业在沿海地区的拓展与民营企业的局部生长，为我国沿海地区的经济增长以及对外贸易的发展作出了巨大的贡献；三资企业的北上与西进尝试也取得了一定的效果。经济发展水平的条带分布、生产力水平的梯度发展，对外贸易由东到西、由南向北的规模递减，或者由西向东、由北向南的规模递增，形成了我国区域经济发展的一个重要侧面。

多元生产关系并存结构适应了我国生产力水平发展不平衡的国情，生产力水平发展不平衡又通过多元生产关系并存结构的构建，为不同生产力水平的发展及要素合理配置提供了体制空间。这一现象可以概括为生产关系结构的合理配置促进了社会生产力的发展。这是我国经济体制改革、社会主义市场经济模式着力解决的一个根本性问题。

## 四 互利共赢是我国对外贸易发展良性循环的基本准则

互利共赢是国际贸易活动的基本特征，也是我国对外贸易发展良性循环的基本准则。国际贸易活动的基本内涵是参与贸易的各方都会获得各自的静态利益，即从交换中获得了国际分工带来的好处，相对或绝对地节省了本国的社会劳动。通过对国际资源的利用而对本国的资源进行了更为有效地配置。就动态利益而言，一国通过国际贸易和国际分工带动国民经济的发展与产业结构的升级，扩大国际交换的广度与深度，从而推进包括国内劳动力在内的各种资源的充分利用，是国际贸易实现互利双赢并保持双边或多边贸易持续良性循环发展的关键。

### （一）我国货物贸易平衡状态的长期发展态势

改革开放以来，我国货物贸易平衡状况大体可以分为两个阶段：一是1979～1994年，货物贸易的顺差与逆差交替出现。二是1995～2010年，货物贸易出现了长期顺差，即使是在全球金融危机爆发后的2008年和2009年，仍然出现了近3000亿美元和近2000亿美元的顺差。2010年我国货物贸易得到了较大的恢复，接近3万亿美元的水平，在进口增长势头强劲的作用下，顺差规模有所收窄。

然而长期的顺差积累，使外汇储备规模屡攀高峰，导致我国国际收支形成"双顺差"的局面，给我国对外贸易的发展和人民币的汇率水平带来了巨大压力，要求贸易平衡与人民币升值的呼声日渐高涨。如何看待我国对外贸易发展的实践结果，如何理解我国对外贸易发展的利益内涵，如何阐述我国互利共赢的贸易战略思想，就成了急迫的理论任务。

### （二）我国对外贸易互利共赢准则的内涵

在经济全球化与发展我国开放型经济的条件下，我国对外贸易互利共赢准则具有两个层次的丰富内涵。

第一个层次：在国际分工的基础上，发挥我国的比较优势，充分推动货物贸易的发展就是互利共赢。其基本宗旨体现在国际分工中的利益契合点上，即通过发挥贸易伙伴间各自的比较优势，推动互利共赢的货物贸易发展，让中国及其贸易伙伴和全球经济都获得重要的利益。

对于我国来说，劳动力资源具有向广度与深度发展的巨大空间，劳动力成本优势是我国参与国际贸易实现互利共赢的基础条件。改革开放以来，大量农业劳动力向制造业及城镇地区转移，为制造业的迅猛发展提供了规模巨大的低成本的劳动力供给，为承接国际产业转移，尤其是劳动密集型产业向我国的转移提供了有力的支撑。在外商直接投资政策的有效引导下，沿海地区大力发展起来的加工贸易，成为我国劳动密集型产品出口的重要方式。加工贸易为我国对外开放提供了一种重要的发展模式，推动了沿海地区区域经济的发展，成为我国优势要素与国际优势要素结合的一种贸易方式，成为我国参与国际经济循环的重要依托。我国沿海地区产业结构乃至整个国民经济产业结构的动态发展在很大程度上得益于加工贸易的产业升级，得益于国际资本的流入与技术及其设备的引进，为我国经济融入全球市场，实现经济的跨越式发展，发挥了重要的作用。中国货物贸易的发展及其国内制造业实力的增长，使得中国的贸易伙伴能够以较低的社会成本获得同样数量的商品，节约了大量消费开支，提高了其国内消费者的实际收入水平。

对于国际社会或我国的贸易伙伴来说，中国经济的增长为全球经济发展创造出一个潜力巨大的消费市场。中国已经成为世界级的制造业大国和消费大国，不论是投资品还是消费品，其需求量的日益增长，既是一个供给极、需求极，也是一个增长极。中国作为一个负责任的发展中大国，为全球经济持续稳定的发展提供了重要的保障，这一点在近三年来全球经济危机中表现得尤其明显。

然而，我国高速发展的货物贸易也有可能导致与其贸易伙伴间贸易的不平衡问题。自1994年以来，我国货物贸易持续了17年的贸易顺差，对一些重要贸易伙伴的贸易顺差已经超过了千亿美元的水平，致使贸易摩擦不断升级，经济关系出现了紧张局面，引发了对人民币升值的压力要求。

实现贸易平衡是互利共赢的一种要求，通过贸易平衡实现互利共赢。这需要对中国的货物贸易顺差进行全面的解读：一是中国的贸易顺差是货物贸易顺差，如果把服务贸易的平衡状况考虑进来，中国的贸易顺差规模将会有所缩减。二是中国的货物贸易顺差是在一些贸易伙伴遵循所谓的"巴统"及其新形式"瓦森纳协议"的结果。这两个继起的协议框架以冷战的思维模式充斥着一个基本的观点，就是限制对中国的出口。在这些贸易伙伴所谓的"自由贸易"体制下，中国无法从国际市场上进口其经济发展所需的产品。如果把这部分产品的进口考虑进来，中国货物贸易乃至整个贸易的平衡状况极有可能发生逆转，成为净进口国。

从上面两点出发，中国贸易的平衡状况和人民币汇率水平也就需要重新解读。中国的货物贸易顺差及其背后显示出来的制造业大国地位，对于世界上诸多国家，尤其是发达国家来说，蕴藏着巨大的市场机会。经济全球化背景下的国际分工与国际贸易中所体现出来的国家利益，应该是动态的贸易利益，这就使得追求简单的贸易平衡成为一种片面的诉求。对于发展中国家来说，货物贸易的顺差，像中国这样一个发展中大国所拥有的贸易顺差，为发达国家在其经济发展中优先发展其优势产业领域的要素投入创造了条件。发达国家资本与技术方面的领先地位，尖端产业中的竞争优势，服务贸易上的顺差，不能不说是其在产业结构乃至经济结构的调整过程中依赖于发展中国家向其大量出口有竞争力的制造业产品的结果。

国际贸易的基本要义在于取长补短、优势互补，在国际分工基础上的国际资本流动以及相应的国际产业转移，与国际贸易共同构成了一种更加全面的平衡关系，互补或共赢的关系。中国在货物贸易与制造业方面具有优势，美国等发达国家在高端制造业、服务贸易方面具有优势，通过货物贸易自由化、服务贸易平衡状况的补充作用，中国货物贸易的顺差状况显然不足为虑。通过国际分工模式的调整及国际产业转移，在开放型经济的深层次发展上，开放国内投资市场，通过资本的国际流动与直接投资，各国根据自身条件发展自己的优势产业，形成产业间的互补，中国货物贸易方面出现的顺差也不足为虑。中国与其存在顺差的贸易伙伴之间的经济发展与产业结构互为发展条件，相互支持，互利共赢的发展是双向的。如在一定时期内，中国着力发展制造业，对外发展货物贸易，美国着力发展服务业，对外发展服务贸易，中国制造业的发展是美国服务业发展的条件，反过来，美国服务业的发展为中国发展制造业提供支持。

第二个层次：在国际交换中，遵循商品等价交换的原则，不在贸易活动中附加任何条件，就是互利共赢。

等价交换是商品经济发展的基本要求，也是资本主义生产方式得以发展的必要条件。但是，从历史的角度来看，当资本主义生产方式在欧洲一些国家占据了统治地位后，资本主义国家为了占领国际市场，以掠夺的方式与其殖民地之间进行的商品交换，非但没有实行等价交换的原则，而且在国际交换中附加了各种各样的条件，尤其是通过其在殖民地设立的代理公司，把殖民地国家作为其工业发展的低价原料供应地和高价工业制成品的倾销地，对殖民地进行疯狂的双重剥削。宗主国的发展是以牺牲殖民地国家经济利益为条件的，这显然不符合互利共赢的要求。即使是在 21 世纪第一个 10 年之后的国际市场上，一些国家仍然对我国参与国际经济循环持有一种违背商品等价交换原则的偏见。

遵循商品等价交换的原则，不在贸易活动中附加任何条件，是我国参与国际经济活动，实现互利共赢的基本要求。

第一，互利共赢要求贸易伙伴之间相互尊重国家主权，尊重各自独立选择的经济发展模式。在人民币汇率问题上，一些发达国家对我国施加压力，试图按照他们的意志决定人民币的汇率水平和人民币的形成机制，实际上就是在干涉我国的主权；在发展社会主义市场经济模式上，同样是那些所谓的发达国家，对我国通过改革开放的实践，依据国情选择的这一经济发展模式，以各种各样的借口和形式进行刁难，要么是限制我国的货物出口，以非市场经济国家为借口，采用限制贸易的各种措施；要么是限制我国进口商品的范围，以冷战思维，给我国经济发展设置先进技术与设备的障碍；要么是限制我国的海外投资，以所谓的"中国威胁论"蛊惑民众，设置文化及心理障碍。

第二，互利共赢要求国际经济秩序体现公平与合理。在以世界贸易组织、国际货币基金组织和世界银行三大机构为代表的国际经济组织中，我国应该争取并拥有相应的发言权，为国家利益、发展中国家的发展权利以及建立公平合理的国际经济秩序贡献力量。加入世界贸易组织，扩大包括我国在内的发展中国家在国际货币基金组织中的投票权份额，都可以看做发展中国家追求更加公平合理的国际经济秩序的重大努力成果。

国际经济秩序的公平与合理还表现在一些大宗商品的国际定价体系的

改革上，如石油和铁矿石的国际定价机制。由于历史的原因，发达国家在这一领域具有举足轻重的发言权，而后发国家则不得不受制于这种不合理的国际定价机制。

第三，互利共赢要求贸易伙伴之间协调各自在制度层面上的理解与实践。我国在加入世界贸易组织的谈判过程中，遭遇以发展中国家还是以发达国家身份加入的问题，遭遇市场经济性质认定的问题，遭遇在贸易保障措施上包含不利条款的问题。呼吁发达国家承认我国是发展中国家，在多边贸易体制下，推动我国参与国际经济循环的合理发展，而不是采取限制措施阻碍我国的贸易发展；承认我国市场经济地位，在国际贸易中保障我国的合法权益，而不是以此为要挟条件；在政府采购协议谈判中，在资本市场和大宗产品市场的开放方面，应该充分认识到我国相关规则的完善与企业行为的塑造还需要一个过程，而不能一味地提出过分的要求，其结果只能是对我国市场经济的建设与完善造成负面影响。

在经济全球化进程中，尤其是在国际金融危机冲击下，越来越多的国家已经认识到我国是世界经济大家庭中负责任的一个成员，对全球经济的复苏正在发挥着越来越重要的作用。我国应该在国际经贸活动中坚持以商品等价交换为基础，独立自主地发展对外贸易，不接受任何强加于我国对外经贸活动上的附加条件，坚持社会主义市场经济模式，坚持互利共赢的国际贸易原则。

## 五　货物贸易与服务贸易的递进发展是扩大货物贸易发展的潜在空间

2010 年世界服务贸易总额达到了 72037 亿美元，较 1990 年的 16014 亿美元增长了 3.5 倍。其中，出口额为 36925 亿美元，进口额为 35112 亿美元，分别增长了 3.7 倍和 3.3 倍。2010 年世界货物贸易总额达到了 306140 亿美元，较 1990 年增长了 3.4 倍，其中出口额 152380 亿美元，进口额 153760 亿美元，分别增长了 3.4 倍和 3.3 倍。可以看出，服务贸易的发展速度略高于同期货物贸易的发展速度。考虑到我国服务贸易在世界

服务贸易中所占比重低于货物贸易的相应比重，前者约占 5.1%（2010
年）（1990 年为 0.06%），后者约占 9.7%（2010 年）（1990 年为
1.6%），由于服务贸易与货物贸易之间存在着较强的互动关系，揭示出
服务贸易的发展为我国货物贸易提供了潜在的发展空间。

2010 年，我国服务贸易额在世界服务贸易总额中排第四位，总额达
到了 3624 亿美元，占全球服务贸易总额的 5%，其中出口 1702 亿美元，
占全球服务贸易出口的 4.6%；进口 1922 亿美元，占全球服务贸易进口的
5.5%；服务贸易逆差为 220 亿美元。

1982 年我国服务贸易进出口总额 44 亿美元，其中出口总额 25 亿美
元，进口总额 19 亿美元。2010 年我国的服务贸易与 1982 年相比有了极大
的发展，进出口总额、出口总额、进口总额分别提高了 81 倍、67 倍和
100 倍（见表 2 - 6）。由于进口增速高于出口增速，导致我国服务贸易从
1982 年的 6 亿美元顺差，变为 220 亿美元逆差。

### 表 2 - 6　中国服务贸易进出口额

单位：亿美元

| 年份 | 进出口总额 | 出口总额 | 进口总额 | 年份 | 进出口总额 | 出口总额 | 进口总额 |
| --- | --- | --- | --- | --- | --- | --- | --- |
| 1982 | 44 | 25 | 19 | 1997 | 522 | 245 | 277 |
| 1983 | 43 | 25 | 18 | 1998 | 504 | 239 | 265 |
| 1984 | 54 | 28 | 26 | 1999 | 572 | 262 | 310 |
| 1985 | 52 | 29 | 23 | 2000 | 660 | 301 | 359 |
| 1986 | 56 | 36 | 20 | 2001 | 719 | 329 | 390 |
| 1987 | 65 | 42 | 23 | 2002 | 855 | 394 | 461 |
| 1988 | 80 | 47 | 33 | 2003 | 1013 | 464 | 549 |
| 1989 | 81 | 45 | 36 | 2004 | 1337 | 621 | 716 |
| 1990 | 98 | 57 | 41 | 2005 | 1571 | 739 | 832 |
| 1991 | 108 | 69 | 39 | 2006 | 1917 | 914 | 1003 |
| 1992 | 183 | 91 | 92 | 2007 | 2509 | 1216 | 1293 |
| 1993 | 226 | 110 | 116 | 2008 | 3045 | 1465 | 1580 |
| 1994 | 322 | 164 | 158 | 2009 | 2867 | 1286 | 1581 |
| 1995 | 430 | 184 | 246 | 2010 | 3624 | 1702 | 1922 |
| 1996 | 430 | 206 | 224 | | | | |

资料来源：《中国服务贸易发展报告 2011》，中国商务出版社，2011。

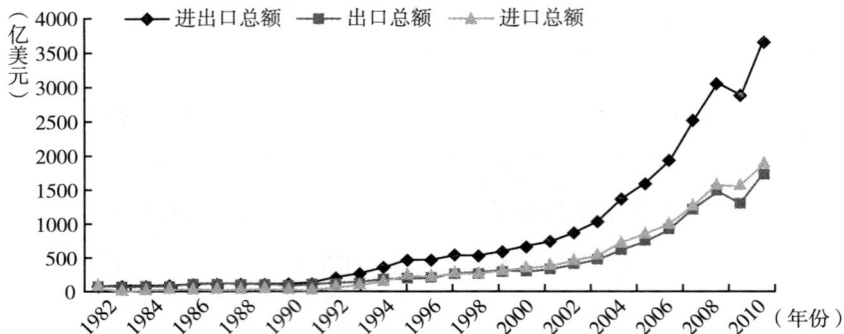

**图 2 - 4　中国服务贸易进出口额**

资料来源：根据表 2 - 6 数据绘制。

　　与发达国家相比，我国服务贸易发展水平还相当落后。国际贸易的总体平衡是货物贸易与服务贸易两大贸易板块的综合平衡，服务贸易的发展有着巨大的空间。货物贸易发展的超前与服务贸易发展的滞后是包括我国在内的发展中国家贸易模式的一大特征，构成了二者均衡发展的内在推动力。这一特征既有描述性的意义，也有预示性的意义。发达国家经济的服务化趋势，正在为全球范围内的服务贸易开辟道路，这一趋势反映在国际贸易活动中，即服务贸易的增长十分迅猛。发达国家提供了服务贸易的巨大份额，在服务贸易领域拥有优势，处于顺差地位，对服务贸易国际规则的制定最为积极。相比之下，发展中国家的服务贸易活动相对较少，更多地关注货物贸易规则而不是服务贸易规则，货物贸易方面的顺差为服务贸易方面的逆差部分抵消，开放货物贸易的要求甚于开放服务贸易的要求。然而，货物贸易的生产过程中服务投入的含量越来越大，产业升级的概念正在逐步打开第二、三产业的界限。发达国家把其产业结构聚焦在了第三产业或服务业上，服务产品的竞争力日益提升，最终产品中的服务价值含量正在逐渐增长，产业升级有了新的含义。发展中国家的产业结构还基本集中在第二产业，目前正从劳动密集型产业向资本和技术密集型产业提升，从低附加值环节向高附加值环节迈进，最终产品中的服务价值含量远不及发达国家中的增长速度，传统的产业升级仍然主导着产业结构的调整过程。产业升级的概念决定了发达国家与发展中国家在国际贸易模式方面的基本重大区别。

与发达国家相比，我国服务业的发展还有很大差距，服务业的开放随着"入世"承诺的兑现开始与国际接轨。大规模的货物贸易与小规模的服务贸易、货物贸易的顺差与服务贸易的逆差并存。我国居民收入水平和消费需求的提升以及制造业的高速发展，预示着服务贸易已经成为我国开放型经济发展的一个重要方面。

服务业的运行需要有形商品的支撑，服务贸易的发展会带动货物贸易的延伸发展。我国有相当一部分服务业的部门，是以劳动密集型为特征的。我国劳动力成本优势同样可以支撑服务贸易的发展，而服务贸易的发展又会为货物贸易的发展提供广阔的空间。

货物贸易与服务贸易结构递进的逻辑之一是通过整合劳动力结构，以人才为切入点，积极促进以人力资源为基础的服务贸易门类发展；整合供应链管理，以流通为切入点，积极促进生产性服务业的贸易发展。由此可以提出我国发展服务贸易的战略步骤：一是继续发展我国的优势服务贸易项目，如旅游和远洋运输。二是追赶具有战略经济意义的服务贸易项目，如金融服务和 IT 产品研发。三是作为阶段性的目标选择，对于那些尚无优势，且不可或缺的服务贸易项目如物流，在国际分工的基础上，利用国内市场需求的潜力，迅速赶上国际水平。

## 六　进口贸易的科学发展是从贸易大国走向贸易强国的关键因素

对于进口与出口关系的认识，在改革开放之前，甚至是改革开放后相当一段时期以来都受到一种观念的主导，即顺差是对外贸易政策追求的目标，即使这一目标是在约束进口规模的条件下得以实现，也在所不惜。其背后的经济逻辑很清晰，我国的人民币不是硬通货，要实现进口，就必须依赖出口创汇；我国的工业水平还比较落后，要进口国民经济发展必须的先进技术设备和必要的消费品，就必须依赖有限的外汇。因此，对进口的约束就成为国民经济良性发展的一种必然选择。

2005 年以来，贸易顺差的规模急速扩张，从 2004 年的 321 亿美元，增长至 2005 年的 1020 亿美元，增长了 2 倍多，国际金融危机前的 2008 年，达到了我国进出口贸易顺差的最高点，为 2981.3 亿美元，是 2004 年的 9 倍多，更是持续 17 年贸易顺差起始年 1994 年的 55 倍。

20 世纪 90 年代中期以来，随着我国对外贸易的迅猛发展，尤其是自 1994 年以来持续了 17 年的贸易顺差，累计达到了 16556 亿美元，积累了大量的外汇结存。当年学术界津津乐道的 3 个月进口规模的外汇储备理论，在 2 万亿美元外汇储备规模面前被淹没了，随之而来的是，短短数年间突破了 3 万亿美元的外汇储备规模，早已使外汇规模从一个贸易政策需要重点考虑的问题，转变为一个金融领域必须面对的严峻的问题，即如何管理这样一个规模极其庞大的金融资产，使之保值增值，提高它的安全性。

随着贸易规模的迅猛增长，我国已经成为世界贸易大国，贸易平衡问题开始被提上了议事日程。由于大量贸易顺差的存在与不断增长，受到了贸易伙伴国的质疑，我国货物贸易的发展遭遇了国际经贸环境的制约。这就意味着，我国在进口与出口的关系上的认识，需要做一个战略性的调整，即以进口为推动我国从贸易大国走向贸易强国，持续发挥我国劳动力比较优势，推进我国货物贸易发展的主要贸易政策。进口贸易的科学发展推动着"对外贸易—国际贸易—全球贸易"链条的递进，是我国从贸易大国走向贸易强国的必由之路。

## （一）对外贸易的联动作用：进口合理发展的归宿

在经济发展的特定阶段，对外贸易作为经济增长的发动机发挥了重要作用。我国对外贸易依存度的增加，为促进经济发展提供了重要的动力。制造业的迅猛发展，提升了我国产品在国际市场上的竞争力。贸易大国的形成往往伴随着贸易顺差的累积，贸易失衡作为贸易量增长的一个衍生物会导致与贸易伙伴间摩擦的升级。贸易摩擦进而会导致经济摩擦的深化和制度摩擦的尖锐冲突。贸易结构的调整成为必然，产业结构的调整作为贸易结构调整的决定性因素，带动了产业的国际转移，在对外贸易大发展时期积累起来的资本需要寻求海外投资市场，"走出去"战略的实施顺应了这一客观经济规律的要求，一方面推动了我国企业海外投资活动，另一方面也为贸易模式的调整创造了条件。海外生产的扩张，带动了以我国企业为视角的国际贸易的产生，从海外生产基地向世界市场提供产品。一国企业在全球范围内的生产布局与贸易模式的形成，必然会为本国培育出大量的跨国企业。跨国公司的发展为实现全球贸易模式提供了必要的基础性条件。随着本土生产与贸易模式的变化以及社会财富的不断积累，拉动着国内消费需求的增长，进口成为贸易大国向贸易强国转变的关键性因素。进口是一个国家真正实现两种资源配置的重要路径，没有进口的发展，就无法充分利用国际资源，就不可能在国际分工条件下真正实现国内需求拉动国内经济的科学发展。只有当进口成为一个国家经济发展的重要支撑力量的时候，全球贸易的模式才会真正实现，反过来，一个国家只有实现了全球贸易模式，才能称得上是一个贸易强国。进口的科学发展是我国货物贸易与服务贸易均衡发展，从贸易大国走向贸易强国，推动影响国民经济的消费、投资与净出口三个因素间合理发展的关键。

### （二）　进口政策调整：经济发展方式战略转型的重要契机

出口贸易的基本逻辑是利用国内资源，利用国际市场；进口贸易的基本逻辑是利用国际资源，利用国内市场。二者对于一国（尤其是发展中国家）发展对外贸易的水平与能力要求有所侧重，即第一阶段（较容易的阶段）是利用国内资源和国际市场的出口贸易，第二阶段（较难的阶段）是利用国际资源和国内市场（不是无限制地开放国内市场，作为他国产品的倾销地）的进口贸易。要成为一个贸易强国，必须能够有效地利用国际资源为本国经济的发展提供资源配置的支撑。

对于发展中国家来说，现实的逻辑是出口贸易顺差长期积累，贸易摩擦加剧，汇率压力增加等因素，促使寻求贸易平衡的实现。在顺差情况下，实现贸易平衡有两个基本途径，一个是压出口，另一个是促进口，或同时从两个方面着手。但是，从发展的角度来看，较为积极的做法是推动进口的快速增长。

我国过去相当长一段时期，出口贸易发展成果空前，进口贸易则还有很大的拓展空间。从难易程度上来讲，在劳动力比较优势明显的状况下，推动出口贸易的增长比较容易，推动进口贸易的增长较为困难，这是我国进口管理制度较严格的结果，也是一般的规律性现象，即一国在发展对外贸易的过程中，利用本国资源发展外向型产业比较容易，主动性或自主性较高，而利用他国资源为本国经济服务比较困难，被动性或间接性较大。从各国尤其是世界上的一些贸易强国的实践来看，贸易大国往往是由出口主导来实现的，贸易强国则主要是由进口主导来实现的。如果说，出口的增长可以让一个国家发展成为一个贸易大国，那么他绝不可能发展成为一个贸易强国，因为出口的增长一般得益于对本国资源的运用，而不是对国际资源的利用。只有在进口上有了科学合理的发展，才会使一个国家发展成为贸易强国，因为他在利用国际资源上展示出来了他的实力和能力。在利用国内资源和国际资源发展一国的对外贸易方面，显然是利用国内资源较为容易，而利用国际资源较为困难。因此，要成为一个贸易强国，利用他国资源发展对外贸易，促进本国经济的发展，就必须在利用国际资源上下工夫，从而必须对本国的进口政策进行科学合理的规划。

重新构造进口贸易的政策框架，寻求国民经济的平衡发展，是我国从贸易大国走向贸易强国的关键。我国已经成为全球第二大进口国，贸易顺差规模开始呈现下降趋势，贸易平衡将通过健康、合理的方式即在鼓励出口的同时促进进口的增长来实现。从政策层面上看，积极扩大国内需求对进口增长的效果明显，在我国减缓全球金融危机冲击，恢复经济平稳发展的过程中发挥了积极的作用。在这一大背景下，重视进口，无疑是抓住了历史的机遇。通盘考虑进口政策的短期与长期效应，把进口政策调整看做是转变我国经济发展方式的一项根本性措施。

## （三）贸易强国：进口的经济定位与功能

一方面，我国长期处于靠出口拉动经济增长的状态，通过出口积累了大量的社会财富，外汇储备迅速增加，但同时也提出了一系列重要的议题，如稀缺资源的消耗，生态环境的破坏，外汇储备的风险与增值管理。另一方面，进口则相对地被控制在一个较低的水平上。进口先进的技术设备是受欢迎的，也有利于提高国内生产效率，节约资源及能源消耗，但是我国经济发展方式，在西方发达国家商品贸易政策的限制条件下，我国很难单纯通过进口提升国内的生产技术水准。进口消费品，不论是普通消费品还是高档消费品，往往都不为决策者所认同。随着我国在全球经济中地位的改变，这一状况在某种程度上得以缓解，尤其是在国际金融危机的爆发至全球经济恢复增长之后，为避免全球经济再次衰退，在很大程度上需要我国国内市场需求发挥作用。进口政策开始进入了决策者的视野，成为受重视的事情。

全球金融危机为我国经济发展方式的转变提供了一个重要的战略契机。从许多国家经济高速增长过程的经验来看，进口对国民经济增长以及增长模式的转变发挥了重要的作用。如东亚的日本和韩国都在其国民经济高速发展时期，通过引进高新技术设备，极大地提升了国内生产技术水平，实现了经济的腾飞，在劳动生产率大幅度提升的情况下，通过进口赢得了广泛利用国际资源的空间。

### （四）进口政策的调整方向

第一，进口政策的调整要考虑到长期与短期目标的均衡。从短期来看，促进进口增长的目的在于缓解贸易伙伴的失衡压力，如更多地考虑从贸易顺差国或地区进口，为全球经济快速从金融危机的阴影下走出来作贡献，如为全球跨国公司提供了更大的市场空间。但是，从长期来看，进口的规模表明我国经济发展利用国际资源的程度，进口的增长幅度与国民经济增长幅度的配置关系着我国国民经济与全球经济的融合水平，进口在国民经济中的地位关系着我国经济发展方式的根本转变。

第二，进口政策要在技术设备与最终消费品的结构上有所突破。我国不但需要国际上的先进技术设备为我国制造业发展提供装备支撑，还要考虑到国内消费水平的提升对我国国民经济的发展以及全球经济复苏的贡献。因此，最终消费品的进口，不管是高档消费品的进口，还是普通消费品的进口都应当在制度安排上予以考虑，借市场信号发挥作用来为我国的经济发展提供更加广阔的空间，即不仅可以通过市场信号利用国内资源，而且还可以引入国际资源，为我国经济发展提供支撑。

第三，进口关税的调整要符合国内产业结构的长期发展战略。降低进口关税遵从了世界贸易组织对自由贸易的基本宗旨，也为各个贸易伙伴所认同。但是，进口关税结构直接关系到国内产业的发展环境，尤其是在关键技术设备领域，进口与产业自主发展之间存在着一定程度的矛盾，需要审视带动与保护我国重装备业发展之间的辩证关系，在发挥关税促进进口的同时，又能够有效地为国内产业结构调整创造出合理的空间。

第四，提升进口贸易的便利化程度。从较为严格的进口政策到较为宽松的进口政策转变，需要以贸易的便利化为依托，其所涵盖的方面深入到经济体制及市场运行的基本层面，观念的调整，制度的配套，手续的简化，渠道的畅通，都需要一一加以改进。

第五，配合人民币升值趋势，鼓励国际采购，鼓励企业走出去。劳动生产率的提高是一国货币购买力提升的基础条件，同时也是其内在的要求。人民币升值提高了人民币的购买力，也提高了我国居民在国际市场上的购买能力，扩大了居民在国际市场上选择产品的空间。鼓励更多的产品与服务进口，是启动国内消费的重要举措之一。人民币升值也扩大了我国企业在国际范围内配置资源的空间，贯彻"走出去"战略的实施，不论是国际并购还是绿地投资都较以往更加便宜了，有助于企业国际化的低成本扩张。此外，通过海外企业产品的回购，也为我国企业走向海外创造了一个重要的条件。

总之，对进口的关注将彻底改变我国国民经济的发展方式，为我国从贸易大国走向贸易强国，最大限度地利用国内外两种资源，从经济大国走向经济强国，最有效地配置国内外两种资源，开拓国内市场，提供战略性转变的契机。

**主要参考文献**

杨圣明执行主编《马克思国际价值理论研究（马克思主义研究论丛第 11 期）》，中央编译出版社，2010。

杨圣明主编《马克思主义国际贸易理论新探》，经济管理出版社，2002。

裴长洪、冯雷主编《中国国际商务理论前沿（6）》，社会科学文献出版社，2011。

徐佳宾：《产业升级中的中国劳动成本优势》，《经济理论与经济管理》2005 年第 2 期。

张海洋：《中国劳动力仍很有优势》，2006 年 5 月 30 日《环球时报》。

何为：《从劳动力成本角度看中国产品的国际竞争力》，《亚太经济》2001 年第 3 期。

陈俊：《从国际比较看我国劳动力价格水平的优势及趋势》，《中国经贸导刊》2006 年第 8 期。

叶飞文：《中国劳动力比较优势及其走向》，《中国劳动》2005 年第 2 期。

《中国对外贸易统计年鉴 2010》，中国商务出版社，2010。

《中国统计年鉴 2011》，中国统计出版社，2011。

《中国国际统计年鉴 2011》，中国统计出版社，2011。

# 第三章
# 中国对外直接投资战略

裴长洪

## 一 资本输出理论简要评述

关于资本输出，列宁在 1914 年指出，这是资本主义进入垄断阶段的重要特征，它区别于以商品输出为主要特征的自由资本主义时代，资本输出是列强垄断资本瓜分世界市场的手段。列宁在《帝国主义是资本主义的最高阶段》中指出，到了垄断阶段，过剩资本更为突出，银行资本和工业资本已经融合起来。不论采取生产资本的形式输出，即直接投资、创办企业，还是用借贷资本的形式输出，即用贷款的形式将资本借给输入国家，同时又往往规定以一部分贷款购买债权国的商品，其实质都是 "资本输出成了鼓励商品输出的手段"①。有的还通过契约，控制债务国的资源，一方面高价出卖商品，另一方面低价收购原料。从而取得高额利润。二战以前，资本输出的主要形式是借贷资本，西方经济学家主要把它作为国际货币流动现象并加以研究，国际通货理论和国际汇兑溢价说成为解释国际借贷资本的主流学说。国际借贷理论是由英国学者葛逊（George Goschen）于 1861 年提出的，亦称国际收支说或外

---

① 列宁：《帝国主义是资本主义的最高阶段》，人民出版社，2004，第 8 页。

汇供求说。国际借贷理论认为国家间的商品劳务进出口、资本输出和输入以及其他形式的国际收支活动会引起国际借贷的发生，国际借贷又引起外汇供求的变动，进而引起外汇汇率的变动。在一定时期内，假如一国国际收支中对外收入增加，对外支出减少，对外债权超过对外债务，则形成国际借贷出超；反之，对外债务超过对外债权，则形成国际借贷入超。古典国际证券投资理论认为，国际证券投资的起因是国家间存在的利率差异，如果一国利率低于另一国利率，则金融资本就会从利率低的国家向利率高的国家流动，直至两国的利率没有差别为止。列宁从揭露资本的本质属性出发，指出富国对穷国的借贷往往附加资本母公司的贸易条件，因此是债权国试图从债务国的一头牛身上扒下两张皮的加倍剥削。

第二次世界大战以后，资本输出逐渐转为以直接投资为主，而且主要发生在发达国家之间。按照联合国贸发会议的解释和定义，从商业意义上说，直接投资与借贷资本（间接投资）的区别在于，后者只以资本收益为目标，而前者则不仅要取得资本收益，而且要取得经营权或经营控制权。这使经济学家的研究视野发生了转移。外国企业投资东道国为什么要取得生产经营权，在已不具有殖民地特权的条件下，外国企业有何优势与本土企业竞争，从而保证其资本收益的目标？围绕这个问题，产生了当代国际经济学关于 FDI 理论和跨国企业投资与经营的解释，涌现了企业特定优势论[①]、内部化理论[②]和

---

[①]　Hymer（1960）的垄断优势理论认为，二战后对外直接投资与海外证券投资有着不同的行为表现，并运用垄断优势理论对其加以解释。Knickerbocker（1973）对该理论进一步完善，从而形成对外直接投资的基本概念框架——垄断优势理论（又被称为 Hymer-Cindleberger 传统）。Hymer（1960）认为，企业的垄断优势大致来源于四种类型的不完全竞争市场：由于产品差异与市场营销能力的区别而导致的市场不完全；由于专利保护、专有技术以及管理水平等的不同而导致的市场不完全；由于企业规模经济而导致的市场不完全以及由于政府干预导致的市场不完全等。企业对外直接投资的主要动因是为了充分利用自身的垄断优势。

[②]　Buckley 和 Casson（1976）内部化优势理论强调市场的不完全性对企业对外直接投资的影响。Buckley 和 Casson（1976）、Rugaman（1980）认为跨国公司的对外直接投资行为是外部市场内部化的结果。因为外部市场机制造成了中间品交易的低效率，企业通过将中间品外部市场进行内部化来解决外部市场的低效率问题。当内部化行为跨越国界时，就促成了企业的对外直接投资，即企业内部化国际市场的过程就是 FDI 的过程。

国际生产折中论①等一系列学说，奠定了当代 FDI 理论的基本框架，并在西方国际经济学教科书中被大量引用。

毫无疑问，这些学说主要是解释欧美最发达资本主义工业国企业跨国投资行为的理论，其分析的范围也主要适用于发达国家的相互投资。但是到 20 世纪 60 年代以后，一些后起的资本主义国家和新兴工业化国家，如日本、韩国、新加坡等的大公司也先后开始了对外投资，其中也包括对较不发达经济体的投资，世界跨国公司的成分发生了变化。对比欧美的大公司，他们的跨国投资行为，并不具有十分明显的企业特定优势或内部化优势，那又如何解释其投资行为呢？日本学者小岛清以"边际产业转移论"② 解释日本企业在东亚的产业转移所形成的"雁行分工"，实际是比较优势动态化的延伸，与邓宁的区位理论有接近的含义。这些东西方学说在国际经济学教科书中盘踞了四五十年。

20 世纪 80 年代以后，经济自由化浪潮席卷全球，经济全球化加速推进，国际直接投资现象日益纷繁复杂，跨国公司成分也更加丰富多彩。不仅发达国家继续大规模相互投资，而且北南投资、南南投资，乃至南北反向投资都大量出现，这使国际经济学教科书中的主流学说日益丧失对现实状况的解释力。特别是发展中经济体企业在发达国家的投资现象，更使原有的理论苍白无力。在专门论述发展中国家对外直接投资的理论中，Wells（1983）提出了小规模技术理论，被学术界认为是研究发展中国家跨国公司的开创性成果。小规模技术理论认为发展中国家企业的比较竞争优势来自低成本，这种低成本是与母国的市场特征紧密相连的。这种低成本优势主要来源于拥有为小市场需求提供服务的小规模生产技术；发展中

---

① Dunning（1977，1980，1981，1982，1988）先后总结并综合了各学说的有关研究成果，提出了国际生产折中论，其核心是 OIL 范式，即所有权优势（O）—内部化优势（I）—区位优势（L）。Dunning 认为只有同时具备上述三种优势，企业才能够进行对外直接投资，其中所有权优势是企业进行对外直接投资的必要条件，内部化优势和区位优势是企业进行对外直接投资的充分条件。

② 小岛清（Kojima，1978）以要素禀赋与比较优势理论为分析起点，得出一国应从边际产业，即一国已经或者即将丧失比较优势的产业开始进行对外直接投资，因为这种投资能够扩大投资国和东道国之间的比较成本优势差距，优化国际贸易结构，有利于国际分工的发展，从而揭示了二战后日本企业，主要是中小企业对外直接投资的动因。

国家的民族产品在海外生产颇具优势；低价产品营销策略等。由于世界市场是多元化多层次的，即使那些不够先进、经营和生产规模不够大的小企业具有明显的低成本优势，但其参与国际竞争仍然具有很强的竞争力。同时具备"当地采购和特殊产品"以及"低价产品营销战略"的优势，使得他们能够与发达国家的跨国公司进行竞争。由小规模技术理论可知，即使技术不够先进、经营范围和生产规模较小的发展中国家企业，也能够通过对外直接投资来参与国际竞争。Lall（1983）在对印度跨国公司的竞争优势和投资动机进行深入研究的基础上，提出了发展中国家跨国公司对外直接投资的技术地方化理论。该理论认为发展中国家跨国公司的技术形成包含着企业内在的创新活动，这种创新活动形成了发展中国家跨国公司特有的优势。发展中国家企业能够形成特有优势的原因在于发展中国家形成的技术知识，是在不同于发达国家的环境下得到的，往往属于劳动密集型技术，同时发展中国家生产的产品适合他们自身的需求，也适应收入水平相当国家的消费需求。技术地方化理论强调发展中国家对发达国家的技术引进不是被动地模仿和复制，而是对引进技术加以消化、改进和创新。正是这种创新活动给引进的技术赋予新的活力，同时也给引进技术的企业带来新的竞争优势，从而使得发展中国家企业在当地市场和邻国市场具有竞争优势。以上两个理论把发展中国家的企业对外直接投资行为用微观层次理论来予以解释，证明了发展中国家企业以比较优势参与国际生产和经营活动的可能性。

　　20 世纪 80 年代后期，在美国哈佛大学商学院波特教授创立的跨国经营理论中提出了"国际生产价值链"学说，一定程度上弥补了已有的国际直接投资理论的缺陷。Porter（1986）将产业部门视为基本的竞争环境，并用"价值链"概念去描述跨国公司的战略形成过程和竞争优势来源。具体地讲，跨国公司在进行国际竞争的过程中要考虑两个至关重要的战略变量：一是企业在世界各地经营活动的整合态势，即跨国公司在对价值链上各个环节的经营活动进行组织时，要考虑这些活动在世界各地的区位分布；二是跨国公司内部的协调，即跨国公司在不同国家开展价值链上各环节的经营活动时，要考虑各个环节之间的协调情况。Porter 认为，企业的竞争优势主要来源于两个方面，一个方面是价值活动本身，这是构筑竞争优势的基石；另一个方面是价值链的联系，价值链的联系是指某一价值活动进行的方式与成本的关系或与另一活动之间的关系。优化和协调价值链联系可以为企业带来竞争优势。价值链理论要求企业充分利用全球各地的比较优势，来实现效率最大化，但其不足之处仍然是很明显的，如发展中经济体的跨国公司，不太可能自成核心构建全球资源配置的价值链和供应链体系，对这种跨国公司，又如何解释其投资的合理性呢？

现行的跨国公司理论大多是建立在不同的历史时期，不同国家或地区企业对外直接投资实证分析基础之上的，因而带有明显的历史阶段性和国别地区特征。例如，垄断优势理论是以战后初期美国跨国公司的兴起为历史背景，主要分析美国大型跨国公司对外直接投资的动因和条件；边际产业扩张理论则是以 20 世纪 70 年代日本企业对外直接投资的兴起作为分析对象；小规模技术理论和技术地方化理论则是以 20 世纪 80 年代新兴工业化国家或地区跨国企业的兴起作为研究对象，所提出的发展中国家跨国公司理论也主要适合解释当时新兴工业化国家或地区企业的对外直接投资行为。

进入 21 世纪，中国提出了"走出去"战略，中国企业对外直接投资异军突起，越来越成为东亚乃至世界直接投资的重要力量。中国企业，特别是工业制造业企业，不仅在发展中国家投资，甚至在发达国家投资。中国企业的优势在哪里？中国企业又如何构建国际生产体系？对这种现象的大量发生，应当用何种学说来解释，显然，难以用科学解释的理论，也很难用来指导实践的发展。这是国际经济学面临的新课题。

## 二　动力机制的考察：资本利益与国家利益

发达国家和其他发展中国家的对外直接投资，其动力机制主要来源于公司企业的资本收益。小岛清（1987）将企业对外直接投资的动因划分为行业资源导向型、市场导向型和生产要素导向型三种类型。邓宁（1993）则将其划分为四种类型：资源导向型、市场导向型、效率导向型和战略资产导向型。邓宁认为，前两种类型是企业初始对外直接投资的两个主要动因；后两种类型则是企业追加对外直接投资的主要动因，其目的在于促进企业区域或全球战略的一体化。这些观点概括说明了企业对外直接投资的一些主要动因，但并不全面而且忽视了企业追求利润最大化这一根本性动因。无论是直接资本还是间接资本，资本最主要的属性就是逐利，投资者会根据资本收益大小决定资本流向。大量资本以对外直接投资的形式出现，是因为对外直接投资收益率比一般的商业贷款利息率高得多。在国际收支平衡表中，经常项目中的金融投资收益来自资本账户上的三种项目：债券和股票、银行拥有的外国资产、非银行拥有的外国资产；FDI 收益来自资本账户上的直接投资项目，收益包括所有跨国投资者在东道国的各类投资项目获得的收入。根据世界银行的估算，在 20 世纪 90 年代后期，发达国家在发展中国家对外直接投资的年平均投资收益率为16% ~18%，而在非洲的撒哈拉沙漠国家的年均收益率更是高达24% ~30%。2000 年以来，美国对外直接投资总额长期高于外国对美直接投资总额，这一差额从2000 年的1106 亿美元迅速扩大到2007 年的9101 亿美元，其中2007 年直接投资领域美国获得收益3682 亿美元，支付外国投资者1344 亿美元，净收益2338 亿美元。更重要的是，美国对外直接投资回报率远高于外资在美国获得的回报率。2003 ~2006 年，美资回报率分别为9.5%、10.6%、10.8% 和11.5%，而外资回报率分别只有4.8%、6%、6.5% 和6.9%。改革开放30 多年来中国吸引外资取得很大成就，除在商业环境、吸引外资方面作出了努力外，外商投资企业也获得了很大收益。按照国际货币基金组织的统计，外商在华直接投资收益率约为13% ~15%。2004 ~2006 年 FDI 在中国的投资收益分别为697 亿美元、849 亿美元、1050 亿美元。中国企业的对外投资，不能完全用公司利益最大化解释，在中国经济高速增长的背景下，在中国投资应是绝大多数企业的合理选择。根据中国行业企业信息发布中心发布的《2007 年度中国制造业 500强企业信息发布报告》，中国制造业 500 强企业平均利润率为6.51%，其中，居于首位的是烟草行业，利润率最高达17.3%，其次是饮料制造业15.03%，利润率居第三至第五位的行业分别是塑料制品业11.62%，造纸及纸品业10.94%，非金属矿物制品业10.36%。电子通信设备、钢铁、交通运输设备、电气机械及器材等行业利润率分别为 2.81%、7.38%、6.93%、4.77%。但是毕竟发生了大量中国企业的对外投资现象，2002～2008 年，中国企业的年度对外投资额从 27 亿美元增长到约 560 亿美元，年均增长速度达到 66%。

2006～2010 年的"十一五"期间，中国企业对外投资累计达到 2300 亿美元，年均增长 34.8%，在世界上的排名由第 18 位迅速上升到第 5 位，并累计在境外设立了 16 个经济贸易合作区。2008 年底，中资企业的境外投资存量达到 1840 亿美元，境外资产总额超过 10000 亿美元。在逐步成为一支新生投资生力军的同时，中国对外投资领域、投资主体、投资方式等方面也更加多元化。中国企业的投资动机，需要重新考察。目前中国企业对外直接投资的主体构成中，国有企业占主导地位，虽然所占的比重在逐年下降，但是国有和国有控股企业仍是中国企业对外直接投资的重要组成部分。按对外投资的企业数量计算，2008 年，有限责任公司居中国企业对外直接投资的首位，国有企业的比重下降居第二位，但从中国企业对外直接投资存量规模考察，2008 年国有企业在中国对外直接投资中所占的比重高达 69.6%。根据商务部统计，截至 2008 年底，国资委监管的 136 家中央企业中，共有 117 家发生了对外直接投资活动，占中央企业总数的 86%。2008 年末中央企业在全球 127 个国家（地区）共设立对外直接投资企业 1791 家，当年对外直接投资流量 357.4 亿美元，占中国对外直接投资的 64%；年末累计对外直接投资达到 1165 亿美元，占中国对外直接投资存量的 63.3%。以境外企业资产、销售收入、从业人员数量占境内投资者总资产、销售收入、人员数量的综合比重来计算企业的跨国指数，是国际上通常采用的衡量公司跨国依存度的指标。中粮集团有限公司的跨国指数高达 64.5%，其次为中化集团公司 60%，中远集团 43.5%，这些公司已逐渐成为真正意义上的跨国公司。此外，中钢集团、五矿集团的跨国指数也分别达到了 27% 和 20%。在世界制造业 500 强和服务业 500 强的中国企业中，主要是国有企业。根据《财富》杂志的排名，2003～2009 年间，中国企业进入世界 500 强的企业，2003 年为 11 家，2004 年为 15 家，2005 年为 16 家，2007 年为 30 家，2008 年为 35 家，2009 年为 43

家。2009 年中国石油化工集团公司、中国石油天然气集团公司、国家电网公司进入全球前 20 强。在中国从事对外直接投资的国有企业中，以大中型国企为主，包括大型工业企业集团（首钢）、大型专业外贸公司（中化、五矿、华润）、大型金融机构（中银、中信）等。

相较于其他国家，中国的情况具有更大的特殊性。由于历史原因，中国大型国有企业占经济总量的比重很高，战略性能源、矿山、钢铁、机械装备、军工等行业都以国有企业为主，这些企业中相当大一部分开展了对外直接投资。中国对外直接投资的主体以国有企业为主，政治体制的异质性资源是这些企业竞争力的重要来源。相反，中国中小企业和民营企业的对外投资尚处于追随阶段，根据国内专家调查，在所访问的 687 家中小企业中，只有不到 9% 的企业在进行对外投资活动。[①] 以中国企业对美国投资为例，由于企业规模小，实力有限，不但使我国对美投资规模小，起伏大，而且制约对美并购形式投资的发展。由于中小企业只能采取新建"绿地"投资的方式，造成企业单项规模小，难以承受各种风险的状况。根据我国在美设立的 1200 家企业的统计数据测算，截至 2008 年底，我国对美投资单个企业的平均投资存量不足 200 万美元，与此形成鲜明对比的是，在美国吸收的外国直接投资中，50% 以上项目的投资金额超过了 20 亿美元，而 1 亿美元以下的投资不足 10%。由于我国中小企业实力有限，因此在美国投资市场中的地位微不足道，根据美方统计，2008 年中国在美国直接投资流量超过 4.2 亿美元，存量为 12.05 亿美元，分别占美国吸收海外直接投资的 0.13% 和 0.056%。而在国际金融危机发生的 2009 年，我国企业不仅难以乘机扩张，而且更经受不住金融危机风险而大规模回撤，致使当年投资存量只剩下 7.9 亿美元，占比下降为 0.034%。[②]

再进一步分析，在中国对外投资的总金额或企业中，寻求自然资源输入的投资行为占很大比重。2008 年金融危机发生前，中国自然资源类 FDI 占总 FDI 的 45%；2008 年金融危机后，在中国海外并购活动中，自然资

---

① 《我国境外直接投资进入快速发展阶段》，2011 年 7 月 15 日《中国经济时报》。
② 《我国对美国直接投资的现状、问题及原因》，2011 年 7 月 15 日《中国经济时报》。

源类的并购占了中国海外并购的 85%。国际市场供应不稳定、国内资源供给不足已经成为中国经济发展的瓶颈，鼓励中国企业以对外直接投资的形式建立海外资源供应基地，获取短缺资源，可以降低单纯依赖资源产品进口的不确定性。中国资源导向型 FDI 符合国家的整体利益，不仅有利于战略安全，也有利于企业赢利。此外，通过投资银行业务保持外汇资产的保值增值和通过商业设施投资促进对外贸易，规避贸易壁垒也占重要比重。

中国企业对外直接投资的收益更多或更直接地体现为宏观经济利益，而企业的微观利益是被兼顾的。中国企业的对外直接投资实践表明，从动力机制考察，国家利益高于资本利益，中国企业对外直接投资以政府政策驱动型的对外直接投资为主。对外直接投资作为一种跨越国界的经济活动，是在中国母国政策和东道国政府政策双重约束的条件下产生的。在改革开放过程中，中国政府一方面鼓励吸收对外直接投资，另一方面鼓励本国企业对外直接投资，中国政府采取的"双重鼓励政策"促进了外资对华投资和中国企业对外直接投资的迅速发展。中国政府鼓励企业对外直接投资，很大程度上具有完成国家宏观战略目标的客观需要。从宏观层面上讲，中国企业对外直接投资战略应当符合中国对外直接投资"利用两种资源，开拓两个市场"的目标，充分发挥对外直接投资对国民经济发展的推动作用。资源导向型对外直接投资，往往是政府主导型的对外直接投资，即国家鼓励企业特别是国有企业开展资源导向型对外直接投资。中国的跨国公司在海外资源领域的投资，尤其是在石油和天然气资源丰富的国家投资，就是出于国家资源安全战略的考虑。中国的跨国公司对外直接投资保证多种原材料供应的目的还与中国在非洲、中亚、拉丁美洲与加勒比地区以及西亚平行而持续的外交努力互为补充。中国的国家发展战略与发展形势促使中国企业进行对外直接投资。中国发展所面临的一个现实问题是中国发展的资源瓶颈。中国的石油、金属等重要的战略资源储量总体水平偏低，即使有一些资源的绝对量水平较高，但是在中国 13 亿人口的稀释下，中国各种自然资源的人均拥有量可能是世界上最低的国家之一。所以中国的发展必须由外部资源的供应为支撑，中国自然资源开采行业的企业就必须大力开展资源导向型对外直接投资，通过对外直接投资保证当前国内的发展之需并且为中国未来的发展进行战略资源的储备。

市场导向型投资则更多地兼顾国家产业结构调整的战略需要。世界经济和产业结构不断发生着重大变化，而且仍处在不断地调整变化之中，中国可以利用对外直接投资进行产业部门结构调整，把高技术产业、技术知识密集型生产部门作为国内重点发展的对象，而将某些传统产业和国内已进入成熟阶段的技术、产品移往国外。由于很多发展中国家经济结构日益趋同，各国企业所面临的国家间市场竞争压力不断加剧，为了更好地占据国际市场，中国政府也积极鼓励中国企业对外直接投资。

对外直接投资和跨国经营是企业行为，企业是主体，但企业的境外投资战略又是政府倡导的国家经济发展战略的一部分，体现了经济可持续发展的强国思想。政府如何定位，如何发挥政府的作用，如何运用外交资源开展经济外交，已成为影响对外直接投资国家战略实施的重要因素。以母国利益最大化为目标的 FDI 政策规制，一直是发达国家政府干预资本跨国流动政策体系的重要组成部分。母国的政策干预和政策导向，往往成为企业进行对外直接投资决策的一个非常重要的考虑因素。国家产业结构的合理调整，母国经济增长和国内充分就业的目标保证，国家经济战略安全，都是政府规制和引导企业进行对外直接投资时要考虑的因素。国家政策的调整将直接影响到企业在国际分工体系中的位置、边界、作用和利得。对外直接投资首先是一种企业行为，企业最根本的目标是追求利润的最大化，但企业的对外直接投资行为不可能只考虑自身需要，发展中国家独特的宏观经济背景，要求从战略的高度来更好地发展和规范对外直接投资。中国企业的对外直接投资是在政府"走出去"战略的引导下进行的。与企业追求利润、追求个体利益最大化的行为不一样，政府的战略具有全局意识，按照有利于产业结构升级，有利于经济长远发展的目标，引导企业"走出去"的产业和方向。

## 三　经营保障机制：中国企业的优势在哪里

发达国家，包括一些新兴市场经济国家的企业，无论是制造业还是服务业企业，其对外投资都不同程度凭借其企业的特定优势，如技术、专利、品牌、管理、整合资源的能力，以自身为核心的价值链和供应链内部市场等。中国企业的竞争优势与发达国家企业有很大的不同，中国企业的竞争优势主要表现为大规模低成本生产、局部技术创新、市场定位能力及市场销售能力。中国企业的这些优势是基于中国本土的特征而形成的，在中国企业对外直接投资的过程中，并不能够将这些优势复制到东道国。中国的大规模低成本制造是以中国众多的适龄劳动力为基础的，另外中国政府所采取的低工资政策使得中国劳动力的成本被人为压低，从而使得中国企业能够形成大规模低成本的生产优势。而到其他国家投资必然要受东道国国内劳资政策的制约，不能随意降低劳动力成本。中国企业的市场定位和销售能力也是以中国的国内市场为前提的，离开了中国的市场环境，这样的优势不再成为其优势，甚至可能变成劣势。所以中国企业并不具备发达国家跨国公司的垄断优势，垄断优势理论及以垄断优势理论为基础的传统理论就不能很好地解释中国企业的对外直接投资行为。中国企业的竞争优势与一般发展中国家企业的竞争优势也有很大的差别。根据发展中国家跨国公司理论，发展中国家的跨国企业拥有的优势主要是小规模制造和技术地方化，而中国企业所进行的制造活动绝不是小规模制造，而是利用中国劳动力成本低的有利条件，进行大规模制造，所以一般发展中国家对外直接投资理论也不能很好地解释中国企业的对外直接投资。而根据小岛清的"边际产业投资"理论，一国对外投资的产业应该是丧失国际竞争力的边际产业，而中国正在加紧进行对外直接投资的企业基本上都来自逐渐形成国际竞争力的产业，所以，中国对外直接投资的产业不是竞争力逐渐丧失的边际产业，而是正在形成国际竞争力的优势产业。发达国家的对外直接投资是"资本过剩型跨国投资"，本质上是资本过剩的产物或者说是资本输出的一种新形式，并且是在国内产业结构高度化基础上进行的；而包括中国在内的发展中国家，现阶段的对外直接投资是在经济发展的起步阶段开始的，不存在资本过剩的问题，属于"非资本过剩型跨国投资"，并不具备国内产业结构高度化的先决条件或优势。

中国企业对外直接投资几乎都不具备上述垄断竞争优势，但只有一个行业例外，就是工程建设行业。在中国经济 30 多年的高速增长中，建设了大量的基础设施，如铁路、高速公路、桥梁、港口码头、机场和城市水、电、气等供应设施。全世界千米以上的大桥梁有 26 座，跨度最大的前 10 名有 6 座在中国。这在全世界任何国家都难有其匹。中国的工程建设企业，在设计、设备、施工技术、管理等许多方面都已经成长为具有国际竞争力的大企业。根据 ENR（*Engineering News Record*①）排名，进入全球承包商 225 强的中国企业，从 2001 年的 39 家，增加到 2005 年的 49 家，2008 年为 51 家，2008 年中国中铁股份有限公司已经成为全球第二大承包商，中国铁建股份有限公司成为全球第四大承包商，中国建筑工程总公司成为全球第六大承包商，中国交通建设股份有限公司成为全球第七大承包商，中国冶金科工集团公司成为全球第九大承包商。2009 年 ENR 榜单上进入全球承包商 225 强的中国企业为 50 家，海外业绩进一步增长，平均营业额增幅明显。中国 50 家企业共完成海外工程营业额 357.14 亿美元，同比增加了 57.4%，企业平均营业额达到 7.14 亿美元，同比增长了 60%，说明行业集中度在进一步提高。20 世纪 80 年代初，邓小平等老一辈领导人批准了三家工程承包企业走出去，至今已有 30 多年的历史。中国的工程承包企业在世界工程建设市场中已经从简单的劳务施工承包，成长为可以承包设计、技术管理和施工管理到"交钥匙"的总承包商，是目前中国所有行业中唯一具有对外直接投资所需要的企业特定优势的行业。

但是，在企业对外直接投资统计中，中国工程建设企业被忽略，原因是由于"走出去"初期其主要是劳务施工承包，因此其始终被作为劳务输出或服务贸易出口，经营业绩也主要以营业额计量。20 世纪后期开始，中国在海外的工程建设已不再是简单的劳务施工作业，已经转变为伴随技术、设备和管理输出的投资型企业，不仅投资于施工项目的建筑材料和工程材料的生产经营，也投资于相关的生产经营领域，甚至是施工东道国所给予的优惠投资领域。开辟海外工程建设市场以带动其他投资领域的发展

---

① ENR 是 *Engineering News Record* 的英文缩写，即《工程新闻记录》，是美国麦格劳希尔传媒集团旗下的知名媒体。ENR 全球承包商 225 强以及全球国际承包商 225 强排名已经成为工程领域权威榜单。

是未来中国企业对外投资的重要趋势，但是这种发展趋势需要国家有意识地引导才能实现。

中国的工业制造业企业绝大多数是小企业，单独对外直接投资很难具备企业优势。但在中国经济高速增长的 30 多年中，中国中小企业依托各种类型的经济技术开发区和产业带，形成了产业集聚规模和工业生产的相关支持条件，使这些中小企业获得了很强的生命力和活力。我国经济相对发达地区如浙江、江苏、广东等经济持续高速增长，其中一个重要因素就是存在着许多产业集聚区域。浙江民营经济集聚区（温州鞋革和服装、绍兴的印染和织造、乐清低压电器、萧山化纤、海宁皮革、嵊州领带、永康五金、永嘉纽扣、桐庐制笔、诸暨袜业等）是典型的中国中小民营企业形成的内生性产业集聚区，而东莞的 IT 产品零部件与整机生产企业集聚区则是典型的 FDI 带动形成的外生性产业集聚区。FDI 在中国的区位选择，具有很典型的产业集聚特征，"珠三角"、"长三角"、环渤海经济圈等 FDI 流入量较大的区域，也是产业集聚效应明显的地区。

产业集聚对于提高产业竞争力，使企业获得竞争优势具有非常重要的意义。产业集聚可以带来外部经济效应，节约交易成本，刺激学习与创新，产生品牌与广告效应等。Kogut（1984）、Porter（1986）都论证了产业集聚有利于形成企业的特定规模经济优势。Smith 与 Florid（1994）发现日本汽车企业及与汽车相关的制造企业在进行对外直接投资时，会选择与其他日资汽车装配企业邻近，他们认为前后向关联是产业集聚和集聚经济产生的重要原因。Head 等人（1995）分析了日本企业在美国的投资区位问题，发现日本制造业投资趋向和同一产业中其他日资企业邻近，而不是简单地模仿该产业中美国企业的区位选择模式。Markusen（1996）认为FDI 是促进特定产业及关联产业的集聚形成与周期性演化的重要原因。Henderson 与 Black（1999）的研究表明资本品制造业有高度集聚的趋势，产业就业规模与本地制造业就业规模高度相关，因为资本品产业通过集聚可以获得供求关联的外部经济，这类产业的发展与本地上下游供求关系紧密相关，在为本地产业提供投入的同时，也从本地获得自身所需要的投入。Raffaello（2007）认为产业集聚及其发展水平是决定 FDI 的区位选择与流入量的关键因素。

　　FDI 具有培育当地产业集聚、促进产业集聚的作用。东道国政府所提供的公共服务可以成为区域产业集聚向心力的来源。母国政府如何为本国企业在东道国形成产业集聚创造更好的环境和条件？对于产业集聚的形成，联合国贸发会议（UNCTAD，1998）把集群分为两类：依靠内生力量自发形成的集群（Spontaneous Cluster）和依靠外生力量人为形成的集群（Constructed Cluster）。这两种集群的形成机理和动因存在很大区别，前者主要靠本国公司的内力驱动，其集群自下而上地发展；而后者主要是建立在大量外国直接投资的基础之上。在资本迁移模式下形成的产业集聚，起推动和促进作用的迁移性资本是外商直接投资。作为 FDI 母国，虽然产业集聚能够发挥的作用不及东道国，但是母国政府可以有意识地引导同类企业和相关企业朝东道国某个投资区域聚集，从而形成一定规模的产业集聚。

　　产业集聚形成的动力机制主要有三种：成本导向机制、市场导向机制和政府推动机制。政府行为则是产业集聚形成和发展的重要推动力量。Osbome 和 Gaebl（1992）认为，在全球竞争环境中，政府仅仅依靠公共服务和保障是不够的，必须是积极的"企业型政府"。无论是内生性的本地产业集聚还是外生性的 FDI 产业集聚，它们的发生和成长都受到成本导向机制、市场导向机制和政府推动机制这三种机制的交互作用。中国企业通过对外直接投资进入东道国地方产业集聚有两种方式，一种方式是以关键企业为龙头，带动一大批国内专业化供应商和配套企业去东道国投资。政府鼓励企业对外直接投资政策应该与产业政策相结合，政府应该制定相应的产业政策，积极引导中国企业在东道国投资的产业集聚方向及其质量；另外一种方式是提高中国 FDI 在东道国的本土化水平，稳固其在东道国生产经营的根基，更能长期有效地带动东道国自身企业的成长和发展。只有实现 FDI 的本土化，使 FDI 快速融入当地经济，与本土企业建立前后向关联的关系，才能更好地发挥 FDI 的溢出效应，带动东道国产业集聚的形成和地方经济的发展。中国政府可以通过政府政策和政府行为在上述两种方式上促进中国企业通过 FDI 在东道国政府形成外生性产业集聚。在对外直接投资中，复制已有的产业集聚条件是形成中国企业优势的发展方向。复制中国企业在海外的产业优势需要组织化，不可能是单个企业的行为。政府应出台相关政策，促进企业加强技术创新，提高其参与国际分工、全球生产价值链体系的能力，形成弹性生产网络，推动产业集聚自我循环上升机制的形成。对已有形成集群的行业，特别是部分劳动密集型行业，要强调对处于全球价值链的领导企业的培养和引入，以带动初级产业集聚的良性升级。政府应在提供更高层次的基础设施水平、信息交流平台等中介服务方面，为本土企业与东道国分支机构间的融合提供良好的外部环境。政府通过对核心企业和上、中、下游相关企业的扶植，促进生产、制造、加工、货物运输、金融服务、研究开发、销售服务等相关企业的对外直接投资，从而使中国企业以横向关联或纵向关联的方式在东道国形成 FDI 产业集聚。在国际工程承包、工程项目管理和工程项目运营管理为核心的 FDI中，政府应鼓励中国企业不断革新主营业务模式，不断延伸产业链的构成，形成以工程建设为主业，咨询、勘察、设计、制造、施工、采购、管理、投资、运营于一体的综合核心能力，有效提升企业的核心竞争力以及抗风险能力。在巩固、发展传统工程承包和设计业务的同时，中国企业借助产业集聚的技术优势、资金优势、规模优势积极拓展业务领域，构建关联互补、协同效应显著的业务板块布局，开展资源开发、装备制造及房地产开发、投资等业务领域，在国际市场上形成多元化的经营格局。

## 四 对外承包工程：企业对外投资的重要发展路径

改革开放前，我国的对外工程承包业务主要是配合对外援助工作，发展缓慢。改革开放后，其发展历程经历了从起步到稳步增长，再到入世后跨越式发展的三个阶段。但长期以来，我国政府主管部门对对外承包工程事业在开放型经济中的作用和地位上认识不够明确，重视不足，往往把这项业务看作为带动劳务输出、获取承包服务收入的手段。虽然从经济理论和发达国家的实践经验看，对外投资是"走出去"的主导形式，但就我国目前的发展阶段和竞争优势条件看，对外承包工程才是我国实施"走出去"战略的最主要形式，应以对外承包工程为先导，带动境外资源开发和对外投资的发展。当前，对外承包工程应该被定位在带动我国货物出口、境外资源开发、对外投资、技术贸易的综合载体，落实"走出去"战略最成熟、最可行的发展路径，是我国服务贸易出口的优势产业。在"十二五"期间应将对外工程承包作为战略性重点产业，大力支持和促进其发展，其主要依据如下：

## （一）我国对外承包工程业务经历跨越式发展，营业额迅速扩大，企业具备了较强的国际竞争力

从宏观角度看，2001 年入世以来，我国对外承包工程连续 9 年保持高速增长，特别是近 3 年增长速度异常迅猛，营业规模迅速扩大。2009 年面对全球金融危机的不利影响，在对外贸易和利用外资两方面都大幅下降的情况下，对外承包工程逆势大幅上扬，全年完成营业额同比增长 37.3%，新签合同额同比增长 20.7%，达到 1262 亿美元。整个"十一五"期间，我国对外承包工程完成营业额 2971 亿美元，年均增长 33.5%，累计派出劳务 195.6 万人，成为我国对外经贸领域的亮点，为稳外需、促就业、保增长工作做出了积极的贡献。

从微观角度看，我国对外工程承包企业目前已经具备了较强的国际竞争力。近年来，我国对外承包工程企业在保持成本优势的同时，加大了技术研发投入，逐渐向 EPC（设计、采购、施工）、BOT（建设、经营、转让）、PPP（公共部门与私人企业合作模式）等高端业务模式迈进，大型合作项目比重提高，已经成长为国际承包工程领域的生力军。根据美国权威工程杂志《工程新闻记录》（ENR）的统计评选，2009 年我国有 50 家企业进入全球 225 家最大国际承包商行列，其中中国交通建设、中国建筑、中国机械工业集团、中国铁建、中国水利水电集团 5 家骨干企业进入美国《财富》杂志世界 500 强。这显示了我国工程企业已经具备了与其他国际一流工程企业竞争的实力。再如中国交通建设股份公司，目前已成为全球最大的集装箱起重机制造商，占该产品世界市场份额的 78% 以上；该公司的耙吸船总舱容量和绞吸船总装机功率均排名世界第一，也是世界

第二大疏浚企业；在全球跨度超千米的 26 座桥梁中，该公司设计、承建、监理了其中的 10 座，在 2009 年《财富》杂志世界 500 强中排名第 341 位。

### （二）从资金数额和竞争优势看，对外承包工程是目前我国实施"走出去"战略中的最主要形式

从我国发展对外经济合作，实施"走出去"战略的三种主要形式，即对外承包工程、对外直接投资和对外劳务合作的相对比来看，对外承包工程是其中最主要的形势。

第一，从资金数额上看，对外承包工程业务远超过后两者。根据商务部统计，2009 年，我国对外承包工程业务完成营业额 777 亿美元，而同期非金融类对外直接投资为 433 亿美元，对外劳务合作完成营业额 89.1 亿美元，前者分别是后两者的 1.8 和 8.7 倍。再从存量角度看，截至 2009 年底，我国对外承包工程累计完成营业额 3407 亿美元，累计对外直接投资额为 2200 亿美元，对外劳务合作累计完成营业额 648 亿美元，前者分别是后两者的 1.5 倍和 5.3 倍。

第二，以上情况背后的竞争优势原因是：首先，近年来由于我国国内基础设施建设快速发展，带动了我国对外承包工程企业竞争力的快速提升，使该行业快速发展。其次，我国对外投资业务的发展目前尚处在起步阶段，发展不成熟。由于大部分国家人工成本高于我国，对外直接投资的作用主要还体现在绕开贸易壁垒、获取境外资源等方面。再次，在劳务输出方面，由于绝大部分国家有较严厉的就业保护政策，所以劳务输出的发展空间比较有限。

### （三）对外承包工程对出口、境外资源开发和对外投资都具有较强的带动作用

对外承包工程对经济发展的促进作用绝不仅限于获取承包服务收入、推动劳务输出方面，而更多地体现在对货物出口、境外资源开发和对外投资具有较强的带动作用上。

第一，在带动出口和 GDP 增长方面。在对外承包工程业务中房屋建筑、基础设施建设、交通运输和电力行业占据很大份额。这些产业具有较强的"派生需求"和带动效应，对国产机电设备、原材料和技术服务的出口带动作用明显。据商务部统计，2009 年我国对外承包工程带动出口近 300 亿美元，促进了国内建筑、制造、运输、金融等多个相关行业的发展，拉动了劳务输出和国内就业。在带动 GDP 增长方面，对外承包工程营业额每增加 1 亿美元可拉动当年 GDP 增长 4.91 亿美元，即对外承包工程对国民经济增长约有 1:5 的拉动力。

以电力工程建设为例，我国电站设备制造能力位居世界前列，仅上海、哈尔滨和东方三大动力设备制造企业一年的设备产量就可以供给法国一年的发电量。进入新世纪以后，我国国内电站建设高潮期已过，建设发展速度趋于平缓，国内产能需要寻找海外市场。目前国内一年产能可制造出 5000 万千瓦左右的发电机组并分布在 210 个主要设备及其配套厂家。这样大的生产能力如果不能找到海外市场，则会给国内企业带来很大的打击。

发挥工程公司在海外承包电站项目的作用，是为国内产能寻找市场出路的重要途径，山东电力建设第三工程公司"走出去"的实践证明了这一点。山东电力建设第三工程公司成立于 1985 年，注册地址为青岛市。该公司是以 EPC（设计、采购、施工）总承包方式执行国内外电站项目的专业工程公司，业务范围包括燃煤电站、燃机电站、核电站、水电站、风电站、太阳能电站以及输配电项目。该公司是行业内最早"走出去"并以 EPC 方式独立承包国际电站项目的工程公司。2002～2009 年，公司业务已经遍布印度、约旦、沙特阿拉伯、阿曼、尼日利亚、新加坡、印度尼西亚等 7 个国家和地区，海外项目总装机容量约 10000 兆瓦，合同额近 120 亿美元。从 2007 年起，该公司连续三年入选世界工程领域的权威杂志——美国《工程新闻记录》（ENR）评出的"全球工程总承包商 225 强"，2009 年位列第 95 位。该公司中国对外承包工程商会、对外贸易经济合作企业协会、电力企业联合会认定为 AAA 级信用企业。

根据调查，电站项目合同金额中，40% 是设备，25%～30% 是材料和配套件，合计占项目金额的 65%～70%，这些都需要从国内厂家采购，实际上是带动国内出口贸易。这些设备主要是由钢材构成，一台 60 万千瓦的发电机组，需要加工和未加工的钢材 5 万吨。而且，一旦一个电站项目中标，建成后其运营寿命可达 30～50 年，在此期间，其备品、备件和维护材料都需要依靠原厂家和建设企业提供，具有长久的贸易和经济利益。

工程建设公司在海外承包电站项目，还可以成为促进中国企业海外投资的重要渠道和有利形势。工程公司中标成为项目总承包商后，根据施工需要往往还要对工程材料或部件实行再加工或当地加工，这就需要投资建设此类生产线。施工结束后，这种生产线可以转为为当地市场服务的企业经营，成为境外投资项目。更重要的是，如果鼓励工程公司以 BOT 形式投标竞争，一旦中标，在项目施工结束后的经营期间内，该项目实际上就成为该公司投资经营的境外企业，或者成为国内外投资者共同参股合资经营的企业，不仅投资额大，而且经营效益也有保障，是非常有利的投资领域和投资形式。

第二，在带动境外资源开发方面。直接参股或收购国外资源类项目，往往会因政治因素受到外国政府的限制，而通过先在东道国实施承包工程，较好地完成为其修建桥梁、公路、铁路、医院、学校等基础设施工程，帮助其实现经济发展，则比较容易获得东道国政府的信任与认可，会比较顺利地实现获取资源类项目的目的。非洲、中东等资源型国家，有时还会以金属矿山、油气资源等作为支付手段，支付我国承包工程企业的工程费用。这都为我国获取境外资源开发提供了一条新的途径，即在已实施的"以贷款换资源"之外，还可以"以工程换资源"。

第三，对外承包工程向高端模式转移，带动对外投资。目前我国对外承包工程企业开始逐渐升级业务模式，扩大海外投资，在带动投资方面的作用日益显现。对外承包工程企业的海外投资活动是与工程承包紧密结合的，是其业务升级的必然要求，主要方式有以 BOT（建设—经营—转让）、PPP（公共部门与私人企业合作模式）等带有投资性质的业务模式参与国外基础设施的投资运营；以工程承包项目为先导进而投资建材、农牧、矿山资源、商业物流等相关产业领域；以收购或合资的方式参股设计院所、工程企业等。大型国有企业是开展海外投资业务的工程企业的主体，投资的地区以非洲、东南亚等企业熟悉的传统市场为主。例如本课题组所调研的中国交通建设股份公司利用在刚果（布）承包建设工程的经验，在刚果（布）投资建设的水泥厂取得较大成功，2009年实现营业额2550万美元，完成利润额1069万美元。该项目是刚果（布）目前唯一的一家水泥生产厂家，在实现良好的经济效益同时，为两国经济、政治合作作出了贡献。

## 五 行为主体机制：企业与政府的不同作为

发达国家通常通过提供技术、信息、资金融通服务税收优惠、境外投资担保，通过双边、区域和多边协定进行国际投资政策协调等方式促进本国企业进行对外直接投资。发达国家企业的对外直接投资，由于企业的动力机制和特定优势，政府所需要的努力只是在创造市场环境方面。贸易投资自由化、保护投资和维护公平竞争是政府的主要工作。中国政府需要做的事情要比这些多。中国政府既需要促进企业对外直接投资以实现国家的宏观经济利益，还需要组织引导企业"走出去"，用特定的组织方式释放企业的优势来保证企业的微观利益。因此，对比其他国家的海外直接投资，中国政府更需要形成一套企业境外投资的规划发展体系、政策体系、服务体系、管理体系。中国企业对外直接投资的基本优势是政府的引导和服务，这是中国经济建设的基本经验，也是企业"走出去"的政策选择和理论依据。

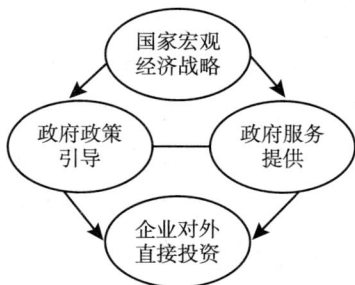

**图 3－1　政府促进企业对外直接投资的行为主体机制**

Anderson（1989）指出了政府的一般职能包括：提供经济基础、提供各种公共物品与服务、解决与协调团体冲突、维持竞争、保护自然资源、确定个人获得商品和服务的最低条件以及保持经济稳定。这些职能是保持一国经济平稳运行政府必须承担的责任。在中国企业对外直接投资过程中，中国政府可以很好地发挥政府职能。政府在选择相关对外直接投资产业时，可以基于政府对产业系统演进、产业系统外部条件和产业发展战略的认识与把握。政府培育优势对外直接投资产业领域的目的性比较明确，前瞻性强，容易很快形成外部力量介入经济系统，缩短企业对外直接投资的周期，降低相应的社会成本。政府拉动与市场推动将是中国企业对外直接投资优势形成的一种重要模式，它可以在很大程度上克服单纯市场形成模式和单纯政府培育模式的不足，而把两者的长处结合起来，形成市场拉动与政府推动的合力，从而更有利于中国对外投资优势产业的形成。中国企业对外直接投资过程中，政府可以在市场监管方面完善利益诱导机制，完善利益主体及其功能，建立并完善法律保障系统。在经济调节方面应进行产权制度改革，促进发展机制的形成，完善和落实优惠倾斜政策。在公共服务方面应完善高技术人才流动机制，在社会管理方面应加强国民教育，培养高素质人才，并建立高效的信息服务系统，从而创造有利于企业对外直接投资的制度安排、社会环境和文化氛围。

中国企业的对外直接投资不是单纯的商业行为，因为企业受到政府的支持，因此承担着两个重要的任务：建立世界经济强国和实现国家宏观经济战略。中国政府在多大程度上、采取什么样的政策支持中国企业对外直接投资，企业又会在多大程度上通过投资利益最大化来平衡资本利益与国家利益，是企业和政府利益融合的关键之处。中国企业是对外直接投资的主体，国家利益要和资本利益统一并不意味着政府能够替代企业成为投资主体，中国企业在对外投资过程中缺乏竞争优势，中国政府的政策可以作为特定要素为中国企业提供新的竞争优势来源。

中国企业对外直接投资还处于初级阶段，一个具有预见性、前瞻性的政府才能引导社会资源适度流向对外直接投资领域。中国政府在中国企业对外直接投资发展中主要有两方面作用：一是政策导向，包括制定产业、科技、财政、税收、投资、金融、外贸、人事等方面的鼓励和扶持政策，引导和支撑对外直接投资的发展。二是提供服务，包括营造氛围、优化环境、建立体系、完善基础、规范行为等，为中国企业对外直接投资创造条件。政府在中国企业对外直接投资中的作用不应是分散和单向的，而应是集成和双向的，即各类政策和服务是互相配套、协同作用的，对外直接投资的发展又为政府作用提出新的和更高的要求，促使政府不断完善和优化作用行为。

由此可见，中国企业的对外投资，不能完全用公司利益最大化进行解释，中国企业对外直接投资的收益更多或更直接地体现为宏观经济利益，而企业的微观利益是被兼顾的。中国企业对外直接投资几乎都不具备特定优势，但只有一个行业例外，这就是工程建设行业。开辟海外工程建设市场带动其他投资领域是未来中国企业对外投资的重要趋势。但是这种发展趋势需要国家有意识地引导才能实现。复制中国企业在海外的产业集聚优势也需要组织化，不可能是单个企业的行为。因此，中国企业对外直接投资的基本优势是政府的引导和服务，这是中国经济建设的经验，也是企业走出去的政策选择和理论依据。

# 六　若干重点领域：扶持我国企业对外投资的政策思考

## （一）我国仍需加强企业境外石油开发的政策支持

未来二三十年新能源与传统化石能源的关系如何，将直接决定着我国能源战略的未来方向。同时，国际能源巨头当前的投资动向，也可以看做是世界能源未来发展的风向标。

### 1. 传统化石能源在能源结构中将长期居于主导地位

虽然全球各国都在大力倡导发展新能源，但目前为止，新能源发展还面临着技术发展不成熟、产业发展成本高的两大"瓶颈"制约，实际上还躺在政策呵护、财政补贴的襁褓里，叫好难叫座，还无法从根本上替代化石能源。在未来二三十年内，新能源将长期作为化石能源的补充角色而存在，化石燃料仍将在能源构成中居主导地位，石油仍然是最重要的单种燃料。

根据国际能源署（IEA）在《世界能源展望》中对未来世界能源消费的预测，化石燃料，包括石油、天然气和煤炭，依然是全球一次能源的最主要来源。化石燃料在 2005～2030 年期间全球能源需求增长总量中将占 84%，在全球能源需求中的比例将从 2005 年的 81% 上升到 2030 年的 82%。也就是说，到 2030 年，新能源在能源消费结构中也只能占 18% 而已。具体到单种能源形式来看，石油仍然是最重要的单种燃料，在2005～2030 年期间其所占的比例将从 35% 降至 32%，天然气的比例将从 21% 上升到 22%，煤炭的比例将从 25% 上升到 28%。在新能源方面，由于能源需求总量的增加超过新能源发展的速度，核电将从 2005 年占一次能源总需求量的 6% 下降到 2030 年的 5%。水电所占的比例将维持在 2%；生物质和废弃物所占的比例将从 10% 下降到 9%。风能、太阳能、地热能、潮汐能和波浪能等其他可再生能源所占的比例将从不到 1% 上升到约 2%。

另外，全球著名的会计和商业咨询公司德勤（Deloitte）的调查预计，即使到 2050 年新能源也无法从根本上取代传统能源，企业对传统能源的兴趣远超新能源。能源消费大国将更加依赖石油和天然气进口。

**2. 世界能源巨头目前正在加紧收购上游油气资源**

由于世界能源消费结构在未来二三十年内很难有重大改变，石油天然气等资源的战略地位愈显突出，从国际能源巨头的投资动向看，目前他们正在加紧、加大收购上游油气资源的力度。如：欧洲最大的石油公司英国石油公司（BP）2010 年 3 月以 70 亿美元现金，用于收购位于巴西、阿塞拜疆和墨西哥湾深水的石油资产。壳牌石油公司（Shell）在 2010 年 4 月宣布，将以 51.6 亿美元收购加拿大迪韦尔奈石油公司。美国能源巨头埃克森美孚（Exxon mobil）2009 年 10 月以 40 亿美元收购非洲油气公司 Kosmos Energy 在加纳近海石油区块中的权益等。

## （二）发展境外石油开发任务迫切，前景广阔

**1. 石油企业"走出去"获取境外资源，是解决国内石油供求矛盾的必然选择**

首先，随着我国经济的快速增长，近年来我国石油消费增长迅速，原油消费年均增长率在6%左右。2009年我国石油表观消费量4.08亿吨；成品油表观消费量2.21亿吨，仅次于美国，位居世界第二。其次，从国内石油储量和生产潜力来看，石油的可持续供给难度很大。我国石油需求量占全球的7%，但只拥有世界已探明可采储量的1.7%。再次，我国的石油对外依存度较高。2009年我国石油净进口量2.19亿吨，石油进口依存度达到53.6%，且这一比重还在不断提高，预计2020年我国石油对外依存度将超过65%，国内石油产量已远不能满足消费需求。

在近几年国际油价大幅波动、国内能源需求不断增长的背景下，中国石油企业"走出去"，在全球范围内寻求稳定的能源供给，是解决国内油气资源供求矛盾的必然选择，是维护和保障我国能源安全乃至经济安全的必由之路。

**2. 发展境外石油开发面临良好机遇，具备广阔前景**

当前我国石油企业开展境外资源开发的外部环境总体有利。受国际金融危机的影响，部分资源国对外合作政策出现新的变化，一些国外石油公司为渡过难关进行资产结构调整，国际油价的逐渐回落也使油气资产价格开始走低，这为海外石油资源战略投资和资产并购提供了新契机。总体来看，我国石油企业"走出去"面临良好机遇，具备广阔前景。

第一，可以利用政治优势，加大与我国有传统友好政治关系的石油资源国的开发合作。如非洲的苏丹、安哥拉、尼日利亚、利比亚和中东的伊朗等。非洲地区资源丰富，与我国关系良好，是我国石油企业海外投资最多、作业产量最高的地区，项目数占我国海外总项目数的35%左右，作业量占海外总产量的43%。炼油等业务也取得了进展，中国石油和苏丹合作的喀土穆炼油厂年炼油能力达到500万吨。当前我国与中亚地区的合作领域日益扩大，与俄罗斯的外交关系稳定，与中东国家的交往也日益密

切，这都为我国石油企业"走出去"提供了良好的政治保障。

第二，利用拉美国家油气资源国有化的机遇。随着拉美国家左派势力的崛起，当前一些拉美产油国正极力摆脱对美国的依赖，增强政府对石油资源的控制权，实现政治和经济外交多元化。这些国家石油产业的国有化引发能源市场的重新洗牌，对中国来说，既是挑战更是机会。在委内瑞拉、厄瓜多尔、乍得等国家实行国有化政策时，都表示欢迎中国石油公司参与其石油领域的开发合作。我国石油企业可以利用此时机积极与拉美国家石油公司合作。

第三，利用我国外汇储备规模大的资金优势，以贷款换资源。作为全球第一大外汇储备国，截至2010年3月底我国外汇储备规模已经达到2.45万亿美元，占全球储备的比重达30.7%。我国可以利用外汇和资本充裕的优势，为其他发展中国家的能源开发提供贷款，同时按协议价格购买相关项目的石油产出，作为投资回报，这不仅有利于满足我国自身的能源需求，同时也可以分散外汇储备的贬值风险。相当于以一个比较优惠的条件将外汇储备转化为石油储备，锁定长期原油供应。我国目前已与俄罗斯、哈萨克斯坦、巴西、厄瓜多尔、安哥拉、委内瑞拉等产油国签署过类似的协议。对于一些资源丰富，但急需境外资金缓解债务压力的国家，可以继续大力推进这种合作方式。

第四，我国石油勘探开发能力的提升为发展国际石油合作、获取境外资源提供了技术保障。我国石油开发技术经过半个世纪的发展，已形成了具有自身特色的科技理论和先进适用的工程技术，具备了开发石油上下游大型项目的综合配套能力。在油气勘探、开发生产，特别是在开发低渗透油田和油田开发后期提高采收率方面，具有较强的技术实力，这些技术可以运用到国外，为我国石油企业"走出去"获取境外资源提供了技术保障。

目前，我国石油企业在"走出去"进行海外投资方面，已经初步取得了一些成绩，如2009年8月，中石化以75.6亿美元收购Addax石油公司。2008年底，以17亿美元完成加拿大石油公司Tanganyika Oil的收购。

## （三）我国石油企业"走出去"面临的主要问题与挑战

以中国石油为例，它作为我国最大的油气生产和销售企业，2009 年实现经营收入 1.22 万亿元，利润总额 1286 亿元，上缴税费 2426 亿元，在世界 500 强中排名第 10 位，在全球石油公司 50 强中排名第 5 位。1993年，随着国民经济的快速发展，我国成为石油净进口国。同年，中国石油贯彻落实党中央、国务院提出的"利用两种资源、两个市场"的战略方针，开始走出国门，实施跨国经营。经过 17 年的艰苦创业和不懈努力，中国石油海外业务实现了跨越式发展。目前，海外油气业务涵盖全球 29个国家，运作 81 个合作项目；海外油气资产价值超过 400 亿美元；拥有海外合同区面积近 78 万平方公里；海外原油年生产能力 8500 万吨，天然气年生产能力 120 亿立方米，年炼油能力 2660 万吨；建成海外油气管线 7条，长度 9616 公里，原油年输送能力 5000 万吨，天然气年输送能力 200亿立方米；在海外拥有加油站 63 座，成品油库 8 座。目前，中国石油企业在"走出去"开展境外资源开发中面临的主要问题包括：

第一，与国际大石油公司相比，中国石油在国际竞争力方面还有一定的差距和不足

中国石油的油气储量、产量、总资产规模基本相当，并具有较为有利的国内市场优势、独特的综合一体化优势，以及政治外交、企业文化和人力资源等方面的明显优势。但国际大石油公司早已完成全球化业务布局并进入到调整优化的成熟阶段，而中国石油尚处于持续较快发展的成长阶段，国际化经营时间短。

第二，在新技术上，世界油气勘探开发难度越来越大，技术要求越来越高

世界石油技术的发展，深海作业、天然气液化、重油轻质化、煤层气、页岩气开发等都已成为各大石油公司角逐的新领域。中国石油在这些新兴领域的关键技术与国际大石油公司相比，优势不明显，发展后劲不足。

第三，中国石油的国际化程度依然较低，只有近20%，而五大石油公司的跨国指数都超过60%

中国石油在国际化经营管理经验，对投资环境变化的适应能力以及资

源国文化融合多元化等许多方面，与国际大石油公司相比还存在较大差距。

第四，人才队伍建设在数量和质量上面临严峻挑战

当前，随着国际业务的加快发展，中国石油国际化人才培养和队伍建设滞后于国际业务发展速度。在数量上，整个中国石油从事国际业务的生产、技术和经营管理人员，目前仅 4000 人左右，由于海外人员不足，许多员工长期得不到轮换。在质量上，中国石油国际化人才的综合素质有待提高，尤其是在国际商务、法律、合同、语言方面仍比较薄弱，国际工程技术服务企业问题更为突出。因此，要加快解决国际人才培养的问题。

除了企业自身的不足之外，还有来自国内外的困难因素：

第一，政府主管部门对石油开发类海外投资的管理机制还不够灵活，核准程序和额度有待改善和提高。

国家发改委和商务部作为我国资源开发类境外投资的主管部门，在具体的核准操作中，存在反应机制不够灵活和决策机制滞后的问题，完成核准的时间周期较长，一般要 20～30 个工作日，不能够满足瞬息万变的国际石油市场竞争的需要。一方面，我国石油企业的海外投资与国内投资不同，国内投资需要主管部门综合考虑环境保护、土地使用、发展规划、地区平衡等问题，加以系统研究后做出审批，而境外投资不涉及这些问题。石油企业的海外投资风险由其自身承担，而且由于石油开发的海外投资数额一般都较大，企业在投资决策前都经过了详细的可行性研究和风险评估。另一方面，国外能源合作方往往会在协议中提出对我方石油公司获得政府批准的时间要求，以及未获批准时须补偿的高额"分手费"。考虑以上两方面因素，我国政府主管部门应进一步简化核准程序，缩短审批时间。

另外，在石油开发境外投资的核准额度方面，现有规定所设额度过低，也是造成审批效率不高的原因之一。目前执行的《境外投资项目核准暂行管理办法》（国家发改委 2004 年第 21 号令）规定："资源开发类境外投资项目中方投资额 3000 万美元及以上的，由国家发展改革委核准，其中中方投资额 2 亿美元及以上的，由国家发展改革委审核后报国务院核

准。大额用汇类项目中方投资用汇额 1000 万美元及以上的境外投资项目，由国家发展改革委核准，其中中方投资用汇额 5000 万美元及以上的，由国家发展改革委审核后报国务院核准。"但在实际操作中，石油企业对外投资的数额动辄十几亿，甚至几十亿美元，现行额度对所有资源类投资的总体规定，没有充分考虑石油企业投资数额较大的特点，额度标准显得太低。

第二，由于起步晚、需求量大以及受各种政治因素的影响等，导致目前我国在境外石油开发中面临激烈竞争。

首先，我国石油企业从事国际石油合作起步较晚（如课题组调研的中石化，2001 年才在伊朗卡山建立第一个对外投资项目），而那些开发成本较低、投资环境较好的海外油气资源，经过数十年来的国际争夺，80% 左右已经被发达国家抢占，落入国际石油巨头手中。其次，由于我国的石油需求量很大，并且受"中国威胁论"等不良国际舆论的影响，一些发达国家常将原油价格走高的原因归咎于中国大量的石油需求。再次，当前，印度、日本、韩国等其他能源需求大国与我国争夺石油资源的竞争愈演愈烈，这些国家的石油公司背后都有政府的强力支持，能源部长、石油部长等政府官员常会直接出面干预并推动本国企业境外能源开发项目，而我国企业很难得到这种待遇。这个因素往往也导致我国石油企业在激烈的国际竞争中落败。

第三，目前我国进入的境外石油开发区块，大部分勘探开发难度大、成本高。

一方面，由于西方跨国石油公司较早地进入海外石油开发领域，目前已占据了世界石油的中心地带，我国石油企业在"走出去"时，面临的可供开发的石油产区大多资源条件一般、开发难度较大。在勘探项目中以深海项目、山地和沙漠地区、两极地区的非常规项目居多；在开发项目中以高含水油田、低渗透油田、稠油、高凝油和老油田改造等居多。这些项目的勘探开发难度主要体现在技术难度大和开发成本高两个方面。

另一方面，近年来，资源国为了保护自身利益，制定了诸多法律法规，如利润汇出限制、原油出口以及开采设备的进出口等，这些因素也导致我国获取境外能源的成本提高。例如，巴西政府规定，在巴西当地进行石油开发的外国能源企业所获的利润，须在当地进行再投资，否则对所汇出利润征收 30% 的所得税。

## （四） 推进中国石油企业加快"走出去"步伐的对策建议

鉴于石油资源的特殊重要性，我国政府部门应进一步增强对我国石油企业"走出去"获取境外资源的支持力度。

### 1. 政府部门应加强调查研究，在宏观上指导企业"走出去"

建议政府部门组织国内外研究力量，开展对重点资源国（如苏丹、伊拉克、伊朗、俄罗斯、哈萨克斯坦等）地缘政治研究，包括对当前涉及能源合作的重大热点问题的研判和分析，给予企业宏观指导。

我驻外使馆（经参处）加大力度，开展对重点资源国政治经济状况和投资经营环境的研究，包括法律法规的研究，重点是税法、劳动法和投资法等，在政策上引导企业与当地社会融合。政府部门制定和执行境外项目分包商管理办法，加强源头控制。树立"部分工作可以分包，但责任分包不出去"的观念；在签订的分包合同中对业主和分包商的职责进行明确规定，要求施工人员遵纪守法、保护环境、履行应尽的社会责任，为施工人员提供健康安全的工作和生活条件（包括饮食、卫生等）；国内分包商分包境外项目，应有相应的资质。政府部门应建立企业"走出去"的安全预警机制。目前，中国石油海外油气资产主要分布在高风险地区，海外项目所在国家中，被外交部或国际专业安保机构评定为高风险和较高风险的国家有 19 个，特别是在伊拉克、苏丹、尼日尔和乍得等重点油气投资地区，面临资源国政局动荡、社会不稳定、恐怖活动多发、市场不规范等政治、经济和安全风险，对海外业务的安全发展和员工人身安全构成很大的威胁。建议政府部门在国家层面构建海外防恐预警机制，包括加大与国际安保信息系统、国际 SOS 技术支持系统的互动；加大政府间的协商力度，与资源国建立多边军事和反恐合作，制定各项预案，应对突发危机，增强保护我海外员工人身安全和资产安全的能力。

建立国家层面的统筹协调机制，将对外援助、文化交流与能源合作紧密结合，实现可持续发展。近年来，一些重点资源国加大对油气资源的控制，对外合作政策趋紧，加强海外现有油气项目运作，尤其是在哈萨克斯坦、委内瑞拉、苏丹、厄瓜多尔等国的项目，挑战较为突出，需要我国政府部门的大力支持和帮助。鉴于目前我国对一些资源国的经济援助、债务减免和文化交流（包括在海外建立孔子学院）尚未与油气合作紧密结合，建议政府部门与能源企业建立对外援助、文化交流与油气合作的协调机制。政府部门在向油气资源国提供优惠贷款、援外工程、减免债务、技术援助及开展文化交流时，尽可能与油气合作相结合，支持石油企业更好地"走出去"，实现可持续发展。政府部门出台对企业派出境外项目人员的管理办法或指导意见，对派出人员的素质和数量进行要求，推动海外员工当地化和国际化。包括对境外项目人员出国前进行防恐和健康、安全、环保（HSE）培训，外语培训和考试，外事教育；境外工程项目要严格控制中方人员派出数量；海外作业队伍要具备相应的专业资质；为境外项目人员办理保险；建立适用境外项目人员的薪酬和休假制度。

**2. 简化石油开发类海外投资项目的审批手续，放宽审批权限**

政府主管部门之间宜加强协调沟通，对于重点的资源类海外投资项目，应建立审批快速通道，缩短石油企业对外投资合作项目的审批时间。放宽石油开发类项目海外投资的核准权限，建议由国家发改委核准的项目额度，由 3000 万美元以上改为 10 亿美元以上；由国务院核准的项目额度，由 2 亿美元以上提高到 20 亿美元以上为宜。

**3. 完善对石油开发类海外投资项目的金融支持**

对境外石油开发项目，允许使用政府境外投资专项贷款的比例应进一步提高。鼓励国内商业银行与大型能源公司在境外资源开发利用上进行更紧密地合作，如由银行和石油公司共同组建境外石油开发投资公司。应允许各类基金以及保险资金向境外石油开发项目投资，推进能源企业通过债券、上市等多元化的融资手段，为境外石油投资提供更宽阔的资金来源。对重大境外能源投资项目以及风险勘探项目应适当给予贷款贴息、优惠贷款和提高财政注资比例。

**4. 完善石油开发类海外投资项目的税收政策**

在税收优惠方面，对进行境外资源开发的石油公司以实物作价投资的国产机械、设备及零配件等应视为出口，给予出口退税。在增值税方面，对企业海外石油开发的初加工成品实行增值税减免。对海外勘探开发收入，已在资源国缴纳所得税的，可不再按国内税制重新核定、补缴差额。另外，还应抓紧与有关资源国家签订避免双重征税、投资保护、司法协助等政府间双边协定。目前我国已经与 86 个国家签订了避免双重征税协定，财政部门应尽快完成与所有石油输出国签订相关协议。

**5. 完善石油开发类海外投资项目的风险分担和保险制度**

国家应考虑在境外矿产资源风险勘察专项资金的基础上，借鉴日本等发达国家的做法，增大原有资金额度，设立能源对外投资风险基金和海外油气风险勘探基金，减轻和分担石油企业对外投资面临的政治、法律风险和勘探风险。对国有石油公司出于保障国家能源供给的社会责任出发，承担的海外项目，经由国家主管部门批准，可申请使用该基金。风险勘探沉没的资金，由国家风险基金核销，风险勘探成功后从收益中及时返还。风险基金既可针对前期项目的调研、可行性研究、投标等准备工作，也可以针对项目启动之后运营中的不可抗风险。

**6. 建立外汇储备与资源储备的转换机制，完善石油储备制度**

在外汇储备与资源储备的转换方式上，一是可以采用间接方式，即以金融机构为平台，将外汇资金注入政策性银行和金融机构，充实其资本金，再由政策性、开发性银行以贷款方式支持国内能源公司开展海外经营。二是采用直接方式，可以利用外汇储备设立境外能源投资基金，直接为能源企业海外投资提供资金保障。另外还应抓紧完善国家独立的战略石油储备体系，除了通过市场运营的手段管理储备库中的油品，还应重视做好原产地战略石油储备，即只探不采或只做科学实验不进行规模开采。

**7. 充分发挥能源外交的作用，为企业开展境外石油开发创造良好的双边、多边国际环境**

首先，推行务实的能源外交政策，把能源问题列入国家间高层互访的重要议事日程，在重点石油出口国大使馆增设专职能源外交人员，将外交战略、外经贸战略与石油资源跨国经营战略紧密结合起来。其次，加强与主要油气生产国的合作，积极援助海外油气生产国，建立战略伙伴关系，主要目标国可以包括俄罗斯，中东国家，哈萨克斯坦等中亚国家，拉美的巴西、委内瑞拉以及非洲部分国家。再次，加强与其他石油消费大国（如印度和日本等）的战略协调，建立相互之间的互信机制，充分磋商，减少冲突，联合提高与石油输出国谈判的能力，增强在石油价格方面的影响力。最后，应加强与国际能源署、联合国开发计划署等国际能源机构的密切合作，在国际社会宣扬中国的能源战略和政策，消除误解。

**8. 企业微观层面应采取的措施**

首先，我国石油企业要加快发展海外炼油化工业务，打造海外一体化产业链。在积极发展上游勘探开发业务的同时，我国石油企业还应有选择地在海外投资炼油化工、成品油销售等下游业务。在石油资源国设立炼油厂、加油站等，一方面延伸和完善了海外业务产业链，实现海外业务上下游一体化经营的协同效应，并带动当地的经济增长和就业，比较容易获得当地政府的认同，从而获得更多的上游资源。另一方面可以转移分散石油炼化中的环境污染，减轻国内的环境压力。

其次，灵活调整经营策略，并逐渐增加风险勘探项目。根据国际油价变化，企业应及时调整经营策略，油价较高时应加大海外新区的风险勘探，努力增加油气发现，提高资源开发效益；油价较低时则更多地通过海外油气资产并购，增加油气产储量。总体来看，应在勘探开发相结合的基础上，逐步增加风险勘探项目。从国际比较分析，国际能源巨头都掌握着大批风险勘探项目，这种项目虽然风险较高，但收益更高，是未来国际能源竞争的重点领域之一。

再次，我国的石油企业应加强相互之间的协调，以及与西方跨国能源公司的合作。一方面，中石油、中石化、中海油三大石油公司以及其他国内民营石油企业之间，应加强海外投资经营的协调与合作，联合起来共同参与国际石油合作，以提高自身的国际竞争力。另一方面，要通过与国际能源跨国公司的股权合作促进国内石油企业海外业务的拓展。我国企业在海外的石油开发业务经常会被泛政治化，通过与国际能源公司股权合作，可以减少这方面的风险。同时在对国际石油市场的把握、项目的选择和评价、国际招投标策略、跨国石油公司的经营管理等方面学习西方跨国能源公司的管理运营经验，弥补自身跨国经营能力的不足。

## （五）工程建设企业"走出去"的促进政策

### 1. 尽快完善对国有工程建设企业海外承包的业绩考核体系

对外承包工程投资项目与普通国内投资项目有很大不同，前者获取投资回报的周期往往较长。对外承包工程项目中有很大比重是买方延付项目，我国承包和施工方需要垫资，这是一种"卖方融资"行为，这就决定了对外承包工程企业的资金回收期长、资金成本较高、前期投入大，但却具有远期收入较丰厚的特点。以对外承包工程中目前常用的 BOT（建设、经营、转让）模式为例，工程的建设周期一般在 3~5 年左右，而经营收入期一般在 20~40 年左右，从投资建设到获取项目利润的时间间隔很长，一般要 20 年左右才能收支相抵，25~30 年之后才是项目的利润期。

大型国有建设企业是我国对外承包工程的主力军，从这类企业的领导任职时间看，以每届任期 5 年，连任 2 届计算，企业主要领导在位时间在 10 年左右，与上述对外承包工程项目收益的时间周期特点相对比，可以看出，企业领导人很难从企业长远发展的角度来做投资决策，容易造成企业过度追求短期效益，不太重视企业长期的发展战略和创新。企业发展的短期效益和长期效益矛盾突出，这对企业未来的可持续发展很不利。

针对上述对外承包工程获取投资回报周期长的特点，国资委在对国有对外承包工程企业的业绩考核中，应作差别化的特殊处理，调整考核指标，即减少对其短期业绩的考核项目，相应的增加考核主要领导对企业可持续发展贡献力的指标。完善国有对外承包工程企业的业绩考核机制和评价体系，必须以可持续发展为基础，引导企业更加重视自主创新，鼓励经营者作出有利于长期发展的投资决策，弱化企业经营者的短期行为。应该说，从整体上看，目前国资委对国有企业的考核体系是比较科学和系统的。但对外承包工程企业在经营中有上述利润周期的特殊性，所以针对这类企业的业绩考核指标，应做适当的调整和差别化处理。

**2. 有针对性地解决对外承包工程面临的困难和问题**

当前，对外承包工程发展处于有利时机，但仍然存在一些困难和问题。主要表现在以下方面。

（1）企业面临融资瓶颈，融资能力弱。

融资条件一直是我国企业扩大对外工程承包业务的"瓶颈"之一。一方面，当前国际工程承包市场现汇项目少，工程预付款比例低，大多需要承包商自身带资承包，而且近年来我国企业的业务范围向工程总承包的方向发展，经营规模迅速扩大，这两点都对承包企业的资金实力和融资能力提出更高的要求。但另一方面，我国对承包工程企业的金融支持体系不完善，与国际大承包商强大的融资及资本运营能力相比，我国承包商的融资能力较弱。另外，企业在融资过程中，往往审批程序复杂，担保条件要求苛刻，运作时间长，难以适应国际承包工程项目竞争的需要。有些工程企业追踪到一些好项目，因为不能及时解决融资问题而丧失机会。对外承包工程所需的资金运作周期长、数额大，十分需要国家的政策支持和金融机构的积极合作。

（2）人民币升值给企业带来较大成本压力和汇率风险。

我国对外承包工程企业在国外的收入大部分以美元结算，回国后兑换人民币在国内采购设备、原材料等，人民币升值使企业成本增加，利润下降。尤其是对外承包工程合同周期长的特点，使其与一般现货贸易相比，面临更大的汇率风险。据我国对外承包工程商会的估算，人民币升值将对此行业 300 亿~500 亿美元的在建项目产生直接的负面影响，人民币每升值 1% 将给此行业带来 1.75 亿~2.75 亿美元的直接经济损失。而我国出口信用保险机构目前还没有针对汇率升值而设立相应的保险项目，企业只能主要依靠自身能力消化此类影响。

（3）行业经营秩序有待进一步规范，企业综合服务能力和创新能力需进一步提高。

在对外承包工程的经营中，部分企业之间存在过度竞争，甚至恶性低价竞争的现象，导致国家利益、行业利益和公司利益遭受损失。另外，我国对外承包工程行业的综合服务能力还较弱，表现在：首先，缺少足够的能力为发包业主提供包括项目规划、可行性研究、咨询设计等在内的综合服务及工程咨询、工程管理、法律服务、投资顾问类企业。其次，在项目的规划和实施中，缺少对人文、生态、环境等方面的综合考虑和与国际接轨的自主创新理念。

## （六）工程建设企业"走出去"迫切需要的促进政策

### 1. 加大金融支持力度

第一，国家应研究拟定相关政策，给予对外承包工程企业在贷款利率和保险费率方面适当的优惠，或提高贷款的政策性贴息率和延长贴息期限，特别是对关系到我国政治、外交发展需要的重大项目，给予利率和费率优惠。

第二，增加各项风险基金和专项扶持基金的数额，简化使用程序，扩大使用范围。包括保函风险专项基金、对外优惠贷款、海外投资风险基金、信用保险风险基金等。推动国内商业银行、信用保险机构尽快建立和完善我国企业海外投资风险评估体系，进一步完善信用担保制度。参照对外承包工程保函风险专项基金的办法，由国家财政、政策性金融机构和企业共同出资设立担保专项基金。在人民币升值的压力下，还应尽快建立外币与人民币汇率风险规避金融工具。

第三，推进银企合作和金融创新。首先，积极推动企业与国内外金融机构在国际承包工程方面的合作，推动银行参与对外承包工程企业的信用风险管理，建立银行与企业间相关信息的共享体系，银行根据对企业的资信评级给予相应的授信额度。在额度范围内，为企业提供更加便捷的服务，如免保函抵押金、免担保贷款等。对一些特大项目，可由某一家银行牵头，组织银团贷款，或由银行和企业组成联合体对外投标，提前介入项目，对项目进行共同管理，共享利益，共担风险。其次，积极借鉴和推行发达国家所采用的项目融资和项目担保的经验，鼓励金融机构积极开展金融创新，允许企业以项目本身的权益做担保。鼓励银行提供适合对外工程承包的金融新产品，对于符合国家支持条件的大型工程项目进行项目国内外融资试点，在贷款担保、简化手续、换汇用汇等方面给予更加便利的政策。

**2. 更好地发挥经济援助、双边基础设施建设合作和我国的资金优势对对外承包工程的带动作用**

第一，应将对外经济援助与对外承包工程更加紧密地结合起来。在对外经济援助的实体建设项目中，应不仅让我国工程企业作为施工方，还应允许和鼓励其以公私合营的形式在其中参股，参与这些项目的经营，获取对外投资收益。另外，目前的经援项目是以物资、实体建设项目为主，如果能够集中部分经援资金，有步骤地投入资源勘探、项目发展规划等软援助上，不但可以为企业开路，还可以大幅度降低企业市场开发、资源开拓的风险和成本。

第二，积极推动与政治友好、经贸联系紧密的国家签订更多的基础设施建设合作框架协议，以政府间合作协议的形式，为企业承担对外承包工程铺路搭桥。

第三，更好地利用我国充足的外汇储备等资金优势，推动对外承包工程的发展。利用资金优势提供对外优惠贷款和优惠出口买方信贷等措施，如2009年底成立的"中国－东盟投资合作基金"就是一种很好的形式，政府部门应推进建立更多的类似项目。

**3. 引导企业形成合理分工与合作体系，培育优势国际工程咨询服务类企业**

第一，政府和行业协会应共同引导和鼓励企业差别化经营，形成合理的分工与合作体系，开展产业间和区域间的合作，形成产业集群，避免恶性竞争。

第二，政府主管部门应加快推进对外承包工程企业的联合、重组、改制步伐，尽快形成一批专业特点突出、技术实力雄厚、国际竞争力强的对外承包的大企业集团，促进他们向总承包方向发展，向承接EPC、BOT、PPP等高端市场和高附加值领域发展，再将中小建设企业带出去。

第三，大力培育具有竞争优势的国际工程咨询服务类企业。要在我国对外承包工程企业中大力培育工程咨询、工程管理、投资顾问类公司，使这些企业有足够的能力依据东道国的具体国情为业主进行项目的规划论证和可行性研究，设计技术方案和融资方案，进而进行项目的施工和运营，实现规划、设计、融资、施工、运营一体化，促进承包工程企业整体实力和国际竞争能力的进一步增强。

## 主要参考文献

列宁：《帝国主义是资本主义的最高阶段》，人民出版社，2004。

〔日〕小岛清：《对外贸易论》，南开大学出版社，1987。

《我国境外直接投资进入快速发展阶段》，2011 年 7 月 15 日《中国经济时报》第 5 版。

《我国对美国直接投资的现状、问题及原因》，2011 年 7 月 15 日《中国经济时报》第 5 版。

Buckley, Peter J. and Casson, Mark. "The Future of Multinational Enterprise." London, Macmillan, 1976.

Dunning, J. H. "Trade, Location of Economic Activity and the Multinational Enterprise: A Search for Eclectic Approach," in B. Ohlin, P - O Hesselbom and P. M. Wijkman eds., The International Allocation of Economic Activity. 1977, London: Macmillan.

Black, D., Henderson, J. V., 1999. A theory of Urban Growth. Journal of Political Economy 107.

Hymer, S. H. (1960): "The International Operations of National Firms: A Study of Direct Foreign Investment". PhD Dissertation. Published posthumously. The MIT Press, 1976. Cambridge, Mass.

Knickerbocker, Frederic, 1973, Pligopolistic Reaction and Multinational Enterprise, Cambridge, MA: Harvard University Press.

# 第四章

# 中国外汇储备、汇率和
# 人民币国际化战略

陈炳才

## 一 外汇储备规模、结构和使用

### （一）我国外汇储备所面临的主要问题

2000 年，我国外汇储备 1655 亿美元，2010 年增加到 2.8 万亿美元。2003～2006 年外汇储备以 2000 亿～2500 亿美元的年规模增加，2007～2010 年以 4500 亿～5500 亿美元的规模增加，如果不解决外汇储备的增长机制，2011～2015 年，我国外汇储备可能增加 2 万亿～2.5 万亿美元，不仅对储备经营和管理构成巨大的压力，也会对货币政策产生巨大的压力，对控制流动性过剩和通货膨胀带来不利的影响。

社会各界都在关注和研究外汇储备的运用，但很多讨论不切合实际或者缺乏可操作性。有些建议虽然合理，但意义不大，如购买黄金、石油、有色金属等进行储备，其所用的外汇储备很少，能够进行储藏的规模也很有限。外汇储备真正的问题是不能为国内经济和金融发展服务，外汇储备越来越大，成为对国家和国民都没有意义的纸上财富，成为可望而不可即、不可用的财富，成为只能被外国政府和企业使用而不能被本国政府和企业使用的资金。如何解决这一问题呢？关键在于思路上的突破，减少和降低外汇储备，将外汇储备转化为民间存款，开辟使用外汇储备的新途径。

从理论上说，一切金融资产在某种意义上看都已经成为虚拟资产，由现金派生存款，存款再派生存款、股票、债券以及这些资产的证券化，已经不是什么新鲜的事情。因此，不能把外汇储备仅仅作为原始货币。空头支票（在流通的汇票未到期之前开出的支票）在马克思的《资本论》中早已被提到（见杨圣明主编《社会主义市场经济基本理论问题研究》第五章，经济科学出版社，2008），现在也被广泛使用。各种准货币、衍生金融工具和资产已经多达千种以上，因此，外汇储备的使用必须突破思维局限。这需要转变观念，重新认识和使用外汇储备。

### （二）外汇储备的性质：既是负债也是资产和衍生货币

一个国家的外汇储备持有方式有两种：一种是财政持有外汇储备，一种是中央银行持有外汇储备。财政持有外汇储备往往是通过发行（短期）债券筹集资金然后购买外汇，或者是直接向央行发行金融票据。传统上，人们认为，财政发行债券收回市场流动性，而如果向中央银行发行金融票据实际是扩大货币供应，会增加市场流动性，增加市场上的货币供应。

中央银行持有外汇储备的方式是投放基础货币购买外汇，它会导致市场货币供应量的增加。因此，通常意义上，人们把中央银行的外汇储备看做负债，而不是资产。也许正因为这样，人们可能认为使用储备必须拿人民币去购买。

外汇储备的两种持有方式，就金融市场上的金融资产及其运用来说，本质上区别不大，只是形式和结构上的差别。财政发行债券、金融票据以后筹集的现金购买了外汇，但这些债券和票据本身也具有融资、抵押、变现的作用，都可以作为金融资产和工具使用，因此，就全社会的流动性来说，金融资产并没有减少，而是增加了，不存在收回流动性之说。区别在于财政持有增加的金融资产是债券和票据，而中央银行持有增加的金融资产是现金。现金和债券都具有流动性功能，也都是金融资产，当然也是负债。

中央银行和财政持有外汇，都增加了社会的金融资产，不过是增加资产的形式有别。一个是通过基础货币本身增加，另外一个是通过债券及其质押、担保等增加。

中央银行持有外汇需要投放本币，外汇储备因此而成为中央银行的外汇资产（相对于人民币来说是负债），而企业、机构、个人持有则不需要投放本币，它是企业和个人的外币资产。

财政和中央银行获得的外汇储备，来源于涉外经济和金融活动，因此，它是货币（债券）的经济发行。在这里，货币的增加扩展了一个渠道，依据外币来发行本币基础货币或债券，可以认为是外币衍生出本币或本币债券、票据。由于本币（债券）是国内基础货币（准货币），因此，可以反过来认为是本币（债券）衍生出了外汇储备，外汇储备某种意义上也是衍生货币。我们知道，任何负债也都是资产，正如银行存款作为负债一样，银行可以将负债进行运用，并获得赢利，而负债的运用，就构成商业银行的资产。

因此，外汇储备并非仅仅是负债，也是资产，是可以使用和运用的资产。既然是资产，我们就不能停留在原始的阶段来认识，对储备的运用不能固化在必须用人民币去购买这样的阶段，否则，中央银行经营的资产就会严重亏损。

### （三）外汇储备的权属：国家所有，人民银行持有

**1. 目前关于外汇储备资产权属的几种认识**

我国外汇储备是中国人民银行在上海外汇交易中心投放人民币基础货币购买的，它是中央银行的负债——中央银行的人民币负债。基于这一现象，中央银行认为自己不能直接动用外汇储备，企业要使用外汇储备则必须用人民币购买，或者财政发行人民币债券购买外汇。

有人论证，外汇储备是从市场购买的，外汇储备的最终权属是市场。也有人认为，外汇储备不是财政收入，而是向银行的借贷。还有看法认为外汇来源于国际收支的贸易、投资等项目，因此，外汇储备不是政府的资

产。更有人论证，由于外汇储备是中央银行的人民币负债，不是财政性质的资金，所以不能直接动用，动用负债就是直接发行货币，有人甚至认为国家也不能直接动用外汇储备。2003 年，国家向国有商业银行注入外汇资产，曾引起学术界对注入资产问题的法律讨论。有人引用《中华人民共和国中国人民银行法》第四条中的（七）"中国人民银行履行持有、管理、经营国家外汇储备、黄金储备的职责"，认为国家向商业银行注资意味着"经营国家外汇储备"，而我国商业银行管理水平低、经营风险高，因此，向商业银行注资违背了储备经营的基本原则。依据第三十条的规定，中国人民银行不具备投资经营企业的职能，乃至认为注资与《公司法》存在冲突。

**2. 外汇储备属于国家资产，国家可以直接动用**

本文认为，上述关于外汇储备性质的认识不能成立。

（1）外汇储备的使用和直接动用，就是收回流动性，不应该有任何争论。

要认识外汇储备资产的性质，就要清楚中央银行发行人民币的收益归谁。货币发行的铸币税归国家财政，这一点毫无疑问。既然如此，中央银行发行人民币购买外汇，财政必然获得铸币税。因此，无论以何种形式直接动用外汇储备，只要不存在或不允许第二次结汇，是用于购买境外的资源、设备、商品、劳务，进行境外投资并以人民币偿还，就是收回铸币税，收回人民币流动性。这是天经地义的事情。因此，不应该有国家是否能直接动用外汇储备问题的争论。国家直接使用外汇购买资源，那就是实现了国家利益。

（2）外汇储备属于国家所有。

外汇储备不是市场所有，而是持有人所有。外汇储备属于市场所有，是指在市场需要的时候，如应对危机、债务、支付的需要和应对汇率干预的需要等。如果市场长期不需要，尤其是本币地位很高，趋向于持续升值，外汇储备就不属于市场，而是属于中央银行或财政部。只有当市场有需求的时候，外汇储备的权属才会发生改变，因此，外汇储备没有永恒的持有者。

比如股票，是企业发行，属于企业所有。但谁持有，就属于谁的。不能说个人持有的股票是某企业的，因此而不能变现，那就荒唐了。再比如，企业生产产品，属于企业，不属于市场。但若市场需要，产品的所有权或归属权就会发生转移。外汇同样如此，谁持有外汇，谁就是外汇所有人。商业银行持有外汇，外汇就是商业银行的；中央银行持有，就是中央银行的。但中央银行隶属国家部门，因此，外汇储备的最终权属是国家的。

外汇储备不是财政收入，而是财政负债，应该偿还——直接使用。外汇储备不是财政收入，外汇储备是特殊的财政负债，因为财政获得了铸币税，将来财政应该偿还这个铸币税，因为财政获得了人民币铸币税——因中央银行购买外币投放基础货币，不是由国内经济和通货膨胀发行带来的，因此要偿还。所以，就理论来说，应该使用和动用外汇储备，将人民币的流动性收回来，这样，才能保证经济没有流动性扩张和通货膨胀之忧。

外汇储备不是向商业银行的借贷，而是与商业银行的买卖。从市场需求的角度看，外汇储备是向商业银行的借贷。但是，既然是向银行借的，那么就意味着可以使用。如同银行可以将存款贷给企业作为投资、流动资金一样，不能说它是存款，因此而不能贷款。如果认为外汇储备是向银行的借贷而不能使用，那为什么要借贷呢？这在逻辑上是不通的。况且，从市场来说，外汇储备的形成是中央银行与商业银行的买卖，根本不是借贷。中央银行何时向商业银行借贷外汇了呢？买卖与借贷有着巨大的区别，借贷是必须偿还的，而买卖的权益属于买卖双方的，必须服从交易的自愿原则。

外汇储备资产属于国家所有，中国人民银行持有。如前所说，我们把外汇储备作为人民币的衍生货币，如果说外汇储备不能直接使用，以此推论，所有依据人民币而衍生出来的金融资产都不能使用，国债和票据不能使用，也不能抵押，这种观点显然不能成立。

外汇储备是中央银行发行人民币基础货币购买的，因此，这些资产属于中央银行资产，如同发行的基础货币是人民银行的资产一样，但这只是在资产平衡表上这样表示，并不意味着不能直接使用。《中华人民共和国中国人民银行法》第八条指出："中国人民银行的全部资本由国家出资，属于国家所有。"发行人民币本身属于国家行为，人民币属于国家所有，因此，外汇储备也是国家资产，是国家可以随时动用和使用的战略资源。如果国家不能直接动用外汇储备，企业和社会就因为人民币升值不愿意用（买）或少用（买）外汇储备，那么中国人永远不能使用自己的外汇，只能让美国人或欧洲人使用。

中央银行不能直接动用外汇储备，国家可以直接动用外汇储备购买资源、设备，然后回收人民币。如果说，中央银行因为法律规定的职能限制，自身不能直接使用外汇资产，国家直接动用没有问题，国家向商业银行的外汇注资是最典型的国家直接动用外汇储备。国家已经对商业银行、证券公司进行了注资，也可以对企业进行外汇注资。并非只有金融企业可以进行外汇注资，其他企业也可以，而且，注资的形式可以多样化，不一定都是资本金注资，也可以是其他形式的注资。比如让企业到境外采购、兼并，用外汇储备直接进口，将企业需要的设备、技术、专利、资源或能源等进口后作为实物注资，也是很好的运用外汇的途径。当然，注资哪些需要研究，如何收回人民币也要研究。

国家直接动用外汇储备的形式是多样，不应该局限在一种形式。国家可以委托国有贸易企业用外汇储备直接进口，或者成立国家贸易公司进口，委托境内企业代销，或者委托企业加工，然后收取人民币。

关键在于观念的转变，不要被观念束缚！

### （四）使用外汇储备的若干建议

#### 1. 关于思路突破的问题

我国外汇储备少的时候，有短缺的烦恼。外汇储备充足乃至成为世界第一的时候，依然烦恼，担心储备资产的经营风险和价值损失，尤其是在美国实行量化宽松货币政策、欧洲债务危机、日本出现地震及核泄漏以来，这个担心更突出了。但在使用上却自我束缚，存在许多障碍。

其实，风险就是收益。如果说担心美元贬值使我国的外汇储备损失，为什么不能选择比美元贬值收益更高的投资呢？担心欧元和日元的剧烈波动，为什么自己不能做主呢？中国是全球最大的投资基金，别国应该担心我们，而不是我们害怕他们。问题在于思路没有突破。

**2. 改变观念，先用外汇（储备），然后回收人民币**

影响外汇储备使用的认识障碍在于有关部门和政策认为储备不能直接动用，必须用人民币去购买，从而使庞大的外汇储备不能为解决国际金融危机对国内经济的冲击而作贡献，自己的外汇，自己不能使用。

外汇储备是中央银行发行人民币基础货币购买的，因此，这些资产属于中央银行资产，如同发行的基础货币是人民银行的资产一样，但这只在资产平衡表上这样表示。《中华人民共和国中国人民银行法》第八条指出："中国人民银行的全部资本由国家出资，属于国家所有。"发行人民币本身属于国家行为，人民币属于国家所有，因此，外汇储备也是国家资产，中央银行自身不能直接使用外汇资产，但国家可以直接动用。

要求企业用人民币去购买外汇，然后使用外汇是一种思路。但企业缺乏资金，外汇无法使用。反过来想，首先使用外汇储备，然后再收回人民币也是很好的思路。

**3. 国家直接动用外汇储备并回收人民币**

国家直接动用外汇储备具体有三个途径：

（1）委托有关企业，用外汇储备直接购买协议石油或其他协议资源。

我们可以与有关资源国家及企业进行谈判，我国提供 3 ~ 6 个月甚至 12 个月的预付款，或提供政府外汇（援助）贷款，帮助石油供应商解决资金不足的问题，条件是签订 24 ~ 36 个月的长期石油供货协议，其价格确定由双方谈判，可以采取浮动价格，也可以采取固定价格，如果能够签订进口量的 10% ~ 15% 以上的长期协议价格，对我国就非常有利。除此之外，我国也可以将外汇资金作为注资给企业使用。

（2）把外汇储备转化为外汇贷款使用。

可以考虑拿出部分外汇储备，设立外汇平准基金，通过银行间市场拆借（融资）给国内商业银行（不只是开发银行和进出口银行），由商业银行借贷给"走出去"的企业和外资企业融资，作为贷款而不作为股权，一方面获得利息，另一方面要求对方提供价格优惠的长期供货合同或协议。除此之外，还可以以援助贷款的名义直接贷款给一些发展中的资源国家，以获得资源股本、股权投资。外汇基金委托有关机构进行外汇资金的拆借和融资，实行市场化管理和监督，其风险也完全可以控制。

（3）国家直接进口石油、有色金属以及其他资源等进行消费、出售和部分储藏，对国内资源不再开采或减少开采。

具体操作方法是国家委托企业销售（收取人民币）或加工（给予企业加工费用），或委托企业库存（销售后收取人民币），这样，就可以将外汇储备进行战略储备，（还需要另外投资设备）转变为国家的直接储藏资源。

这个途径的最大好处是企业不必用人民币贷款去购买，而是国家委托进口和消费，使每天的资源使用由企业进口转变为国家委托进口，外汇储备就会被大量用于进口。企业不需要向商业银行进行外汇融资和贷款，使用外汇也不只是用于战略资源的储备，而是资源的进口。

当然，用外汇储备进口资源，需要有国内配套的政策，要限制和控制国内石油等资源的开采和使用，更多地使用进口资源，将开采企业转变为进口加工企业，将战略储备的投资用于对有关资源企业的补贴和投资，实现从战略资源的进口储备转化为国内的资源储备。

**4. 外汇储备运用的其他途径**

（1）在发达国家考虑债权转股权，在发展中国家进行资源股权、份额投资和基础设施投资。

国外一些大企业和投资银行可以控制和影响我国的某些产业和核心企业，我们为什么不能反过来做呢？我们应该利用巨大的外汇储备进行股权投资。应该将储备投资方向与国内大企业和重要行业的国际战略、国际市场份额结合起来考虑，与企业需要的技术、品牌结合起来投资，即使企业破产，企业也可以获得技术和品牌，不一定投资大企业。这样，有利于中国企业在国际社会掌握话语权尤其是规则的话语权。只有这样，才能避免美元金融的危害。但股权的投资要把握时机，同时，侧重在利益分红的优先股而不是普通股。对于一般的企业，只有在企业接近破产地步才可以进行股权投资。

当然，目前我国外汇储备购买的主要是美国国债和企业债，可以考虑将债券转化为企业股权，尤其是原始股权，这样，就不必担心外汇储备的通货膨胀损失。美国不少州政府对这一问题很感兴趣。而在发展中国家，可以考虑对资源开采和份额的获得进行外汇投资，并进行基础设施投资。这些投资可以与国内的粮食等需求结合起来。

总之，外汇储备的投资需要进行国家层级的调整，不能仅仅局限在国家外汇管理局和中国人民银行。

（2）运用好货币政策，减少外汇储备的增加。

我国外汇储备的持续增加，与我国经济持续高增长、投资持续回报、政治政局稳定关系密切，也与我国利率、汇率政策失衡关系密切。

在利率方面，长期以来，我国人民币贷款利率远高于储备货币利率，国外企业不愿意使用人民币，而愿意将储备货币结汇成人民币使用，增加了资金的净流入；人民币存款利率比储备货币存款利率高，也使外资可以获得比国外更高的利息。

在汇率方面，人民币汇率升值不到位，存在渐进的、稳定的、持续的人民币汇率升值预期，因此，资金进入存在无风险的套利，资金大量进入，商业银行甚至把自己在境外的全部外汇资金调回境内使用，导致外汇贷款远超过外汇存款，也大大减少了企业购买外汇的行为，间接增加了外汇储备。

建议人民币尽快升值到位，消除人民币汇率升值预期，使汇率进入正常波动的轨道。降低利率，而不是提高利率，缩小利率差距，将商业银行一年期限贷款的利率差降低到 1.5% ~ 1.8%，通过缩小利率差距来约束商业银行贷款的行为，增加贷款的风险，以达到治理通货膨胀的效果。

（3）利用外汇储备投资国际石油和股权。

首先，外汇储备应该主要在商品期货市场控制石油价格。可以考虑在目前的价格水平，逐步大量买进石油期货合约，按照目前的价格，甚至更低的价格购买 30 亿~40 亿桶石油期货合约，也就是说以外汇储备的数千亿美元持有石油期货头寸，当投机资本抬高石油价格对中国不利的时候就抛售，同时，进行大量进口，以避免国家利益受损。这样，我国并不需要大量进行石油储备，只需要进行 150~180 天的正常储备就可以。

如此投资，做几次，小的投机资本、对冲基金就不敢再去哄抬物价了。亚洲金融危机之后，对冲基金再也不敢进行货币投机，一方面是因为政府改变了规则，对市场进行干预；另一方面由于政府外汇储备力量强大了，投资资本再也不敢进行货币投机了。

其次，外汇储备的石油投资与国内石油进口要进行联动。仅仅依靠外汇储备去控制石油期货价格而不与国内企业的进出口挂钩，那是不行的，因为石油期货绝大部分都不是现货交割，现货交割有很多具体的技术困难，如果与进出口公司联合起来做，这些技术难题就可以解决了。因此，要有一个制度安排。储备投资和石油进出口公司要联动，当做空石油的时候，国内应该同时大量进口，这样，国家的实际利益就不会损失；在国际市场做多的时候，则减少进口，甚至不进口，这样就可以谋取货币利益。这需要外汇储备管理机关与石油进口企业之间进行合作。

再次，对石油期货的投资需要进行国际合作，创办新的石油期货交易所。由于石油期货规模大，真正交割的规模也很大，这就需要与某些石油进口国进行合作，尤其是要与长期友好的一些国家进行合作。这样，便有利于石油期货的交割。如果可能，可以考虑与沙特阿拉伯或伊朗、俄罗斯等国进行合作，与这些国家商议在我国的上海或广东开办新的石油期货交易所（希望他们能够提供交割的部分石油份额），这样，石油价格就不再完全被英国和美国的金融投机资本所左右。如果开办了自己的石油期货交易所，尤其是与资源国进行合作，就可以影响国际石油价格；如果我国保持人民币汇率稳定乃至升值，将来就有可能以人民币标价石油交易价格，那样的影响就更大。

当然，要真正做到具有定价权，还需要市场的开放和金融产品的创新以及有效的监管等，更重要的是，只有全球的生产者和消费者以及投机商都能够参与这个市场，定价权才能真正发挥作用。

## 二 人民币汇率的长远战略目标

人民币汇率政策既影响着外汇储备，也影响着市场的供求平衡，同时，还影响着人民币的国际化进程，需要多方面权衡。

### （一）关于汇率政策取向

#### 1. 汇率政策不能被情绪化和认识误区左右

自从 2001 年以来，国际社会一直要求人民币汇率升值，而国内舆论则把汇率调整作为主权问题看待，坚决反对，忽略了决定汇率的基础条件，对人民币汇率升值一直心存担忧。2005 年汇率改革之前，纺织业等行业强烈反对人民币汇率升值，提出纺织业的利润只有 2% ~ 3%，如果汇率升值超过 3%，就会全行业亏损。2010 年，当市场再次预期人民币汇率升值时，机械行业强烈反对。媒体说机械行业的利润只有 1% ~ 3%，升值 1% 就有 1/3 亏损，升值 3% 就会全行业亏损。而学术界和媒体陷入与国际社会的口水战中，反对人民币汇率大幅度升值，但从来没有人提出什么是大幅度升值。汇率让人迷惑，也让政策迷惑。

2005 年汇率改革结果如何呢？汇率改革当年，我国贸易顺差 1175 亿美元中，有 900 多亿美元是来自纺织业的贡献。汇率升值和纺织品出口实行配额以后，纺织产品出口数量减少，出口的价值却提高了，很多纺织企业并没有在 10% ~ 20% 的汇率升值后倒闭，纺织企业仍然有赢利空间。何以如此？这是因为，纺织品出口配额提高了出口价格。

这说明什么呢？说明企业对汇率升值的适应弹性很大。其实，不只是纺织品，其他很多产品都是如此。2005 年 7 月到 2011 年 3 月，人民币兑换美元的汇率持续升值 25%，我国贸易顺差持续扩大，贸易规模也持续扩大，这证明当初反对升值的企业和学者的意见不符合实际，不了解实际，更不了解我国的汇率形成和决定机制。

**2. 汇率政策的目标需要全面衡量**

汇率反映一国产品价格与国际价格之间的关系。我国在价格改革之前，有一种理论认为放开市场可以实现国际国内价格接轨。实际上在放开价格的过程中，导致国内物价上涨，很多产品的国内价格远超过国际价格，因此而引起大量进口（如早期的钢材），在外汇资源有限的情况下，导致国际收支严重失衡，也导致双重汇价，结果汇率被迫持续贬值，形成了通货膨胀与汇率贬值相互循环。汇率并轨以后，这种状况得到改善。但是，在目前外汇资源充裕的情况下，我国依然出现国内价格远超过国际价格的价格倒挂情况，从住宅、大宗商品到服装、烟酒消费品和高档生活用品乃至日用品等，都存在价格倒挂，这说明我国的人民币购买力下降，人民币汇率水平不合理。这也预示着人民币汇率必须升值，才能真正实现国际国内的价格均衡。而由于认识不到位，汇率升值不到位，不仅不利于国内市场的供求平衡，而且促使大量资金继续进入国内，推动国内流动性过剩和通货膨胀。

从长期来说，我国属于资源匮乏型国家，汇率政策既有利于促进进出口平衡和国内供求平衡，又有利于抑制国内通货膨胀，有利于保护国内资源，减少国内匮乏资源的出口和开采，实行资源的储藏，而目前国内资源的开采已经把子孙的资源都快用尽了。高消耗、高污染出口和进口价格的提高，是双重利益损失，不可能长期持续下去。

从短期来说，汇率政策既要有利于出口企业的生存和发展，也要鼓励企业进口，通过扩大进口来发展加工业、服务业以促进就业。

**3. 汇率政策要有长远的战略目标**

一是汇率政策要支持低碳经济和技术发展，推动中国经济转型。适应气候变化，发展低碳经济和技术，是人类未来 10～40 年的必然选择，如果我国不能使二氧化碳等温室气体排放控制在合适的目标范围内，中国的未来发展将面临国际困境。只有实行了转型，中国才能在国际上提高地位。汇率政策不能再鼓励高消耗、高污染、高能耗、低利润乃至无利润的出口，应该鼓励低碳能源、技术进出口和低碳经济的发展。这也要求汇率不能按照目前的水平和模式来运行。

二是汇率政策要重在促进内需和消费需求。我国出口的产品总体上价格低、成本高、环境污染重、生态危害大，不利于推动国内需求尤其是消费需求。汇率政策某种程度上在鼓励压价竞争和低工资竞争，很多外资出口企业十多年来工资几乎没变，而管理层和领导层拿着与普通工人差距悬殊的高额工资，企业积累或转移了巨大的利润。国内一些民营企业把普通工人的工资压得很低，不给其休息日和加班工资，而老板个人却过着豪华的生活，积累着数亿乃至上百亿元的现金资产。因此，应该强制大幅度提高普通工人的工资水平，发挥工会组织的工资谈判和协商作用。今后应该鼓励高附加价值和具有自主知识产权、自主品牌的产品出口，汇率水平应该有利于减少资源能源消耗和环境污染，在同样出口数量的情况下，甚至在减少出口数量的情况下，创造更多的外汇。

三是汇率政策要为未来10～20年的国际收购做准备。国际经济和金融在10年左右一般会发生一次大的危机，其中往往会伴随很多小型危机或国别危机。从1973年石油危机到第二次石油危机再到日本经济泡沫破灭、苏联解体，到亚洲金融危机和2008年的国际金融危机，可见，几乎在10年左右就会发生大的经济、金融危机。

每次危机都是收购的好机会，过去10年，我国避免了两次大危机的直接冲击，未来应该利用危机进行国际收购。中国能否在下次全球危机阶段进入发达国家行列，是否有能力收购国际资源和技术，需要在汇率水平上有所准备。目前的汇率水平，不适合进行大规模的国际收购。

四是汇率政策要主动而不是被动。长期以来人民币对美元的波动以被动居多，主动较少。美国、欧洲用奇高的反倾销、反补贴重税抑制我国一些企业的出口，这一趋势还将继续。国际标准组织制定的社会标准责任将迫使所有出口企业改善用工福利和员工待遇，迫使企业改变以价格竞争为主的策略。与其让外界压迫我们改变，不如自己主动采取措施。在中美汇率问题的博弈中，我们要主动采取应对措施。汇率问题不能政治化，也不能情绪化、民众化和企业化，应该根据真正的情况去调整，不被美国所左右。

## （二）汇率水平应该趋向均衡

### 1. 人民币汇率未达均衡，升值预期尚未结束

（1）从人民币长期汇率预期确定看，人民币汇率水平和机制有问题。

一个合理的汇率水平给予市场的预期是不确定的，因此有上下波动，谁也不能预测未来的趋势，尤其是长期趋势。但是，在中国，如果问人民币汇率趋势如何，一定会有一个肯定的答复，人民币汇率短期内相对稳定，长期趋向升值。也正因为如此，境外资金大量进入中国，导致外汇储备超常增长。

为什么一个不确定的东西，在中国却如此确定呢？首先，这与汇率水平关系密切，也与汇率机制关系密切。从 1979～1994 年我国的汇率一直贬值，而现在的经济实力和国际竞争力比 1994 年以前有了很大的提高，但汇率水平没有恢复到 1994 年前的水平，因此，大家自然预期人民币汇率长期升值。只要我国的经济、金融和社会是稳定的，这种朴素的市场历史预期就难以打消。

其次，全球都看好我国的经济，认为我国最具有发展和增长的潜力，因此促使贸易和国际收支持续大规模顺差。2007 年我国外汇储备由于贸易和国际收支顺差增加了 4617 亿美元，2008 年增加了 4178 亿美元，2009 年增加了 4531 亿美元，2010 年增加了 4717 亿美元。顺差和外汇储备大量增加，市场预期人民币汇率升值没有到位。

再次，2008 年金融危机以来，我国经济增长让国际社会羡慕。金融危机期间，很多国家的汇率出现了大幅度贬值，而我国的名义汇率没有变动，回到了亚洲金融危机时的相对稳定状态，这实际上是相对升值。但人民币对美元升值，对其他货币并没有等值升值。汇率本身是相对的东西，在全球经济衰退的情况下，我国的经济连续两年以比较高的速度增长，如果外界不预期人民币名义汇率升值，就说明市场没有理性了。

正因为市场预期太过确定，因此，个人、金融机构都进行外汇资产将结汇，甚至将境外资产调回境内做贸易融资，让企业少购外汇，多使用银行的外汇资金。

人民币汇率预期如此之确定，这恰恰说明汇率水平和汇率机制有问题。2010 年 6 月 19 日以后，人民币汇率有所升值，但离市场预期还有很大距离。正因为如此，境外资金依然持续大量流入，从而导致中央银行一方面大量收外汇投放基础货币，另一方面不得不持续提高存款准备金率，货币政策成为中央银行自身的游戏。

（2）汇率持续升值是因为没有达到市场预期的水平，故升值预期不会结束。

人民币兑换美元汇率中间价自 2005 年 7 月 21 日汇率改革前的 8.2765∶1 到 2011 年 8 月 11 日的 6.3991∶1，合计升值了 22.68%。就名义汇率来说，1994 年汇率改革之前，人民币兑换美元为 5.76∶1，目前我国经济实力、地位和企业的国际竞争力等都比 1994 年以前要强，因此人民币汇率升值潜力预期持续存在。

人民币汇率持续升值预期的标志有几个突出指标，这些指标从 2001 年以来都是这种状况，而且呈现加速趋势：

一是国内商业银行的外汇贷款远超过存款，2007 年超额 599 亿美元，2010 年超额 2247 亿美元。2011 年超额 2636 亿美元，超额部分占存款比重达到 95.82%，远高于 2007 年的 37.46%。二是银行跨境贷款持续扩张，2008 年为 4428 亿美元，2010 年达到 5860 亿美元。三是企业预收货款和延期付款余额持续增加，2008 年为 1296 亿美元，2010 年达到 2112 亿美元。由于预期人民币汇率升值，企业获得外汇贷款和贸易融资乃至预收和延付在人民币汇率升值 6% 以上的情况下，企业不仅不需要支付利息，反而能够获得升值的贴水。四是所有企业和个人都不愿意持有外汇，突出表现为国际收支流量扩张的同时，个人和企业外汇存款的增加却很少，企业存款大部分是短期支付的需要和收汇未结汇的结果，或者是外商投资进入后在账户上的存续。

表 4-1　贸易信贷余额、国内外汇存款和外汇贷款情况

单位：亿美元

| | 2007 年 | 2008 年 | 2009 年 | 2010 年 | 2011 年 |
|---|---|---|---|---|---|
| 贸易信贷* | 1331 | 1296 | 1617 | 2112 | —— |
| 外汇存款 | 1599 | 1791 | 2089 | 2287 | 2751 |
| 外汇贷款 | 2198 | 2427 | 3795 | 4534 | 5387 |
| 差　　额 | 599 | 636 | 1706 | 2247 | 2636 |
| 跨境贷款* | 5490 | 4428 | 3222 | 5860 | —— |

　　*贸易信贷指余额，包括预收货款和延期支付。跨境贷款为负债数。
　　资料来源：中国人民银行网站、国家外汇管理局网站及国际收支报告。

　　可见，人民币汇率单边升值预期是因为汇率升值没有达到市场认可的均衡水平，而不是市场机制不能使汇率双向浮动。目前市场机制就是单边升值。如果中央银行不在市场买入外汇，人民币汇率的市场价格可能更高。

　　（3）汇率升值没能刺激外汇储备的使用，标志着汇率没有达到均衡水平。

　　从 2005～2010 年，人民币兑换美元的名义汇率升值了，但没有达到均衡水平，其表现就是汇率的升值没有抑制出口，也没有刺激出口，这意味着汇率本身失去了杠杆的调节作用。

　　2005 年汇率改革之前，纺织业等行业激烈反对人民币汇率升值，提出纺织业利润只有 2%～3%，如果汇率升值超过 3%，就会全行业亏损。但是，当 2005 年汇率升值 2.1% 时，在当年 1175 亿美元的贸易顺差中，有 900 多亿美元顺差是纺织业的贡献。汇率改革到现在，汇率升值 25%，纺织业出口依然兴旺，利润依然在 2%～3%。何以如此？因为纺织品的配额提高了出口价格。

　　2010 年，当市场再次预期人民币汇率升值的时候，这次是机械行业表示反对。媒体报道，机械行业利润只有 1%～3%，升值 1% 就有 1/3 亏损；升值 3% 全行业亏损。而学术界和媒体陷入与国际社会的口水战中，

反对人民币汇率大幅度升值。

可见，那些认为汇率升值导致贸易企业大量破产倒闭的言论是不可信的。其实，汇率升值所导致的成本提高，本来可以增加到合同价格中去的，但企业一味强调在国际上没有谈判能力，不能提高价格，忽略了单个企业提高价格与所有企业提高价格的区别，因此，反过来去向政府提要求，逼迫政府提高出口退税，逼迫政府让汇率贬值或不升值；不了解企业实际的学术界的争论使这个问题更是扑朔迷离，这就是我国的汇率决定机制。

事实上，汇率政策若迁就企业的要求而不升值，甚至提高出口退税实际上是补贴外商，补贴外国消费者，支持企业去进行价格竞争。

表4-2的数据表明，2005~2008年的汇率升值期间，我国的出口增长很快，远超过进口增长，出口的基数也远大于进口基数，因此，汇率无法使贸易平衡，相反，依然是刺激出口乃至抑制进口的政策。

### 表4-2　2005~2011年的贸易状况

单位：亿美元，%

| 年份 | 进出口总额 | 出口总额 | 出口增长 | 进口总额 | 进口增长 | 贸易顺差 |
|---|---|---|---|---|---|---|
| 2005 | 14222 | 7620 | 28.4 | 6601 | 17.6 | 1019 |
| 2006 | 17607 | 9690.8 | 27.2 | 7916.1 | 20 | 1775 |
| 2007 | 21738 | 12180 | 30.6 | 9558 | 22 | 2622 |
| 2008 | 25633 | 14307 | 17.5 | 11326 | 18.5 | 2981 |
| 2009 | 22072.2 | 12017 | -16.0 | 10056 | -11.2 | 1961 |
| 2010 | 29727.6 | 15779.3 | 31.3 | 13948.3 | 38.7 | 1831 |
| 2011 | 36421 | 18986 | 20.3 | 17435 | 25 | 1551 |

资料来源：海关网站（2009~2011年的数据），2009年统计年鉴（2005~2008年的数据）。

目前，国内很多商品与国家价格倒挂，比如住房、中高档服装、烟酒消费品、大宗商品等，但从国外进口后，价格优势不明显，这也显示，我国的汇率不均衡，汇率水平不能有效刺激进口。

（4）国内高通货膨胀预期表明，人民币对外升值抑制对内贬值的作用不够。

我国经历了汇率贬值、升值与通货膨胀。1979～1994年，是人民币汇率持续贬值的时期，贬值导致国内物价持续大幅度上涨，也导致贬值与物价上涨的恶性循环。1994年汇率并轨以后，人民币汇率开始升值，1997年出现了物价下跌的情况。2005～2010年人民币汇率升值23%，汇率升值的幅度超过了同期累计的消费物价上涨幅度，有效地抑制了同期的消费物价上涨。从表4-3可以看到，2007年和2008年汇率升值幅度超过了消费物价，两年累计也超过了生产者价格指数的上涨幅度。如果没有如此大幅度的汇率升值，国内通货膨胀将非常严重。汇率的升值，在一定程度上支持了我国经济的高速增长并稳定物价。

表4-3 2005～2010年我国各种物价上涨与汇率升值情况

| 年份 | CPI | PPI | 燃料动力价格 | 人民币兑美元汇率 | 升值（%） |
|------|------|------|------|------|------|
| 2005 | 1.8 | 4.9 | 8.3 | 8.0702∶1 | 2.49 |
| 2006 | 1.5 | 3.0 | 6.0 | 7.8087∶1 | 3.24 |
| 2007 | 4.8 | 3.1 | 4.4 | 7.3046∶1 | 6.46 |
| 2008 | 5.86 | 6.87 | 10.5 | 6.8346∶1 | 6.43 |
| 2009 | -0.7 | -5.4 | -7.9 | 6.8282∶1 | 0.09 |
| 2010 | 3.3 | 5.5 | 9.6 | 6.6227∶1 | 3.01 |

注：CPI为消费物价；PPI为工业品出厂价格。2010年数为统计公报数。
资料来源：《中国统计年鉴2009》中国人民银行网站。

金融危机以来，由于投放大量信贷，2010年下半年我国再次出现了相对高物价的局面，2011年更加严重。目前，我国国内从住房到烟酒消费品、中高档服装和中高档消费品的价格远超过国际价格，大宗商品价格也出现了国际倒挂，这实际在引领全球通货膨胀。

在国内价格高于国际价格的情况下，如果汇率贬值，将导致更严重的通货膨胀。只有升值，才能抑制通货膨胀，而且升值幅度应该足以平衡国内通货膨胀。但目前人民币汇率升值抑制和治理对内贬值的力度不够，没有出现 2004 年以前的低通货膨胀现象。

（5）人民币汇率贬值达到均衡的经验表明，汇率升值未达均衡。

1981～1994 年的 14 年间，人民币兑换美元从 1.5∶1 贬值为 8.7∶1，其间，有 7 次较大的汇率调整。1981 年 1 月 1 日起，人民币兑换美元调整为 2.8∶1，比原来的汇率贬值了 86.7%，但贬值没有带来贸易的平衡，贸易顺差不仅没有增加，反而减少了。从 1982 年 30.3 亿美元的顺差减少到 1985 年 149 亿美元的逆差。1985 年 10 月 30 日，人民币汇率再次贬值 14.3%，此后进入持续快速贬值阶段，基本上 1～2 年就贬值一次，幅度在 10%～26% 之间。

表 4 - 4　1981～1994 年人民币汇率调整情况

单位：1 美元兑换人民币

| 调整日期 | 调整前汇率 | 调整后汇率 | 变化幅度（%） |
|---|---|---|---|
| 1981 - 01 - 01 | 1.5 | 2.8 | - 86.7 |
| 1985 - 10 - 30 | 2.8 | 3.20 | - 14.3 |
| 1986 - 07 - 05 | 3.20 | 3.72 | - 16.3 |
| 1989 - 12 - 16 | 3.72 | 4.72 | - 26.9 |
| 1990 - 11 - 27 | 4.72 | 5.22 | - 10.6 |
| 1991 - 04 - 09 | 5.22 | 5.76（1993 年底） | - 10.34（逐渐微调） |
| 1994 - 01 - 01 | 5.76 | 8.7 | - 51.04 |

资料来源：历年统计年鉴。

如此大幅度的持续贬值，并没有改变我国的贸易状况，贸易基本处于逆差状态，顺差年份有限，1993 年再次出现 122 亿美元的巨大逆差。1994 年实行汇率并轨，人民币兑换美元的官方汇率从 5.76∶1 下调为 8.7∶1，贬值 51.04%。这次汇率贬值以后，人民币兑换美元的汇率没有再次贬值而是升值，贸易从此走上顺差持续扩大的道路。1994 年贸易顺差 54 亿美元，到亚洲金融危机前夕，顺差达到 404 亿美元。其间，人民币汇率升值了 5%。这表明，过去 14 年的汇率贬值都没有使人民币汇率达到均衡，而 1994 年的汇率并轨使人民币汇率实现了均衡。

表 4－5　1986～1993 年国内有关经济指标情况

| 年份 | 贸易差额 | 投资增长 | 城市 CPI | 工业品价格 |
|------|---------|---------|---------|-----------|
| 1986 | －119.7 | 22.2 | 7.0 | 3.8 |
| 1987 | －37.7 | 21.5 | 8.8 | 7.9 |
| 1988 | －77.5 | 25.4 | 20.7 | 15.0 |
| 1989 | －66 | －7.2 | 16.3 | 18.6 |
| 1990 | 87.4 | 2.4 | 1.3 | 4.1 |
| 1991 | 80.5 | 23.9 | 5.1 | 6.2(9.5) |
| 1992 | 43.5 | 44.4 | 8.6 | 6.8(15.3) |
| 1993 | －122.2 | 61.8 | 16.1 | 24　(25.4) |

注：贸易差额的计量单位为亿美元，其余为%。括号内为燃料、原材料、动力价格变化。
资料来源：历年统计年鉴。

即使经历了亚洲金融危机和 2008 年的全球金融危机，我国的出口竞争力也没有受到挫伤，而是很快恢复，在世界竞争中的实力越来越强。

过去的大幅度贬值为什么没有导致贸易均衡？原因在于每次汇率贬值以后，都推动了后来的国内物价上涨，乃至大幅度上涨，结果，国内通货膨胀水平高于国外，价格改革没有导致国内价格与国际价格接轨，反而因为投资饥渴和消费饥渴、相对资源短缺而导致国内物价水平远高于国际，从而刺激了进口，导致了黑市汇率的产生。

2005 年以来的国内经济发展与 1994 年类似的是物价趋向持续高涨，国内国际价格倒挂。不同的是进口动力和消费动力不足，出口却很旺盛。这表明，虽然汇率升值了，但升值的幅度不够，升值没有达到均衡，不足以抑制出口、刺激进口，也不足以抑制物价上涨。1985 年以后的汇率贬值，每两年最低贬值在 10%，最高在 26%，而 2005 年以来人民币兑换美元的汇率升值幅度太小了，每年只有 3%～6%，没有达到贬值时候的幅度和力度。因此，汇率单边升值持续存在，没能解决国际收支顺差问题。

只有均衡汇率才能让贸易和国际收支回归平衡，让民众和企业愿意持有外汇。

**2. 人民币汇率均衡的标志**

人民币的均衡价格是多少？谁也无法说清楚，但企业、银行和市场的心里有一个价码。这个价码有短期的，也有长期的。短期来说，大家都认为升值没有到位，那么，水平是多少呢？我们先不谈水平指标，而是看行为指标。

（1）外汇行为指标。

首先是银行行为。外汇贷款超过存款的数额不再增加，甚至大幅度下降，下降到外汇贷款和存款的比例在75%的范围内，银行业不再进行大量的跨境外汇贷款，银行自身的外汇结汇意愿消失，愿意持有一定正头寸的外汇，甚至把已经结汇的外汇注资购买回去。

其次是企业和个人。不愿意让银行做海外垫付和代付；企业的外汇贷款不再增加，甚至开始降低；企业的贸易信贷尤其是预收货款和延期付款余额不再增加而是有所下降；企业的外汇存款增加。个人外汇存款不再下降，而是开始增加，甚至大幅度增加。

最后，国家外汇储备开始减少，国家集中的外汇资源比重逐步下降。企业、银行、个人外汇存款的增加速度应达到甚至超过国际收支的增长速度。上述行为现象在2~3年内逐步走向稳定，社会对人民币汇率预期趋向波动。

（2）涉外经济指标。

贸易要趋向均衡，相对于历史上的顺差积累，顺差应减少甚至出现一定规模的逆差是衡量汇率均衡的重要指标。

具体来说，企业的进口意愿明显增强，进口增长规模和幅度明显扩大，进口增长超过甚至大幅度超过出口增长，出现进口规模与出口规模逐渐平衡的状态，甚至出现1000亿~3000亿美元的顺差，并持续一段时间。

国际收支趋向平衡，甚至出现适度的逆差；企业境外投资的积极性明显提高，甚至愿意以人民币进行境外投资。

（3）国内物价或利率成本指标。

汇率应该反映物价或利率的变动趋势，或者说物价和利率要反映汇率的变动趋势，或者用这些工具相互调节。就目前来说，汇率升值应该超过通货膨胀水平，或基本接近。这个通货膨胀是综合指标，包括各种物价指数，而不只是消费物价，尤其要考虑工业品出厂价格指数、进口价格指数、投资品价格指数等；或者说汇率的升值应该超过国内外的贷款利率差距，外资在境内企业应有用人民币的积极性，而不是将外汇投资国内结汇来补充资金。

**3. 实现汇率均衡的途径**

实现汇率均衡的因素可以是汇率水平本身，也可以是劳动力成本、资源价格、环境和污染治理成本甚至出口退税率等，如果这些价格发生变化，比如彻底取消退税而用于污染和环境治理，这种价格和成本替代也会促使汇率均衡。人民币汇率均衡的途径不是唯一的。

就政策来说，笔者建议不能单一使用汇率升值手段，这种单一手段会带来众多问题，应该多重工具并用，建议：

（1）大幅度降低甚至取消竞争性出口商品的退税，取消大部分进口关税。

这两项税收可以保证关税收入的平衡。取消的幅度和水平与物价或利率水平接近。不要担心退税减少甚至取消会影响出口，这不过是取消了企业的相互压价竞争，对出口市场和出口价格根本没有影响。我国的离岸价格与市场价格相差很大，因此，取消出口退税仅压缩了国外中间商或进口商的利润，他们完全可以承受。而取消进口关税，则可以鼓励进口，扩大进口。这样，可使贸易平衡。

（2）汇率仍然以小幅度渐进方式，通过其他途径，逐步打消持续升值预期。

基于以上的判断，均衡汇率对汇率升值的要求，就短期来说，应该超过国内综合物价上涨水平，或者说超过国内外的贷款利率差水平。为消除预期，应该把下一年的预期反映在即期上，这样，就不会有单边的升值预期了。就长期来说，要符合上述行为指标的合理要求，主要应通过非汇率手段实现。

（3）加大环境和污染治理要求，增加外商投资成本和出口成本。

从转变经济发展方式、应对气候变化及我国资源和环境的承载能力来说，都需要我国加大对环境保护的投入，增加对环境污染治理的投入。要求企业增加这些投入，企业就不会盲目扩张，也不会有久治不愈的产能过剩。这样，外商就不会大量进入，出口企业就会调整结构，转变贸易发展方式。

当然，改革资源价格体系，实行生态补偿，切实保护劳动者利益，提高工资水平等也是实现汇率均衡、贸易均衡和投资均衡的途径。以上手段应该综合使用。

（4）降低经济增长速度和投资速度。

当然，解决问题的根本出路也在于降低经济增长速度，把投资增长速度和经济增长速度降低到"十二五"规划中确定的7%的水平，这才能从根本上解决汇率均衡、贸易均衡。只有经济增长速度回归到正常水平的时候，国内的产能过剩才能缓解，进口的结构才能从资源和原材料趋向进口先进技术、设备和消费品，人民币升值才能刺激境外投资，为国内发展提供可持续的廉价资源或提高国内生活水平。

目前的经济增长速度和投资高增长是社会收入重新分配的重要途径，不代表国民财富的增加。应该以国民财富和财富的质量、寿命，百姓生活质量和民生问题等指标作为业绩考核的指标，而不应该以 GDP 论业绩。

**4. 人民币汇率应趋向全面均衡**

（1）人民币汇率应趋向全面均衡。

如何解决外汇储备的扩张，其重要措施之一就是扩大进口，而扩大进口的关键措施之一就是汇率均衡——目前阶段就是升值，在短期内能够升值到 1994 年汇率并轨前的水平。

但是，汇率升值是否能刺激进口，面临一些技术性问题。因为在国际贸易中的中国因素非常突出，表现在中国的企业购买什么产品，什么产品的价格就会大幅度上涨。因此，人民币汇率升值并不那么简单。

问题的关键在于为什么要让汇率升值？汇率升值的预期目标是刺激购

买先进技术设备，刺激消费品进口，而不是大宗商品。因此，我们不能沿用原来的思路，通过汇率的升值来刺激大宗商品和有色资源原材料的进口，来保障国内高能耗、高污染的产业发展。那样的话，汇率升值就会刺激国际大宗商品价格上涨。正因为如此，人民币汇率的升值，不能仅仅对美元升值，我们从美国进口所需的消费品很容易，而进口先进技术设备却很难，美国对我国进口其先进的技术和设备是限制和禁止的。

那么，汇率升值应该选择哪些货币呢？凡是结算货币，汇率政策都应该考虑。

首先，从设备和消费品来说，人民币对欧元升值幅度应该大于美元或与美元等量，欧元区国家有大量的先进的环境保护技术和设备，其价格昂贵，国内企业觉得成本高。因此，如果人民币对欧元的升值幅度大些，也有利于我国扩大与欧洲的贸易，有利于欧洲经济恢复，也有利于我国解决环境污染和碳排放问题，这对双方都有利。

其次，人民币汇率对消费品技术、使用寿命、质量、安全等比我国先进的欧洲、日本等也需要有一定幅度的升值。此外，无论是农产品，还是工业消费品，为扩大进口，我们应该有所选择，人民币对一些发展中国家的货币也要有一定幅度的升值，刺激这些国家的生产能力扩张和出口竞争。

再次，人民币汇率对一些拥有丰富资源的国家也应相对大幅度地升值，如对俄罗斯、伊朗、伊拉克以及非洲、拉美的一些国家，一方面鼓励企业直接从这些资源国家进口，降低进口的资源价格，也可刺激企业到这些资源国投资，降低投资成本。另一方面，如果人民币对这些国家的货币升值幅度快，这些国家的企业和银行甚至政府就会把人民币列为结算货币，企业和银行愿意持有，有利于我们发展人民币贷款、援助，有利于跨境贸易人民币结算，也有利于人民币在这些地区和国家开展投资。这样，汇率升值导致的进口增加不一定都会抬高国际价格。

上述措施的结果，就是人民币汇率升值不会被国际投资资本所利用，而是分散给各国的制造商，也不会出现国际贸易中的中国因素的问题了。

在汇率升值的同时，国内的资源和原材料出口应逐步减少，以缓解国内的供求矛盾。这需要我国采取一些行政手段和经济手段,如限制甚至禁止石油、矿产资源的开采等;同时,应该降低经济增长速度,把真实的经济增长速度降低到7%左右,在一定程度上抑制资源的进口需求;在进口关税和国内销售上,对进口消费品要给予一定的优惠,以鼓励进口。这样对大宗商品的需求就不会持续增加,中国因素作用就会减少。

(2) 汇率的均衡点在哪里?

有些人反对用汇率升值治理通货膨胀,担心汇率升值会影响出口,而不担心会导致资源枯竭、环境污染、生态失衡、气候变化,更不担心会导致物价上涨。如果不用升值来治理通货膨胀,还有什么有效的手段? 行政手段短期可以,长期不行。以货币政策治理通货膨胀? 货币政策既要控制通货膨胀,也要保障经济增长,这二者是矛盾的,其控制物价的能力有限。

反对汇率升值的人根本不了解汇率工具的历史和现实作用,更多的是自我臆断。

汇率升值的均衡点在哪里,谁也不清楚,但汇率贬值寻找到了均衡点,从1979~1993年,人民币兑换美元的汇率持续贬值,但没有达到预期的目标,贸易不仅没有达到顺差,反而大部分年份都是逆差。1994年汇率并轨以后,再也没有出现贸易逆差,实现了增加外汇储备的目标。今天,我们要减少外汇储备,减少贸易顺差,同样可以持续试验均衡点在哪里。问题在于试验的力度太小,无法寻找到均衡点。我们已经列出了均衡的指标,这些指标的变化也可以检测试验过程中的风险,没有必要去做无谓的争论。

汇率升值对中小企业的影响,一直就存在,不要以此为借口,任何政策都不是万能的,中小企业出现倒闭,是正常现象,不能把部分企业的资金困难和倒闭,归咎为汇率升值,这是不符合实际的。政策不是为单个企业或部分企业而制定的,而是考虑整体的经济状况和趋势而制定的,如果政策要保障所有企业的生存,就会危害到所有企业甚至是消费者。

反对汇率升值的很多理由,已经被2005年以来的经验证明为不成立。为什么不回头看历史,而只听企业的一面之词呢? 沿海地区的中小企业根本不需要学者们去担心什么，政府在汇率和资金问题上过多倾斜于中小企业，实际在鼓励资金走向非实体经济，鼓励企业相互杀价竞争，那样的汇率政策是纵容企业价格竞争，是补贴境外消费者和进口商的。

本质上，反对汇率升值和担心出口，仍然是在追求速度，是重商主义心态的反映，其结果是追求纸上财富，而这些纸上财富自己所用有限，只好给外国人用。

由于汇率本身也是价格的一种形式，汇率均衡可以通过影响价格的各种要素和成本来实现，采取哪种途径实现汇率均衡，需要多方面权衡。

### （三）人民币汇率应该继续升值

基于以上分析，本文认为，人民币汇率应该继续升值，而且应该有一定幅度的升值，这样，有利于实现上述目标。人民币汇率可以继续升值 10% ~ 15%，也就是说，人民币汇率可以升值到 5.7 ~ 6.0 兑换 1 美元，然后再进行正常波动。

**1. 人民币兑换美元在 5.5∶1 的汇率水平仍然具有很强的竞争能力**

2005 年以后的汇率升值已经证明了当初的很多认识是不正确的。2010 年以来反对汇率升值的认识也是不恰当的。强烈反对汇率升值的认识关键在于对汇率升值的影响和效应缺乏分析。本文认为，国内可以适应汇率在一定期限内（3 年）有一定幅度的升值（年均可以在 3% ~ 5% 左右，累计不超过 15%）。

1985 年 9 月 21 日，日元兑换美元为 240∶1，9 月 22 日签署广场协议后的一周，日元汇率升值 11.8% 以上；1985 年底，相对广场协议日元升值 25.2%；1988 年 1 月初，日元兑换美元升值到 121∶1，升值近 50%；1995 年 4 月，日元兑换美元突破 80∶1 大关，日元升值近 34%。而这一过程，日本保持了贸易顺差。可见企业对汇率升值幅度的适应程度难以说清。

我国的进出口关联度很大，外资企业占据了出口的 55% ~ 58%，这些"两头在外"的企业对汇率升值的适应性很强，汇率升值以后，出口成本提高的同时，其进口成本也降低了，汇率升值对其影响几乎为零。而一般贸易企业，相互压价竞争突出，压价的幅度至少在 10% ~ 20% 以上，汇率升值不过是让企业自动减少了压价竞争，政府不再补贴企业价格竞争而已，不必担心其出口的价格压力。

从经验上来说，我国的企业能够适应国际原材料和能源市场 40% ~ 50% 以上的价格波动，对长期汇率 30% ~ 35% 的波动却不适应，在道理上说不通。更重要的是企业认为不能适应人民币汇率 3% ~ 5% 的波动，而企业却能够适应储备货币 5% ~ 7% 的波动，这在逻辑上说不通。

其实，短期汇率在 5% ~ 10% 的范围内上下波动，是浮动汇率机制的正常要求。如果正常的汇率波动都适应不了，那就是企业不适应做国际贸易，或者就是汇率制度应回到固定汇率制度。人民币兑换美元在 5.5∶1 的汇率水平上仍然具有很强的竞争能力，而且有利于抑制国际大宗商品价格的上涨。

即使汇率升值到 5.5 元人民币兑换 1 美元，也不会有很大压力。20 世纪 90 年代初期，我国的人民币兑换美元汇率就是这个水平，那个时候的国家竞争力和竞争水平、企业的竞争力和竞争水平不如现在，却还可以保持这样的汇率水平，那么现在升值到 20 世纪 90 年代初的水平，完全可以接受。

更重要的是，即使在目前，我国出口产品的价格也只有国际市场上同类产品销售价格的 1/4 ~ 1/6，我国的出口产品由于人民币汇率的长期贬值仍然具有价格竞争力。

**2. 汇率升值的损失并非都由出口承担**

汇率决策或汇率分析的最大障碍在于人们不清楚汇率升值以后，到底是谁在承受汇率升值的压力和汇率升值的损失。

企业和学者都认为汇率升值了多少，国内企业出口获得的外汇兑换成人民币就损失了多少，因此利润减少，并推断企业会亏损、破产倒闭甚至影响就业和社会稳定，影响出口，这是国内关于汇率不能升值的分析逻辑。

而事实的逻辑根本就不是如此。所谓汇率升值的汇兑损失只是反映在汇率升值以前的订单和出口收汇上；汇率升值以后的出口和订单，凡是可以提高价格的，企业在其合同中，都会反映出来。有些企业在合同中明确，汇率升值2%以内，企业自己承担，升值2%以上部分，对方承担；有些企业还在合同中明确分担比例。因此，汇率升值不完全是由国内企业承担，也有一部分是由境外中间商承担了，或者是由境外企业、消费者承担了。

其实，在汇率升值的同时，国内产品的价格有些是下降的。人民币对美元汇率升值，对其他货币未必升值。更重要的是，很多企业从事出口的同时，也从事进口，因此，汇率升值对其影响不大，正因为如此，汇率升值才没有影响出口。

我国企业到底能够承受多大的汇率升值呢？2005年7月汇率升值2%后，不少企业抱怨说汇率升值2%太少，外商不愿意接受提高的价格，只好自己消化。而汇率升值5%以上，所有企业都面对一样的压力，外商就愿意接受提高的价格。目前名义汇率升值25%，很多企业确实将其加到价格中去了，外商也接受了。为什么接受？因为外商比我国的企业还要了解我国出口产品的成本和利润，他们从中国企业获得的产品价格与其销售的价格仍有几倍的差距，如果把中国企业的利润都压没了，外商也就没有利润来源了。

# 三　加快推进人民币国际化

无论是外汇储备、汇率还是涉外经济战略，都涉及人民币国际化战略问题。

## （一）人民币为什么要国际化

### 1. 没有一种储备货币资产让我们放心

21世纪以来，国际社会大量购买美元、欧元等储备货币资产，但2008年美国发生的金融危机导致金融资产价格严重缩水，让国际社会的很多投资人损失巨大甚至血本无归。过去一直被认为是经济、金融危机的避风港的美国，居然也会发生危机，而且是倾家荡产的危机！因此，美元资产并不可信。

多年来，国内很多人倡导储备货币资产多元化，希望调整外汇储备的币种结构，增加欧元资产比重，在美国发生金融危机的时候，甚至庆幸购买了大量欧元资产，但 2008 年 7 月以后欧元的剧烈下跌尤其是 2009 年 10 月以来的欧洲债务危机让人们不知所措，人们担心欧元制度会崩溃。

在最担心外汇储备因为人民币汇率升值而损失，因为选择美元资产和欧元资产面临价值缩水的时刻，国家外汇管理局发布公告称，2011 年 1 ~ 4 月购买了 5410 亿日元政府债券。但是，财政累计赤字占国内 GDP 的比重高达 180% 的债务国家，其长期债务安全吗？

人们理论上假设：美元不行了，欧元肯定会升值；欧元不行了，美元一定升值；欧元、美元都不行了，日元或其他货币一定会升值。这都是国际投行教导出来的理论认识。现在，国际投行崩溃了，其理论却依然被一些人作为真理，作为投资的指导。

**2. 国际金融制度存在崩溃的风险**

我国的外汇储备资产越来越多，但要问哪种储备货币资产能够让我们放心，恐怕无人能够回答，能够回答出来的大概就是多元化，坚定不移的多元化。但是，人们可能忘记了"树倒猢狲散"的道理，忘记了美元在真正危机的时刻，其他储备货币也处于紧张、惊恐的危机状态，2000 年美国"9.11"事件时不正是如此吗！其实，美元金融真的出危机了，而且是持续性危机，目前的哪种储备资产都不安全，都不可靠。如果欧元制度崩溃，美元金融可靠吗？大量购买欧洲债券的美国银行和金融机构会安全吗？不会！

美元金融制度会再次出现严重危机吗？这是迟早的事情。人有寿命，物有寿命，一个制度也有寿命。30 年是一个制度的寿命期限，超过 60 年的极其少见。美元金融制度从 20 世纪 70 年代的危机开始，获得了一种新生，但是，这个制度的问题越来越大、越来越重。20 世纪以前的所有危机都与美元制度有关，但基本上都发生在美国之外，而 21 世纪以来的两次大的危机却都发生在美国本土，国际金融危机已经从外围走向中心。2008 年的金融危机，美国采取量化宽松的货币政策，将成为未来爆发危机的又一个重要原因。

2008 年的金融危机促使美国和欧洲加强了对金融市场和投机的监管，这有利于避免以后的金融危机，但是，美国和欧洲的金融衍生品资产价格从此再也不具有长期投资价值，国际投机资本没有了投资方向，再加上全球经济结构的转型和调整，未来国际社会可能会有更大的资产价值缩水危机或资产价格剧烈动荡的危机。

**3. 货币国际化与被国际化的损益差异巨大**

当今国际经济已经是虚拟化的经济，金融资产的价值远远超过实体经济的价值，在这样的经济体系中，投机猖獗，投机横行，必然引发局部甚至全局的经济金融危机，这是 2008 年以前的历史。若没有了投机，虚拟经济的发展就失去了动力，金融资产价格依然会发生危机，这可能是 2008 年以后发生危机的特征。如果哪个国家继续走过去的道路，就是在重复 2008 年以前的危机模式。因此持有任何储备货币金融资产，长期来看都不安全。

发展中国家通过贸易顺差辛苦挣来的外汇储备，却被购买的国际金融资产消耗掉了，这就是货币被国际化的风险。而这个结局的选择在于人们的黄金货币意识。即把货币作为财富（黄金）储藏的意识。货币不同于黄金，是不能作为财富来储藏的，必须随时使用，才能真正发挥作用，否则，就是纸上财富。

当今国际社会的金融烦恼，其实是使用美元的烦恼，如果大家都不使用美元，或者不使用那么多的美元，也就没有那么多的风险和问题。因此，人民币必须国际化，很多主权货币也必须国际化，只有这样，才能规避储备货币资产的风险。

作为经济大国，没有本币的国际化，涉外经济和金融的命运让储备货币掌握着，就不可能成为经济强国。

## （二）现在谈人民币国际化是否过早

但是，推行人民币国际化就那么容易实现吗？现在就推行人民币国际化是否操之过急了？这样会不会带来更大的风险？如果我们按照传统的思维方式来推进人民币的国际化，风险确实很大。

**1. 欧元国际化的风险**

1999 年欧元诞生以后，国际社会给予了巨大的关注，但欧元在科索沃战争之后，持续贬值到 2002 年第四季度，贬值幅度达到 20% ~ 30%。2003 年伊拉克战争改变了欧元的价值和地位，尤其是此后的美元贬值和国际大宗商品价格上涨，大大抬高了欧元的地位，储备货币的多元化被国际社会逐步接受。2008 年美国发生次贷危机，欧元兑换美元在 2008 年 7 月曾经接近 1 : 1.96，但是，随着欧洲国家银行购买美国金融衍生品导致的连续爆发的巨大亏损事件，欧元剧烈下跌。2009 年 10 月以来的欧洲债务危机又使欧元兑换美元在 2010 年持续贬值。2010 年 5 ~ 6 月，欧元兑换美元最低突破 1 : 1.20。如此剧烈的波动，一般货币难以承受，有可能出现货币、金融危机。

**2. 俄罗斯推进卢布国际化的教训**

2003 年俄罗斯总统普京提出实行卢布可自由兑换目标，2006 年 6 月 29 日，通过了《外汇调节和外汇监督法》，取消了俄罗斯外汇领域的所有限制，2006 年 7 月 1 日宣布卢布成为可自由兑换货币，取消了亚洲金融危机后对卢布自由兑换的所有限制。对公民放开卢布自由兑换数量，允许公民在国外开设账户，出境可以携带 1 万美元。2007 年 9 月俄罗斯外汇储备达到 4225 亿美元，但在 2008 年金融危机中，俄罗斯却是债务缠身，货币急剧贬值。

**3. 日元国际化的结果**

20 世纪 30 年代大危机时期，日本曾经组建日元区，20 世纪 80 年代以后日本因经济和金融发展迅猛，货币大幅度升值，日元国际化得到一定程度的发展，20 世纪 90 年代提出日元集团的设想。但亚洲金融危机之后，日元持续贬值，处于低位波动，日本经济长期低迷，股市和不动产等不具有国际投资价值，日元国际化反而退化了。以日本的历史经验来看，推行人民币国际化并非易事。

**4. 其他区域的经验**

其实，在亚洲金融危机的时候，日本曾经提出建立亚元设想，海湾 6

国就提出要实行统一货币,但 10 多年过去了,终究没有成功。2008 年 11 月,"美洲玻利瓦尔替代计划"成员国决定创造统一货币,到目前也未成功。可见,货币国际化不那么容易。

**5. 现行货币体系的力量**

任何一个新的储备货币的出现,对目前的储备货币来说,都是一个竞争压力,是对储备货币市场的瓜分,必然面临储备货币的战略打击。国际社会并没有考虑接纳人民币作为储备货币,如果简单宣传和推进人民币国际化,更多的不是利益而是风险和危机。

## (三) 人民币国际化如何走

那么,人民币国际化该如何走呢?我们首先得从概念说起。

**1. 货币国际化的定义**

货币国际化在不同历史背景下的含义不同。当今货币国际化,与黄金挂钩下的纸币国际化不同,国际化是需要经济利益的,没有利益的货币国际化就没有价值。完全脱离黄金以后的纸币国际化需要国际社会的制度承认(如国际货币基金组织的有关制度),或者需要各国制度的承认和接受。根据这些要求,笔者认为,货币国际化是指货币职能从国内走向国际,即本国货币职能被外国政府在法律、制度上认同、接受的过程。在当代经济金融环境下,货币国际化不只是指基础货币职能的国际化,更多的是指准货币(如债券、票据、支票等)、衍生货币(股票、信用证、保函、保险产品、各种金融衍生品等)职能的国际化。

货币国际化有可衡量的量化指标。作为基础货币,在全球流通、计价、结算、投资、存贷以及作为储备货币的规模、相对份额是判断本币国际化程度的重要指标,准货币和衍生货币跨境交易规模、业务规模及其在全球的相对份额也是判断货币国际化程度的重要指标。

相对份额指标在全球中的比重至少达到 3% 以上才能说本国货币开始国际化,3% 以下是在探索阶段,0.5% 以下就不能说是在国际化的探索阶段。如果有 10% ~ 15% 的份额,可以说已经国际化了。如果单项指标达到了一定比重,也可以认为货币的部分功能实现了国际化。

**2. 货币国际化的可选择途径**

从历史上来看，货币国际地位的获得，有以下几种途径：

（1）通过战争获得货币的国际地位。我国历史上秦国统一六国、统一货币是最典型的一个例子。英国和美国都有通过战争提高经济实力和国家地位，使本币与黄金挂钩而成为储备货币的经历。战争使得本币获得国际货币地位，可能使其他主权货币消失，也可能继续保留其他主权货币，但本币可以在其他主权国家流通、结算甚至计价、储藏。

（2）契约制度安排获得储备货币地位。如欧元作为区域货币，并不是战争的产物，而是契约制度的产物。但契约货币的诞生需要一定的内部和外部条件。

第一，契约国家或主权国家在政治制度、经济状况、文化背景等方面比较接近。在货币统一之前，需要区域国家的政治合作联盟，同时，需要一个能够被认同并引领区域经济和金融的主导货币，以此为基础，区域内国家愿意放弃货币主权而进行货币的统一。

第二，为保持汇率和经济的稳定，契约货币的诞生和运行需要参与国满足一定的经济和金融条件，如物价水平和财政赤字等控制在相互接近的水平内。如果内部差异太大，就无法实行。

第三，主要主权货币大国具有责任和领导意识，尤其要具有领导和协调能力，保障单一货币的稳定运行，并解决主权货币消失后可能产生的各种问题。比如，在2008年发生的国际金融危机中，主权货币国家可以采取量化宽松货币政策，但欧洲中央银行就难以实施。

第四，参与契约货币的国家之间在法律制度和各有关政策上能够保持基本一致，要始终有一个组织在那里协调和解决矛盾与问题。

第五，国际社会长期有一个期待，即认为契约货币可以胜任储备货币。否则，就很难成为储备货币。

（3）自然进程的安排及其历史依赖。如黄金成为国际货币是天然的。因此，纸币要成为国际货币，所有纸币必须与黄金挂钩实行固定汇率制度，这样，纸币才能被国际社会所信任。但这就要求纸币国家必须持有大量的黄金或黄金储备，能够随时将纸币兑换为黄金。英镑和美元成为储备货币都是依靠黄金的信誉而建立的。

但是，纸币可以无限创造，而黄金不能无限创造，因此，当纸币越来越多以后，纸币与黄金挂钩的固定汇率制度就无法维持，但黄金不能作为货币，最后只能选择纸币作为世界货币或储备货币。

（4）历史的沿革与继承。如美元，在美国政府 1971 年宣布不再实行美元与黄金挂钩的固定汇率制度以后，美元依然成为世界的储备货币，因为长期以来，国际社会对美元形成了依赖。这就是美元与黄金脱钩之后，美元成为世界货币或储备货币的原因。

（5）权力安排。类似干部提拔的权力安排，可以把某些主权货币提升到储备货币的地位，如日元、马克成为储备货币并没有走正常的国际化道路，而是在美元危机过程中，作为特别提款权的定值参照货币而进入储备货币行列，这也是最快最便捷的途径。

（6）市场竞争导致货币的国际化。一国货币在周边地区和国家的自然流通和交易是国际化的萌芽状态，随着竞争实力的提高，国际化的规模扩大，份额提高，最后逐渐被各国的制度认同和接受；或主动推进本币功能的国际化，在市场竞争中获得了成功。

上述六条途径只有第四条和第六条途径适合我国。这两条途径都有很多工作需要去做，也可以同时进行。

### 3. 人民币国际化的路线图

（1）将人民币列为特别提款权 SDR 的定值参照货币。

人民币国际化最快的捷径就是第五条途径，把人民币列入 SDR 定值参照货币体系，这需要获得美国的同意，这方面有很多工作需要做。目前，国际货币基金组织已经同意考虑将人民币列入特别提款权的定值参照货币体系，我们应该与主要大国进行协商和谈判。

（2）人民币国际化——主权货币结算和投资制度。

所有主权货币都具有一般等价物的功能，在其国内都可以计价、结算、流通、投融资、储藏，为什么主权货币出了国门就相互不信任，却信任第三方货币呢？这是自我迷失，自我不信任。全世界主要国家或贸易国的货币都可以结算、投资、融通。美元没有什么特殊的，也是主权货币。

如果大家都用主权货币结算、投资、融通，就不会有那么多的美元需求了，也用不着积累巨大的外汇储备然后到美国、欧洲投资而担心资产缩水、货币贬值甚至血本无归。如果用主权货币进行跨境贸易结算和投资，全球对美元的需求会大大减少，外币资产的风险也会大大降低，就可以实现投资的多国化和风险最小化。

因此，跨境贸易人民币结算应该走向双边和多变主权货币结算，由各国政府出面，签署货币结算和投资协议，这样，对方国的主权货币就可在国内合法开设账户、合法交易；可以在两国商业银行之间相互授信，银行对企业也可以授信；可以做对方主权货币的贸易融资，可以开信用证、保函；可以做贷款存款、对外担保业务等。否则，本币国际业务难以扩展，也就谈不上国际化。

很多人相信美元的强大，是因为各国持有美元而导致的，是各国追逐外汇储备的结果（追逐外汇储备规模是亚洲金融危机后很多国家的政策选择）。当持有了美元以后，又在为美元辩护，认为其流动性好，其他货币不行。其实，拥有的美元储备资产越多，流动性越差，行为越被动，这是我们面临的现状。对美元的崇拜、依赖和迷信，其实是一种虚幻，是一种没有可靠、可信根据的虚幻。

走主权货币国际化的路径，必须储藏足够的黄金或储备货币，这是货币国际化的实力。当初英国和美国就是依靠黄金使本币与黄金挂钩实行可兑换而取得世界信任的。我们今天不可能回到黄金作为货币的时代，但是，如果我们拥有大量的储备货币，就可以实行人民币与美元等储备货币挂钩的固定汇率制度，宣布任何一个持有人民币的国家，只要其愿意，我国可以随时按照市场价兑换等值的储备货币给他们。这样，就可以让使用和持有人民币的国家和企业放心。

（3）经常账户货币开放与资本账户货币开放同时进行。

无论是推进人民币结算还是主权货币结算，没有资本账户的开放是不会取得实质性进展的。

把人民币国际化按照货币功能进行阶段推进，在实际操作中行不通。比如别国有100亿元人民币贸易顺差，那就得存款、投资、理财等，国内必须同意境外机构在境内开设人民币账户，开账户存款利息太低，人家会要求投资如理财、买债券或股票等，如果不行，境外机构就不愿意用人民币结算了，还是用美元。

此外，外国银行和企业持有大量人民币头寸，必然要允许其回流到国内开立账户进行投资，如果只允许存款，企业和银行都不会长期用人民币结算。而且，外国商业银行与国内商业银行之间要有人民币授信，银行和企业之间也要有人民币授信，如果没有授信，外国银行就不能开人民币信用证、预付款保函，也不能做人民币存贷款、垫付款业务。我们现在推行的人民币国际结算，不是国际通行的做法，需要完善，必须与资本账户的开放结合起来。

开放资本账户风险很大。想让人民币国际化，又不愿意开放资本账户，那是不可能的事情。但是，开放资本账户的风险不是对本币来说的，也不是对一般的主权货币来说的，而是对储备货币来说的，是对拥有储备货币的投机资本来说的。因为储备货币资本、资产规模巨大，投机力量巨大，一般主权货币国家的金融市场和资本市场难以承受其压力。但是，非储备货币国家的金融力量没有那么强大，也没有那么多的我们不熟悉的投机工具。资本账户开放的风险在于货币币种，而不是资本项目。只要不对强者或储备货币完全开放资本账户，就没有风险。一般主权货币之间相互对等开放资本账户不会有风险，对境外回流的人民币开放也无风险，就像美国对回流国内的美元开放金融市场和资本市场一样，根本不用担心其风险。

回流的人民币按照国内的监管来管理就可以了。如果担心风险，就先实行对等的规模开放，开放的总规模可以大大高于净流出的规模。

### （四）人民币国际化的若干问题

#### 1. 货币互换与国际化

2008 年以来，中国人民银行分别与中国香港、韩国、马来西亚、白俄罗斯、阿根廷等签署 3 年货币互换协议。

不少媒体把货币互换看做人民币国际化的重要步骤。有媒体称，中国人民银行宣布和白俄罗斯共和国国家银行签署双边货币互换协议，可能是中国首次尝试将人民币参与国际贸易结算从亚洲拓展到欧洲。并报道称，另有市场人士相信，央行的最新举动意味着人民币国际化版图已"趁势"从亚洲扩展到了东欧。

（1）货币互换与人民币国际化没有任何关系。

货币互换本身是债务性质的互换，是等额限期交换协议。到期如果不存在需求，就需要相互换回，这不是人民币国际化，而是一笔业务交换。如果认为这是人民币的国际化，互换的对方货币也应该具备国际化。目前我国已经与多个国家进行了货币互换，这些国家的货币并没有都具备国际化。

（2）货币国际化，并不考虑等额交换。

目前，货币互换是中央银行自身的行为，还没有与各方的商业银行和企业进行协作，因此，互换的货币还不能被用于贸易结算和融资。阿根廷的商业银行和企业还坚决反对其中央银行与中国签署的货币互换协议。

从理论上来说，互换货币可以被用于贸易融资并进行贸易结算，这在某种意义上可以理解为货币的国际化，但实际并非那么简单。

以白俄罗斯与中国货币互换为例。假设双方都允许互换货币可以用于贸易融资，那就意味着各自的企业进口可以用对方的货币进行支付。

从白俄罗斯方来说，企业需要到市场购买人民币，而在这之前中央银行必须将人民币投放到银行间外汇市场，由银行出售给企业。而且，企业愿意使用人民币支付，愿意进口的货物以人民币标价。不仅如此，更重要的是，企业的开户银行也要接受人民币支付，即白俄罗斯的商业银行与我国的商业银行之间有相互的人民币授信业务。

但目前的货币互换，还没有涉及具体的业务操作。

另外，由于互换货币规模很小，汇率波动比较大，银行和企业是否愿意接受难以把握。因此，要把互换货币用于贸易融资，改变企业和银行长期以来的计价结算方式，不容易实现。就企业来说，小货币的汇率波动大，跟踪成本高，企业不太愿意选择这样的货币进行结算。即使互换货币被用于贸易结算，其规模也太小，还谈不上国际化，只是试验性地了解开展这项业务需要有哪些程序、需要做哪些事情。

（3）互换货币即使作为储备货币，也不是国际化。

互换货币的额度，如果没有具体落实到商业银行和企业进行使用，那就不可能被用于贸易融资。

互换货币被对方作为储备货币，是否可以说是人民币的国际化？这是债务性质的货币，终究是债务，最终是要偿还的，与国际化没有关系。

从账户来说，互换的货币必须在原货币国家开设账户，不能锁在自己家的柜子里，那样，连黄金的流动性都不如，也没有利息。因此，把互换货币作为储备货币认识是不专业的。

**2. SDR 能不能成为超越主权的货币**

2011 年 3 月 31 日，南京 G20 国际货币体系研讨会就国际货币基金组织的特别提款权 SDR 进行研讨，法国积极支持人民币等新兴货币纳入 SDR 体系，而美国则对进入 SDR 提出了一系列条件，要求汇率具有弹性，允许资本自由流动，实际上是要求人民币实行自由兑换。

2010 年 6 月 28 日国际货币基金组织主席卡恩表示将在 IMF 特别提款权（SDR）货币篮中考虑使用人民币，但今年却附加条件，要求人民币首先必须可自由兑换，才能进入 SDR。特别提款权问题已经蒙蔽国际社会很长时间，应该还原其本来面目。

（1）特别提款权不是基础货币，而是次生货币，不可能成为超主权货币。

特别提款权被认为可能成为超越主权的货币，在概念上似乎是很难说清楚。其实，特别提款权相当于我国企事业、机关单位内部发放的免费食堂饭票。这个饭票在必要的情况下，可以用于支付和清算。我国食堂免费饭票的价值和价格是根据人民币来确定的，而特别提款权的价值和价格是根据多个国家的货币来确定的。

熟悉食堂饭票的普通中国人都清楚，食堂饭票不可能成为超越人民币的货币，它是次生货币、衍生货币，依附于人民币而创造出来的准货币。

特别提款权不是基础货币，而是次生货币、附属货币，它是依附于多种主权货币而衍生出来的准货币，因此它不可能成为超主权货币而具有计价、结算和流通功能。

（2）特别提款权的本意是弥补美元信用缺陷和黄金不足。

20 世纪 60 年代末期，美国贸易逆差，美元在境外大量发行，再加上越南战争开支扩大，美元趋向通货膨胀。世界各国不信任美元，纷纷把美元兑换为黄金，结果，美国的黄金储备逐步下降，从第二次世界大战后的 24000 多吨黄金储备减少到 8000 多吨。大家都不要美元，美元贬值，黄金又不能满足流通中的货币需求，那么，当一个国家在国际经济和金融活动中，出现国际收支逆差，在一定时期内缺乏足够的黄金来支付或偿还债务，怎么办呢？于是，国际货币基金组织发明了特别提款权，发行一种内部结算或清偿的免费货币，把这种货币按照一定的份额分配给不同的国家，以备必要时使用。国际货币基金组织的成员国自愿参加特别提款权的分配，成为特别提款账户参加国，也可不参加或书面通知随时退出。

国际货币基金组织对使用特别提款权作了明确规定：分配给各国的特别提款权可以作为在基金组织的储备货币，需要动用的时候，由 IMF 指定一个参加国接受特别提款权，并提供可自由使用的货币，主要是美元、欧元、日元和英镑。三种情况下可使用特别提款权：

国际收支出现逆差时；偿付国际货币基金组织的贷款和利息费用；国家之间双方同意，可用于借贷、赠予、远期交易和借款担保等各项金融业务。

（3）特别提款权的本质特征。

首先，SDR 是内部记账货币。由于 SDR 是依据主权货币创造出的衍生货币，它没有被国际社会广泛接受，这种货币不能在市场流通，只能在内部使用，因此，它是一种记账货币。其目的是补充黄金及可自由兑换货币的不足，以保持外汇市场的稳定，保持贸易和债务的结算和资金清偿。

其次，SDR 是免费的内部货币，不会大规模发放给西方阵营之外的国家。一方面，特别提款权既然是内部饭票，是免费发放的，必要的时候具有支付和清偿的功能，因此，这个金额不可能很大，尤其是在分配的时候，不会给发展中国家很多的份额，发达国家占有主要份额。如果 SDR 数量巨大，将对美元产生很大的冲击，大家就都不用美元，而用 SDR，美元的地位就更低，美元贬值的幅度就更大，美国不会如此之傻。

由于 SDR 是免费发放的，如果把大部分金额给了发展中国家，给了当时西方阵营以外的国家，这些国家用这个货币来支付对发达国家的进口逆差，偿还发达国家的债务，那么，对发展中国家来说，就相当于债务减免，发达国家就会觉得自己吃亏。

SDR 本身就是虚拟货币，是衍生货币，发达国家拿着这个不能真正流动的虚拟货币，没有实质意义和价值。

再次，SDR 不具备货币的基础功能，不可能成为超主权货币。所有主权货币都具有计价、支付流通、储藏、投融资等功能，但 SDR 不具备这个功能。所有主权货币都可以衍生出各种准货币，如股票、债券、票据、信用证等，但作为"内部饭票"的特别提款权在外部就不能用，不能流通，不能依据 SDR 再衍生出股票、债券、票据、信用证等。所以，SDR 不具备货币的基础功能，不可能成为超主权货币。

（4）特别提款权的运行机制。

我国的食堂饭票是根据人民币面值来确定的，但这是就一种货币来说的。特别提款权要根据多种货币来确定，即规定一个单位特别提款权含有若干种货币的若干量。

最初有 17 种货币是特别提款权确定价值的参照货币，包括美元、英镑等，当时，一个单位的特别提款权含有 0.4 美元，26 日元，0.44 法国法郎，0.38 马克，0.06 加拿大元，0.06 意大利里拉，0.015 澳大利亚元等。而在货币的权重上，美元达到 33%，马克 12.5%，日元、法郎各 7.5%，英镑 9%，加元、意大利里拉各 6%，荷兰盾 4.5%。

特别提款权开始设置的时候与美元一样，35 个特别提款权等于 1 盎司黄金。1 特别提款权等于 0.888 克黄金。1971 年 12 月 18 日，美元第一次贬值，但特别提款权的含金量没变，1 个特别提款权可兑换 1.08571 美元。1973 年 2 月 12 日美元第二次贬值，特别提款权含金量仍没变，1 个特别提款权升值为 1.20635 美元。石油价格危机之后，西方主要国家纷纷实行浮动汇率，特别提款权与美元汇率仍然没有变动，与其他货币的汇率则根据美元套算，引起许多国家的不满。1974 年 7 月，国际货币基金组织正式宣布特别提款权与黄金脱钩，改用"一篮子"16 种货币作为定值标准。这 16 种货币包括 1967～1972 年中在世界商品和劳务出口总额中占 1% 以上的成员国的货币。目前"一篮子"货币为美元、欧元、日元、英镑。

国际货币基金组织规定，每隔 5 年分配特别提款权。1970～1972 年，发行 95 亿特别提款单位，按会员国所摊付的基金份额的比例进行分配，份额越大，分配得越多。这次工业国共分得 69.97 亿，占总额的 74.05%。其中美国分得最多，为 22.94 亿，占总额的 24.63%。这种分配方法使急需资金的发展中国家分得最少，而发达国家则分得大部分。发展中国家对此非常不满，一直要求改变这种不公正的分配方法，要求把特别提款权与援助联系起来，并要求增加他们在基金组织中的份额，以便可多分得一些特别提款权。这种状况一直没有改善。

2009 年 8 月 13 日，国际货币基金组织宣布，成员国已经批准了一项 2500 亿美元的特别提款权增发计划，其中 1000 亿美元给新兴市场和发展中国家，本次分配完成后，特别提款权的总规模将达到 2040 单位，总额约 3160 亿美元，其中低收入国家将获得 180 亿美元。这是 1981 年以来第一次发行，也是规模最大的一次，中国获得 62.8 亿的份额，相当于 93 亿美元，而美国达到 427 亿美元。

（5）我国如何参与和推动国际货币体系改革。

第一，必要时可利用特别提款权。特别提款权是名副其实的纸上财富，对不缺乏外汇的国家来说不能使用，意义不大。对于外汇短缺的小国来说，即使真用上了，数量很小，可以理解为一种债务减免，类似于一种施舍。如果大国之间真正被用于支付，要有接受国，如果没有，也是没有意义的。

本质上，特别提款权是美国人玩的一个金融游戏，其迷惑人的地方在于其价值确定的参照货币。如果美国愿意，可以增加其他货币作为定值参照货币。如果美国人不同意，其他货币很难作为定值参照货币。在极端情况下，如果美国人不想玩这个游戏，可以废除这个制度，对美元等储备货币的地位不会有任何影响。

我国可以争取国际社会甚至美国的支持，在符合我国条件的情况下，使人民币成为 SDR 的定值参照货币。

第二，倡导建立储备货币淘汰机制。对于改革国际货币体系，我们真正可以做的事情就是倡导建立货币进入和淘汰制度。凡区域经济或国家经济占全球 GDP 的比重连续三年达到 10% 的，这一区域可以推举一种货币自动进入储备货币；单个国家 GDP 的比重达到 2% 以上的，其主权货币可以自动进入储备货币；对不符合准入条件的储备货币和经济实力或地位下降的储备货币，在下个调整周期内不能改善条件的，则必须退出储备货币。这一主张的目的是促进主权货币争当储备货币，促进储备货币国家承担国际金融稳定的责任，保持本币汇率和金融稳定，也是为人民币进入储备货币做准备。

第三，在倡导储备货币多元化的同时，倡导用多元货币进行国际结算和投资。所有主权货币都具有一般等价物的功能，在其国内都可以计价、结算、流通、投融资、储藏，为什么主权货币出了国门就相互不信任，不能用于结算和投资，却信任第三方货币呢？这是因为主权货币国家相互之间对主权货币结算和投资不信任。其实，所有主权货币都可以进行国际结算、投资、融通。现在的美元等储备货币已经不与黄金挂钩，也是主权货币，没有什么特殊的，而且风险巨大，不应该再盲目信任美元等储备货币。

如果大家都用主权货币尤其是非储备货币结算、投资、融通，就不会有那么多的储备货币需求了，也用不着积累巨大的外汇储备然后到美国、欧洲投资而担心资产缩水、货币贬值和价格剧烈波动等。

如果用主权货币进行跨境贸易结算和投资，全球对美元、欧元的需求会大大减少，外币资产的风险也会大大降低，就可以实现投资的多国化和风险最小化。

第四，做自己的事情，推动人民币走出国门。在倡导主权货币结算和投资的同时，在国内积极推动人民币与其他主权货币的结算和相互投资，推动主权货币的资本账户对等开放，而不是储备货币下不对等的资本账户开放。我们现在的资本账户开放都是对储备货币的开放，而不是对主权货币的开放，风险很大，因为储备货币的资产规模太大了，投机的力量太强大了。而如果对非储备货币等主权货币开放，则没有如此大的风险。

因此，应逐步允许境外机构在境内发行人民币债券、股票，允许境外人民币资金回流境内进行股票和债券等投资、理财。这样，可以提高人民币的国际地位。

**3. 人民币国际化与"亚元"设想**

（1）设想建立亚洲货币，是浪费时间与精力。

1997 年亚洲金融危机的时候，人们就提出了建立亚元的设想，后来就不了了之了。2009 年 4 月出席博鳌论坛的美国总统前经济顾问拉特里奇在接受媒体采访时说："即将成立的亚洲外汇储备基金将为变革现有世界货币体系提供条件，虽然不是像'欧元'那样的统一货币，但已经起到了'亚元'的作用，将使得亚洲货币取得更高的国际地位。"他认为，随着亚洲经济的日益一体化，"亚元"的想法有可能变成现实，人民币将在其中扮演"核心"角色。这有些言过其实。

今天，把即将建立的亚洲外汇储备基金与亚元联系起来，是没有必要的，也不合适，这两个问题的性质根本不同。外汇储备基金中的资金是储备货币，不是亚洲各国自己出资建立的互换货币，与一个统一的货币"亚元"不是一回事。如果说，这次外汇储备库的货币是互换货币构成的，以此探讨亚元或区域强势货币，可能还具有比较大的意义。

在全世界寻求对现有的国际金融体系进行改革的背景下，如果强调和看中"亚元"设想，大家的思想和认识不一致，会使国际金融和货币体系的问题长期搁置而得不到解决，无助于国际金融体系的改革和完善，也不利于解决目前国际货币体系中的问题，更容易迷失方向，模糊亚洲国家包括中国在国际金融体系改革中的诉求和目的。

建立一个新货币，需要很多条件，也需要很多努力，而且面临很多的困难，建立以后是否成功也没有把握。因此，把精力花在这些方面，只能给国际金融体系改革添乱。

（2）亚洲不具备建立统一货币的基础条件。

目前和今后 10 年内，亚洲不具备建立统一货币的条件。在目前和今后比较长的时期内，规避储备货币风险的途径不是创造一个新的区域货币。统一货币的出现，在历史上有两种方式：自然方式（黄金）和战争方式（秦国统一货币，英镑、美元）。由契约方式出现的区域货币是欧元。根据欧元的经验，区域统一货币需要区域内各国政治制度、经济状况、文化背景相接近，在货币统一之前需要有一个区域国家的政治合作联盟，同时，需要一个能够被认同并引领区域经济和金融的主导货币，以此为基础，区域内国家愿意放弃主权货币而使用统一的货币。

对亚洲国家来说，未来 10 年出现区域主导货币也许有可能，但出现政治上的合作联盟不太现实，其内部的经济差异和制度差异很大，尤其是在放弃主权货币上，恐怕也难以达成统一认识。而政治上和经济上的意识和意见不统一，不可能出现一个统一的货币。

（3）非主权统一货币的生命力还没有真正得到检验。

就目前的欧元来说，虽然已经运行了 10 多年，但是，区域国家联合起来的中央银行与主权货币的中央银行在履行最后贷款人的角色上存在很大差异，尤其是在 2008 年的金融危机中，美国可以很快地印刷钞票、购买债券并提供流动性，甚至对商业银行实行国有化。日本中央银行可以直接在市场上购买商业票据，但欧洲中央银行在做这些事情的时候面临很多困难，行动不是那么方便和快捷，救助速度很慢。因此，这一区域货币制度的生命力有待实践的检验。

亚洲出现区域货币，在中央银行的货币政策与其他政策的配合和协调上，可能更难。

更重要的是，货币政策不是单独发挥作用，需要财政政策和其他政策的配合和协调。在统一货币制度下，国家和企业的决策是分散的，产业和经济的目的趋向不同，财政政策和其他政策很难协调统一。因此，时间越长，非主权统一货币所带来的问题可能越多。

区域统一货币与美元在国际竞争中并不具备明显的优势。在金融危机等突发事件中，他们往往更脆弱，只有在稳定的发展中，才能分享发展的利益和成果。也就是说，它不能承担最艰难和最危险的责任，而货币必须具有这一功能。

（4）人民币国际化与国际金融中心建设。

1997 年香港回归中国之前，亚洲国家觉得香港不再会作为区域金融中心，因此，曼谷、首尔、新加坡、上海和广州等都提出要把自己建设成为国际金融中心，这导致亚洲一些国家的资本账户过度开放，因此出现了亚洲金融危机。

实际上，任何试图建立国际金融中心的地区和国家，如果不属于现行国际金融制度体系内的国家，都是那些国际金融投机资本在战略上要打击的对象，也是美国在战略上要打击的对象。而建设国际金融中心，在美元金融体系下，实际是分流美元资金和欧元资金，那些老的金融中心国家在战略上是不会赞成的。因此，建设金融中心，并非都是有利的，风险可能会很大。

而且，国际金融中心不是地区和国家努力的结果，而是货币制度的安排。英国曾经是世界货币霸主，美国是现在的货币霸主，因此，东京这么多年也无法超越美国和英国。1998 年，日本提出到 2001 年之前把东京建设成为与纽约、伦敦并驾齐驱的国际金融中心，实行跨国证券交易、外汇存款自由化；取消对境外结算和资本交易的许可证规定和预先通知规定；居民可在境外开设以日元计价的银行账户，可发行任何形式的日元海外债券（欧洲日元债券）；非居民可以无限制地投资日元存款单或商业票据；以竞拍价到日本银行办理短期融资券的包销；允许非居民回购境内抵押借贷。但这些并没有使东京成为与纽约、伦敦并驾齐驱的国际金融中心。

中国要建设国际金融中心，目前在实力上还无法与日本相比，不可能在 10 年内建设成为国际金融中心。我们应该悄悄地为建设金融中心做准备，只做不说。当然，10 年以后，也许我国可以提出建设国际金融中心，但现在不是时机。过早建设国际金融中心，往往会成为某些金融资本投机或战略打击的对象。因此，没有获得货币地位的国际金融中心，风险大于收益，危机多于安全。

**主要参考文献**

杨圣明主编《社会主义市场经济基本理论问题研究》，经济科学出版社，2008。

张曙光：《外汇储备不是财政收入》，《经济研究参考》2009 年第 48 期。

陈炳才主编《贸易、投资与人民币国际化》，中国金融出版社，2011。

周小川：《关于改革国际货币体系的思考》，中国人民银行网站，2009 年3 月 23 日。

李若谷：《国际货币体系改革与人民币国际化》，中国金融出版社，2009。

陈炳才、田青、郑慧：《主权货币结算：终结美元霸权之路》，中国金融出版社，2010。

第五章

# 中国外债发展战略

夏先良

中国外债是安全可控的,应该继续扩大利用外债的规模,调整利用外债战略,优化利用外债结构,提高利用外债水平。当前欧洲主权债务危机仍在进一步演化之中,其发生的根源是整个资本主义基本经济政治制度治理难度高、周期长、影响深远。在欧洲主权债务危机影响下,目前中国对美债权投资仍是安全的、经济的,但是投资过分集中已经潜藏了巨大的风险。中国需要转变对外投资战略,减持债权投资规模,优化债权投资币种和分布结构,提高直接投资和股本投资的比重。

## 一 欧洲债务危机的演进、根源和解决途径

欧洲国家主权债务危机是 2008 年国际金融危机的延续,仍在深化之中,不会到此为止,可能会引起新一轮的全球性金融危机或经济危机。欧洲主权债务危机的根源仍然在于基本制度,而非财政本身的问题,它是整个资本主义经济危机在欧洲国家财政上的体现。解决主权债务危机问题的途径仍然在于改革基本制度,理顺经济关系,发展经济本身,而不是单靠增收节支所能根本解决的。

## （一） 欧洲主权债务危机正处于深入演进和发酵之中

### 1. 希腊主权债务危机演进

2010 年希腊经济萎缩 4.5%，2011 年萎缩 6.8%，这是希腊经济连续第 5 年陷入衰退，2011 年产出水平较危机前下降约 16%。2011 年希腊失业率从 2008 年的 7.7%、2009 年的 13.9% 激增至 20% 以上。2012 年政府债务将达到 3719 亿欧元，占国内生产总值的比例将从 2011 年的 161.8% 增加到 172.7%；利息支出将达到 179 亿欧元，占国内生产总值的比重将从 2011 年的 7.4% 增加到 8.3%。2012 年希腊经济仍在继续萎缩。

2011 年 9 月 12 日希腊一年期国债收益率飙升至 117%，两年期国债收益率也接近 70%。而对冲希腊 5 年期国债风险的信用违约互换 （CDS） 价格飙升 937 个基点，达 4437 点的历史新高，成为全球最贵的信用违约互换产品。

2010 年 5 月，希腊政府接受欧盟 – 欧洲央行 – 国际货币基金组织 （IMF） 三方开出的对希腊第一轮 1100 亿欧元贷款计划的援助要求，进行严格的财政紧缩政策以达到削减赤字的目标。这引起希腊社会的巨大动荡，针对希腊政府的紧缩计划和养老改革等一波接一波的罢工和游行抗议行动此起彼伏，进一步打击希腊旅游经济和社会方方面面的正常秩序。

自希腊债务危机爆发以来，希腊政府在两年的时间里推出了至少 7 轮紧缩措施，这些以加税、减薪、裁员和私有化为主要内容的措施在国内遇到强大阻力，希腊民众罢工游行不断，政府的支持率也迅速下跌。2011 年 10 月 26 日欧元区国家达成的对希腊的救援协议的基本内容是将希腊债务减记 50%，债务减少 1000 亿欧元以上，新获得约 1300 亿欧元的救援贷款，但条件是希腊必须继续实施紧缩和改革措施。

希腊前总理帕潘德里欧在内忧外困的夹击下曾一度提出对欧元区救援计划举行公投，在欧盟和反对党的压力下他被迫辞职，新联合政府由前欧洲中央银行副行长卢卡斯·帕帕季莫斯任总理。债务危机引起了政府的轮换和更迭。希腊政府目前正与主要债权人开展债务解决谈判，希望能够找到走出债务危机的途径。2012 年 2 月 13 日希腊议会以 199：74 票通过总额为 33 亿欧元的新紧缩措施，满足欧盟和国际货币基金组织提供总额 1300 亿欧元援助资金的紧缩要求。这种紧缩引起希腊警察和抗议示威者在首都雅典和多个城市街头爆发冲突，抗议群众要求国会议员否决将国家搬上死刑台的新贷款协议。

尽管 2012 年 2 月 21 日欧元区财长已经批准向希腊提供第二轮国际救助贷款 1300 亿欧元（约合 1718 亿美元），目标是使希腊在 2020 年前将其债务占国内生产总值的比重从目前的 160% 降低至 120.5%，由于希腊难以达成预定削减赤字目标，其债务违约风险大增，发生违约也许难以避免，但是 2012 年 2 月 22 日国际信用评级机构惠誉（Fitch）将希腊长期本外币发行人违约评级从 "CCC" 下调至垃圾级 "C"，短期外币评级为 "C"，指出通过将私营部门债权人持有的约 2000 亿欧元的希腊国债转换成面值减半的新债券，将构成 "评级违约"，债券互换计划引入的 "集体行动条款" 将是对私人债权人的强制执行，该置换行为将构成 "不良债权交换"。希腊政府将要面临新一轮包括支出和退休金削减，降低最低工资 22% 的财政紧缩措施，这将引起民众和欧元区政府之间的冲突。即使希腊政府履行了承诺，达成了在 2020 年前债务总额降至国内生产总值的 120% 这个目标，也无法摆脱财政经济困境。最终希腊不是要不要，而是肯定要正式宣布国家破产，并与债权人协商更大幅度地削减债务。一些欧盟国家以及国际金融机构已经开始为希腊可能的破产做准备。希腊破产所引发的整个欧元区金融信用连锁反应和巨大的海啸会淹没现行国际金融体系，对全球金融造成巨大而持久的震荡。

**2. 欧洲其他国家主权债务问题的发酵**

由于希腊等国债务危机蔓延，投资者的信心不断恶化，担忧债务危机进一步蔓延，世界经济增长放缓，导致债务水平较高的欧元区国家像意大利、西班牙、法国等面临长期融资的风险，政权更迭，欧元区经济增长前景趋于黯淡，财政面临的风险日益增加，用于对冲债务风险的信用违约互换价格普遍上涨，欧元汇率出现大幅下跌。

（1）意大利主权债务问题开始恶化。

意大利是欧元区第三大经济体，但其债务总额已经达到希腊的 5 倍，大约占欧元区债务总额的 1/4。由于欧元区债务危机加剧，给金融和经济带来了巨大冲击，意大利脆弱的政治联盟又增大了主权债务风险。2010年意大利经济增长 1.7%，2011 年增长 0.4%，2012 年经济将面临超过2% 的衰退。

2011 年 9 月 19 日标准普尔公司下调了意大利的长期主权债务级别，从"A1"调至"A"，前景展望也是负面的。2011 年 10 月 6 日穆迪将意大利长期主权债务评级下调三级，从之前的"Aa2"调至"A2"，前景展望为负面，维持短期主权债务"A－1"的评级。2011 年 10 月 7 日国际信用评级机构惠誉（Fitch）将意大利长期外币和本币发行人违约评级（IDR）从此前的"AA－"下调至"A＋"，评级展望负面；将短期外币和本币发行人违约评级从"F1＋"下调至"F1"。2012 年 1 月 27 日惠誉宣布将意大利的主权信用评级下调两个级别至"A－"，评级展望为负面。

2011 年 11 月 9 日意大利 10 年期债券利率迅速蹿升，一度冲到7.43%，达到了危机的转折点，加重了还本付息的负担，债务水平将不可持续，加剧了对意大利将无力偿还巨额债务的担忧，债务违约恐难避免。目前意大利有 1.9 万亿欧元国债余额，2012 年到期需要偿还借款 4000 亿欧元。如果意大利债务利率不断上升，将无力偿还债务本金和利息，也可能无法从市场上借债，只能从欧洲央行和国际货币基金组织这样的金融机构借钱。

2011 年 11 月 12 日意大利前总理贝卢斯科尼在议会就旨在稳定国内财政状况的紧缩法案——《稳定法综合修正案》举行投票后辞职，以应对当前的债务危机困局，稳定财政，满足欧盟对意大利提出的进行财政紧缩和经济改革的要求。意大利债务危机导致成千上万名学生、工人等在罗马、米兰、都灵、西西里岛等多个城市爆发抗议游行。2011 年 11 月 17 日意大利参议院以压倒性的优势通过对由技术官僚组成的蒙蒂政府的信任投票。2012 年是意大利到期债务总额最高的一年，蒙蒂政府将面临巨大的偿债压力。

（2）西班牙主权债务问题进一步发展。

西班牙经济一直不温不火。长期以来存在严重失业。2011 年 9 月，西班牙失业率达到 22.6%。经济没有显示出复苏迹象，而且主权债务缠身难解。

2011 年 10 月 7 日惠誉（Fitch）将西班牙主权评级自"AA＋"级下调至"AA－"级，评级展望亦为负面。2012 年 1 月 27 日惠誉将西班牙的主权信用评级从"AA－"下调两个级别至"A"。2011 年 10 月 13 日标准普尔公司宣布下调西班牙长期主权信用评级，由"AA"下调至"AA－"，展望前景为负面。由于认为西班牙的融资能力依然脆弱，经济增速缓慢，前景悲观，2011 年 10 月 18 日国际评级机构穆迪投资者服务公司宣布将西班牙长期主权债务评级从"Aa2"降至"A1"，下调两级，前景展望为负面，并将 2012 年西班牙经济由之前预计的 1.8% 增幅调低为 1%。

2011 年 11 月 17 日西班牙以超过 7% 的收益率发行了新一轮 10 年期国债，融资成本大幅飙升，拉响西班牙债务危机警报。债务警报拉响后，西班牙提前 4 个月举行大选，前首相萨帕特罗宣布放弃参选。2011 年 11 月 20 日反对党人民党在大选中毫无悬念地获得压倒性的胜利，该党主席马里亚诺·拉霍伊出任新首相。

（3）爱尔兰、葡萄牙主权债务问题迟迟没有解决。

爱尔兰陷入债务危机导致政局动荡。2011 年 1 月，爱尔兰前总理考恩成为欧盟首个因债务危机下台的领导人。2011 年 3 月 9 日，爱尔兰统一党领导人恩达·肯尼接替考恩出任总理。2011 年 7 月 12 日国际评级机构穆迪投资者服务公司将爱尔兰政府债券评级由"Baa3"下调至垃圾级"Ba1"，并维持评级前景为负面的评判。

由于葡萄牙财政严重失衡且负债高攀，2011 年 11 月 24 日国际信用评级机构惠誉将葡萄牙的主权信用等级从"BBB－"下调至"BB＋"，评级展望为负面；同日中国大公国际资信评估有限公司也宣布将葡萄牙的本、外币主权信用等级从"BBB＋"下调至"BB＋"，评级展望为负面。

葡萄牙政府预算紧缩方案大幅削减了预算开支，特别是大幅削减公共部门员工的收入，激起了葡萄牙国内的强烈反对。2011 年 11 月 24 日，葡萄牙民众发起了规模浩大的罢工抗议。

葡萄牙也因主权债务危机导致政府更迭。为应对债务危机，葡萄牙总统卡瓦科·席尔瓦2011年3月底决定解散议会，提前举行大选，社会党在2011年6月5日的选举中失利，时任葡萄牙总理的苏格拉底辞职。2011年6月21日，以科埃略为总理的葡萄牙新政府宣誓就职。葡萄牙政府正按照780亿欧元金融援助方案的要求进行财政调整。根据葡萄牙与国际货币基金组织、欧盟和欧洲央行达成的援助协议，葡萄牙将在3年内获得780亿欧元的金融援助，条件是2011年将财政赤字占国内生产总值的比重从2010年的9.8%降至5.9%，2012年进一步降至4.5%，2013年达到欧盟规定的3%的目标。

（4）英国、法国等备感主权债务问题的压力。

英国政府预感到财政困境和债务危机的压力，采取了医疗保险改革等一系列紧缩财政开支的政策，导致一次又一次的罢工游行示威。为反对英国政府养老金改革计划将公务员的退休年龄延长到66岁，2011年11月30日包括警察、教师、公务员、空管等在内的200多万民众涌上街头，英格兰、苏格兰和威尔士等大部分地区的交通、学校、公共服务、边境海关等受到严重的影响。

法国经济在规模和多样性方面具有较大优势，其政府、社会和民间机构效率高，金融业灵活，法国政府公布的紧缩计划具有"可信度"，这些支撑其信用评级长期保持在"AAA"级。法国信用评级虽然保持"AAA"级，但已有风险存在。2011年11月10日，法国与德国10年期国债收益率的息差扩大至170个基点，达到欧元问世以来的最高水平。2012年2月15日穆迪调降欧元区包括意大利、马耳他、葡萄牙、斯洛伐克、斯洛文尼亚和西班牙6个成员国的主权评级，并对英国、法国的评级提出警告。

2011年6月15日，穆迪将法国市值最大的三家银行（法国巴黎银行、兴业银行和农业信贷银行）列入可能下调评级的观察名单。由于与希腊债务相关的风险敞口过大，2011年9月14日穆迪下调法国兴业银行和农业信贷银行的信用评级，将兴业银行债券和存款评级从"aa2"下调至"aa3"，长期信用评级展望为负面，同时将农业信贷银行长期债券和存款评级从"aa1"下调至"aa2"，财务实力评级从"c+"下调至"c"，并决定维持法国巴黎银行的信用评级不变，但继续将其列入可能下调评级的观察名单。2011 年 10 月 9 日法国和比利时政府虽然在一些具体拆分细节上仍存分歧，但达成了拆分受到欧债危机困扰的德克夏银行（Dexia）的协议。德克夏银行在 2008 年金融危机中遭受重创，曾得到法、比、卢三国政府 64 亿欧元流动性注入的援助。德克夏银行大量持有欧元区，特别是希腊、葡萄牙和意大利等国的债券，目前债务风险敞口超过 200 亿欧元，估计急需的短期流动性规模约为 960 亿欧元，但它已经无法再从银行间拆借市场上实现融资。2011 年 10 月 9 日法、德领导人在柏林会面，会后德国总理默克尔说，德国将联同法国一起保卫在欧债危机中遭受损害的欧洲银行。两国决定尽一切努力保障银行的再资本化。

2011 年 12 月 5 日国际评级机构标准普尔将德国、法国、芬兰、卢森堡和荷兰等 15 个欧元区国家的信用评级列入负面观察名单，12 月 6 日又将欧洲金融稳定工具列入负面观察名单。由于 2011 年欧盟 62% 的预算收入来自欧元区，德、法分别贡献 16% 和 14%，欧元区和德、法等主要国家的信用状况直接影响欧盟的评级前景，因此 2011 年 12 月 7 日标准普尔再次将欧盟长期信用评级列入负面观察名单，意味着在未来 90 天内将有 50% 的可能性调降评级，同日还将包括法国巴黎银行、德意志银行、德国商业银行等欧洲多家大银行的信用评级列入负面观察名单。2012 年 2 月 16 日穆迪降低了包括瑞士银行、法国巴黎银行、德意志银行、美国银行、巴克莱银行、汇丰控股、瑞士信贷、巴黎百富、法国农业信贷银行、高盛、摩根士丹利、野村等 17 家全球金融机构和 16 个欧洲国家的 114 家欧洲金融机构的信用评级，显示出欧元区主权债务危机的影响正在全球金融系统中蔓延。

## （二）欧洲主权债务危机的根源

世界金融市场如今一团糟，一切都不确定。欧洲主权债务危机加剧，并呈现向欧元区核心国家蔓延的态势，引起世界金融市场持续动荡，全球经济增长放缓。主权债务危机的根源在哪，国际金融体系如何治理，如何走出金融混乱局面是人们关注的要点。

## 1. 欧洲资本主义基本经济制度是其爆发主权债务危机的总根源

现代国家几乎没有不靠发行公债进行筹款的。恩格斯说:"随着文明时代的向前进展,甚至捐税也不够了;国家就发行期票,借债,即发行公债。"① 西方发达国家很早就不同程度地利用主权债务形式筹集资金,提高政府的支付能力和社会经济的干预能力,但并没有出现如今这样大规模、大面积的偿债困难。马克思说:"公共信用制度,即国债制度,在中世纪的热那亚和威尼斯就已产生,到工场手工业时期流行于整个欧洲。殖民制度以及它的海外贸易和商业战争是公共信用制度的温室。所以它首先在荷兰确立起来。国债,即国家的让渡,不论是在专制国家,立宪国家,还是共和国家,总是给资本主义时代打下自己的烙印。在所谓国民财富中,真正为现代人民所共有的唯一部分,就是他们的国债。因此,一个国家的人民负债越多就越富这一现代理论是完全合乎逻辑的。"② 所以,常见富国多负债,穷国多储蓄。

虽然国家对外借款和融资是正常的国家经济活动,但是仍要以经济发展所能增加税收和提高偿债能力为借款界限。一切价值分配都要基于社会生产所创造的物质财富。一个时期社会生产的物质财富除了维持再生产的投资之外,剩余部分由个人消费、公共消费和社会积累组成。公共消费开支来源于税收收入、借款和其他公共收费等。当一定时期公共消费开支规模超过政府税费收入规模时,政府必须通过发行公债的形式募款补充财政预算亏空。

如果长期存在财政收不抵支的局面,就会造成国债规模日积月累,进一步增加财税负担和偿债难度。马克思说:"因为国债是依靠国家收入来支付年利息等等开支,所以现代税收制度就成为国债制度的必要补充。借债政府可以应付额外的开支,而纳税人又不会立即有所感觉,但借债最终还是要求提高税收。另一方面,由于债务一笔接着一笔的积累而引起的增税,又迫使政府在遇到新的额外开支时,总是要借新债。因此,以对最必

---

① 《马克思恩格斯全集》第 21 卷,人民出版社,1965,第 195 页。《马克思恩格斯选集》第 4 卷,人民出版社,1972,第 167 页。

② 《马克思恩格斯全集》第 23 卷,人民出版社,1965,第 822~823 页。

要的生活资料的课税（因而也是以它们的昂贵）为轴心的现代财政制度，本身就包含着税收自行增加的萌芽。过重的课税并不是一件偶然的事情，倒不如说是一个原则。"① 政府利用对外借债解决临时财政困难最终必然需要增加税收收入来偿还。如果政府增税没有经济基础，就可能出现偿债困难和债务危机。

资本主义基本经济制度决定社会越来越多的资源转变为资本，资本再生产规模日益扩大，社会生产能力日益扩张，可使社会消费能力受到限制，消费在国民收入中所占比重日益降低。当然，并不是每个国家消费占国民收入的比重都在下降，当资本规模扩大到一定水平时，资本在本国市场竞争日益激烈迫使它们纷纷流入到资本利润率更高的国家，出现国际资本流动。虽然资本具有国际性、全球性的特性，但资本所有者具有国别、国籍和国家所属的差别。各国政府都试图发展本国资本家，让本国人掌握日益壮大的资本规模，甚至吸引外来资本。日益壮大的社会资本能够促进社会经济规模日益庞大，创造更多的价值和财富，但资本主义生产关系和固有的社会分配制度决定生产出来的日益庞大的社会财富，与社会可能的消费支付能力之间存在日益扩大的差距，不仅面临商品销售和价值实现的困难，而且分配引起的社会矛盾也会日益尖锐。这就经常需要经济危机来调节，或者政府事前事后通过财政、金融等手段进行宏观调控，缓解市场功能失调。

资本主义私有制决定了消费相对不足、社会收入两极分化的问题。为了保持社会稳定，资本主义国家必须通过财政税收等手段调节收入分配。资本主义越发达，两极分化矛盾越严重，阶级对立越尖锐，从而越发需要资产阶级政府扩大财政开支规模填补资产阶级残酷剥削所造成的人民收入减少。资本主义现实制度结果是提高生产力，用更少的人可以创造出更多的价值，数以亿计的人成为多余。大量失业人员、低收入人群失去支付养老、教育、医疗等开支的能力，政府需要为这部分人群支付一笔不菲的基本社会福利资金，实际上他是为整个资本家阶级实现社会稳定所集体筹集、

---

① 马克思：《资本论》第 1 卷，人民出版社，1975，第 825 页。《马克思恩格斯选集》第 2 卷，人民出版社，1972，第 260 页。

支付的必要费用。资产阶级对人民剥削越深重,劳动人民越贫穷,越会增加政府扩大财政开支的负担。政府财政福利开支越大,为此所借的内债、外债的规模越大,反过来说明西方资产阶级剥削越残酷,社会矛盾越尖锐。

为了缓和社会矛盾,调整社会关系,在民主政治体制下大搞社会福利;为了强化国家机器,维护社会稳定,政府财政所承担的国家机器运转经费的规模越来越大。国家消费通过政府财政收支方式从国民收入中拿走的部分越来越大,在国民收入中所占比重日益提高,这不仅直接加重国民的税费负担,而且可能在税费收入之外,政府通过对内对外举债方式占用更多的国民收入。一旦一定时期包括私人消费、国家消费在内的总开支超过国民收入总额时,就会出现寅吃卯粮的情况,或者在一定时期社会总开支超过本国国民收入总额时,就会出现国际借贷、国际资金流动。

发达国家资产阶级对技术工程师、发明家、管理者加强剥削,尽管脑力劳动者的收入水平普遍高于体力劳动者,资本家对这些脑力劳动者的剥削强度甚至超过对体力劳动者。政府为了刺激国家技术创新,需要不断扩大投入创新和研发费用,弥补资本家对研发投入不足和对脑力劳动者剥削所造成的收入减少以及研发投入积极性的减退。

在凯恩斯宏观经济理论指导下西方国家政府纷纷走上财政扩张的政策道路以便极力刺激经济增长,阻止经济增长滑落带来的社会危机。此外世界各国之间经济增长竞争、国家实力竞争、国际地位竞争等外在压力迫使各国政府加大财政开支扶持经济增长、科技进步、产业成长,争先恐后地借债、引资发展,特别是美国、欧洲为保持世界霸权或领先地位,不惜大规模举借外债,提高财政杠杆水平。靠举借外债度日和维持日常开支,已经是许多铤而走险的国家无路可选的结果。一旦在国际市场上出现借贷困难,这些国家政府就面临下台,或者和解破产的命运,如果这种破产产生一系列严重的社会、经济问题或影响,就会使危机更趋扩散和难以恢复。

**2. 欧洲资本主义民主政治和欧盟内部诸侯政治民主缺乏效率加重了主权债务并损害了信用**

在西方民主竞选体制下,各国政治家在执政时期需要兑现竞选时对选民许下的高收入、高福利的承诺,即便往往不能完全兑现。当公共财政开支规模超过了社会生产力所能承受的规模时就出现寅吃卯粮，财政亏空，被迫大量发行公债筹款。比如希腊经济以小企业为主，旅游业为支柱产业，缺乏国际竞争力。希腊政府往往依靠扩大公共部门来创造就业。建立庞大的公共部门便成为希腊财政入不敷出的一个重要原因。为了赢得竞选，政治家们要给人以各种承诺，包括承诺政府职位、福利等。长此以往，政府规模日益增大，费用失控。希腊公共部门债务的扩张正与希腊福利体系的建立密切相关。不仅希腊如此，其他欧洲国家都存在不同程度的"荷兰病"、"福利病"，经济增长放缓，公共开支增长却非常迅猛，开支大大超过经济承受能力。

当经济增长所能提供的社会积累少于社会福利开支规模时，就可能出现公债规模日益加大。一旦公债的还本付息能力不能继续维持，就会面临着一轮又一轮的"借新债还旧债"的窘境。马克思说："国家负债倒是直接符合于资产阶级中通过议会来统治和立法的那个集团的利益。国家财政赤字，正是他们投机的对象和他们致富的主要源泉。……而每一次新的公债都使金融贵族获得新的良好机会去盘剥经常被人为地保持在濒于破产状态的国家，因为国家不得不按最不利的条件向银行家借款。"[①] 而且当借债成本日益升高时，债券投资者获利水平更高，人民还本付息的税收负担进一步加重，还债风险越来越高。

为了阻止持续近两年的欧元区主权债务危机愈演愈烈，2011 年 10 月 26 日晚间欧盟及欧元区成员国领导人在布鲁塞尔召开峰会，各方为利益争论激烈，会议于 27 日凌晨才宣告结束，就解决债务危机达成一揽子协议，决定在 2012 年 6 月底前将欧洲主要银行的核心资本充足率提高到 9%；经过欧元区领导人和银行业代表的艰难磋商，银行业同意对希腊国债进行 50% 的减记；通过杠杆将总额 4400 亿欧元（约合 6090 亿美元）的"欧盟金融稳定机制"（EFSF）的规模提高至 1 万亿欧元（约合 1.4 万亿美元）。但这个数目还在筹集之中，而且应对危机实际需要的资金可能远超过这个数目。

---

① 《马克思恩格斯全集》第 7 卷，人民出版社，1959，第 13～14 页。

由于欧洲各国经济发展不平衡，各国经济利益存在差异。欧洲存在货币金融统一而财政不统一的结构性问题。欧元区主要国家领导人对解决主权债务危机存在不同的利益诉求、认识和解决办法，但却没有一方占据主导力量使问题尽快得到解决，结果欧元区主权债务问题久拖不决，应对债务危机失措，信任危机愈加严重，损害了投资者对欧洲解决主权债务问题的信心。马克思写道："公共信用成了资本的信条。随着国债的产生，不可饶恕的罪恶，已不再是亵渎圣灵，而是破坏国债的信用了。"① 虽然欧洲不缺乏解决债务危机的资金和能力，但是这种缺乏效率的欧洲诸侯政治民主损害了解决主权债务问题的信用，这是致命的，欧洲各国从国际市场上借款更难了。

如果欧洲不改变现行民主政治体制，不改革福利体系，欧盟就不能进一步提高经济、政治整合水平，诸侯民主体制就不可能真正解决财政赤字和债务问题。

**3. 欧洲主权债务危机是美国债务濒于崩溃、保全自我、打压欧元的产物**

自 2008 年美国由次贷危机引发的国际金融危机以来，美国经济一直复苏乏力，增长缓慢，特别是与日俱增的巨大国债削弱了美国政治与经济的活力，添加了债务可持续性的难度。美国作为西方资本主义国家的旗手和代表必须做出保全自身、牺牲他国利益的选择，环视世界国家生态，寻找债务风险较高的弱国作为猎杀目标。欧元区国家以及欧洲债券市场成为美国选择攻击的目标，它可以形成足够规模的国际投资资金流向美国，确保美国债券市场具有充足的资金来源，以便维持刺激经济复苏和增长的低利率政策，降低财政和企业的融资成本。其他国家或地区债务市场都不能成为解决美国经济和债务可持续性问题的攻击目标。最终美国决定为了确保自身债务可持续性牺牲了欧洲。美国为了保持美元回流和国内低利率以便减少国债利息负担、增加流动性和刺激投资、消费，不惜在全球搞金融恐怖主义，通过调低希腊、葡萄牙等国国债风险等级或从欧洲撤资等手段，恐吓国际投资者避开欧洲，选择到美国避风，让欧洲这个富裕地区为

---

① 马克思：《资本论》第 1 卷，人民出版社，1975，第 823 页。

2008 年美国发生的国际金融危机的损失买单。美国三大评级公司率先通过调降目标国的主权信用评级孤立和打击欧元区弱国，比如葡萄牙、爱尔兰、希腊等国，形成债务危机冲击波，制造债务投资风险。就在欧洲领导人称誓死捍卫欧元时，美国评级机构轮番调降欧元区国家主权债务评级，这是明证，而非专业的，不带政治目的的评价。美国评级公司是国际金融市场上的核弹，攻击别国的公债信用，影响投资风险，巩固美元霸权，惠及美国经济。美国对于欧元区出现的债务危机丝毫没有表现出对盟友的援助意向，口头上虚伪地说欧洲有足够的能力解决债务危机。

目前希腊债务投资者至少要损失 50% 的债务投资。如果危机进一步深入，债务减损会进一步提高。希腊无力还清全部债务，其他欧元区潜在危机国家也存在类似风险。欧洲脆弱的银行系统在希腊债务违约冲击下，损失程度具有不确定性，这驱赶着投资者到美国等更安全的地方避风。可以说希腊是一只被西方，特别是美国大金融资本从欧元区中分割和孤立出来的羚羊，其中也有欧盟成员，他们共同分食希腊这只欧元区最弱的羊。当然，希腊之后，哪个国家会落入金融狼群之口，可能已经明了。马克思指出："随着国债的产生，国际信用制度出现了。国际信用制度常常隐藏着这个或那个国家原始积累的源泉之一……今天出现在美国的许多身世不明的资本，仅仅在昨天还是英国的资本化了的儿童血液。"① 美国需要在美国之外的主要国际金融市场制造恐慌和震荡，确保外国投资资金转移到美国避险，以便在多次量化宽松后不会导致美元过快贬值。美国国债投资市场需要欧洲资本的投资以及本想流入欧洲国债市场的国际资本投资。欧洲弱国，特别是存在主权债务风险的弱国就最先成为美国维护自身国际利益的牺牲品。欧洲其他国家最终也许难逃美国阴险的战略黑手。

欧洲国家为了获得美国的饶恕和支持已经完全蜕变为唯美国马首是瞻的奴才，与日本的地位几乎无异，都是美国的附庸，他们在政治上完全不是平等的伙伴关系。当他们在国际狩猎场上打到猎物时美国和列强会按地

---

① 马克思：《资本论》第 1 卷，人民出版社，1975，第 824 页。

位等级分割国际利益。当他们没有猎物或者面临食物危机时，他们就会互相残杀，美国作为霸主就要欧洲附庸作出牺牲。同样，俯首帖耳的日本用几乎全部的美元外汇购买美国国债，接受日元升值的协议，听命美国拒绝购买伊朗石油。在美国霸权下，欧洲人已经没有了追求自由、毋宁死的气节，欧洲人已经失去了独立性和自主性。

可以预见，在美国债务问题没有得到彻底缓解之前，欧洲主权债务危机形势不会很快好转。欧洲主权债务危机是整个资本主义世界债务、金融危机较早烂掉的脓包，它仍将继续恶化并产生难以预测的影响后果，欧元和欧盟也可能随之瓦解，全面经济危机和更大规模的失业抗议可能即将爆发，世界经济陷入更深刻的危机，经济进入螺旋式衰退的通道，社会动荡和冲突不断，贸易保护主义和民族主义即将盛行。欧债危机作为主权债务的信用危机虽不直接表现为欧元危机，但却是继续恶化将导致欧元和欧盟的危机，遭受债务危机打击而得不到足够救助的欧（元）盟成员可能会选择退出，不让在一体化进程中得到好处却不伸出援助之手的国家继续享受一体化的好处。

欧洲主权债务危机是整个西方资本主义经济总危机的综合体现，是西方资本主义经济制度的危机，它将对世界经济和政治产生深刻的影响，也将对包括美国在内的各国金融、财政以及经济贸易构成挑战，中国需要直接面对这股已经来临的狂风暴雨。

### （三）欧洲主权债务危机的治理途径

**1. 欧洲主权债务问题国家以简单的财政紧缩政策来解决问题是本末倒置之策**

欧洲人面对债务危机时的应对失策也是加深危机的根源之一。欧盟已经与国际货币基金组织一道对希腊、爱尔兰、葡萄牙的主权债务给予资金援助，条件就是紧缩财政，压缩公共财政和福利开支。这种压缩公共开支政策几乎不可能奏效，而且进一步损害了本来已处衰退边缘的经济活力，由此摆脱债务压力几乎是空想。马克思在 1852 年 12 月发表的《议会——11 月 26 日的表决——迪斯累里的预算案》一文中写道："现在的问题是，由于实行自由贸易而不得不采取直接税制度的英国工业阶级，究竟用什么办法能够实行直接税制度，而不致激起公众的不满或增加自己的负担呢？这只有通过下列三种办法：向公债进攻。可是，这将是对国家信用的破坏，是没收，是革命的措施。把地租变成征税的主要对象。但这也是对财产的侵犯，也是没收，也是革命的措施。收回教会掌握的财产。但这仍然是对财产的进一步侵犯，仍然是没收，仍然是革命的措施。科布顿大声喊道：'决不能这样做，我们只应当缩减公共开支，这样，我们也就能减轻我们目前的税额。'这是一种空想。"他指出通过压缩公共开支达到减轻税收负担的目的是空想。

欧元区各国企图通过压缩财政开支的简单办法代替依靠发展经济提高还债能力的有效办法是欧洲应对债务危机失措的具体表现。欧洲主权债务问题严重的国家采取财政紧缩政策，削减开支，打乱经济原来的运转秩序，并且引发民众抗议和减少开支，损害经济发展，加重了债务危机。希腊等重债国以较高的利息率从国际货币基金组织、欧盟稳定基金的借款进一步加重了债务负担，借债最多只能起到暂时缓解燃眉之急的作用，最终还是要通过发展经济，增加财政收入，提高偿债能力的办法来应对债务危机。

在欧洲领导人一味倡导财政紧缩和增税政策的推动下，各受援国财政开支强行缩减，居民收入和消费都会压缩，社会总需求大幅缩减，投资和销售的景气日益恶化，所造成的经济衰退必然限制增税和偿债能力。所以，财政紧缩和增税政策都不是解决主权债务危机的可选办法。对此，一些欧洲领导人已经看出来了，但没有改变这种做法。

2008 年国际金融危机爆发之前希腊经济处在良好的增长水平上。在连续两年世界经济增长放缓的影响下，希腊经济往日的繁荣景象消失，经济恢复乏力。面对国际金融动荡和席卷而来的主权债务危机，希腊政府请求欧盟和国际货币基金组织资金援助并被要求削减公共开支，同时提高增值税率，从 2010 年的 19% 提高到了 2011 年的 23%，此外还大幅提高了燃油和烟草的消费税。同时，希腊政府开始从严征税，防止盛行的偷税漏税。这种紧缩财政和增税方案引起社会公众的强烈不满，造成长期持续罢工、游行等社会动荡，严重影响了正常的投资、生产、销售和消费活动，削弱了社会经济活动的信心，经济失去复苏的活力，让希腊经济陷于进一步的衰退之中。结果反而使税源和税基萎缩，减少了税收收入，偿债能力进一步削弱，财政增税减支的政策效果适得其反。所以，希腊的主权债务危机不能单靠增收减支这种简单的办法来解决。

解决债务危机不能单靠节支增税，减少公共开支，而要靠发展经济。外部救助计划应该以发展希腊经济为重，应该加大对私人部门的投资。债务必须要有经济效益，既要还债，同时更要着眼为经济发展服务。经济不发展，债务问题永远解决不了，而且会越滚越大。西方债权人为了从中赚取利息，利用希腊的债务危机获利，让希腊背起越来越多的债务。

**2. 发展经济，维持债务可持续性是治本之道**

欧洲主权债务不可持续是引发危机的直接原因。主权债务危机的根源在于公共开支规模长期、过度超过了公共收入的规模，导致长期收不抵支，借款规模膨胀，借款成本大幅度增加，借款来源枯竭，失去偿债信心和能力，债务规模不可持续。

欧洲债务危机背后隐藏的真正问题是生产效率。欧洲债务危机最核心的问题并不是欧元区成员国欠下的巨债，而是欧洲国家日益低下的生产效率不能支撑欧洲人富裕的生活和高水平的福利开支的要求。欧洲不仅与美国、日本存在生产效率的差距，而且欧洲工作时间较短，休闲时间较长，与新兴经济体日益增加的工作强度和延长劳动时间的经济竞争力相比也存在差距。由于收入和福利具有刚性，欧洲必须设法刺激经济和投资，增加就业，发展生产力，提高劳动生产率，提高国际竞争力，加快经济增长或恢复经济增长速度才可能增加税收收入，维持借债和偿债能力，解决债务问题。

目前不仅欧洲存在严重的公共开支规模长期、过度超过公共收入规模的问题，而且美国、日本同样潜在着主权债务危机，他们都存在不同程度的公共开支扩大和生产力继续提高的困境，只是由于美国相对较强的国际金融地位和日本国民偏爱投资本国国债的习惯，侥幸没有爆发债务危机。

解决债务问题，归根结底是发展经济的问题。所以，解决主权债务危机的首要前提是发展经济，其次才是财政增收节支。欧元区国家发展经济的途径在资本家不愿意增加更多就业的情况下，只能通过增加更大的流动性，刺激直接投资，吸引外国直接投资，达到促进经济增长的目标。欧洲主权债务问题国家首先要把新的借款用于发展经济，同时想方设法保持一定的经济增长水平，以便保持偿债所需资金的足够大的税基。从做大经济、扩大税基中增加税收。但是增加财税收入不可以通过增加税种、调高税率来实现，否则不利于吸引投资和发展经济。欧洲有关国家采取紧缩的财政政策应对债务危机是应对失措，是行不通的。

**3. 欧盟政治和财经改革是走出债务困境的重要举措**

虽然欧洲国家基本经济制度和民主政治制度难以得到根本改变，但是西方经济危机表明资本主义制度已经不适应时代，亟待改革。不过，欧盟内部各国之间的政治和财经改革也许是可以有所作为的努力方向。欧盟内部各国发展不均衡，各国间经济和政治利益存在差异，导致内部政治难以妥协，民主政治在处理关键问题时缺乏效率。德、法、英等在欧盟一体化中获得市场内部化好处和较大利益的国家不愿意承担为南欧重债国家解决债务时所要付出的损失，深陷债务危机之中的南欧国家也不愿意离开欧盟，指望着欧盟其他国家伸出援手。欧盟内部已经有把欧盟分为好国家、坏国家，核心国家、边缘国家等声音。

欧盟政治经济体制改革是集中欧盟内部资源解决问题的途径之一。如果内部各国在解决欧债危机上达成共识，欧盟整体就具有解决自身问题的资源和能力。现在看来在各自利益纠葛面前，欧盟各国各打算盘，政治改革和进一步经济整合的动机严重丧失。欧盟、欧元区其他成员怀疑对希腊的金融救助是否真正优先用于偿付债务本息，而不是用于希腊财政的其他公共开支，要求更加严格地监督希腊的公共支出和财政紧缩措施，甚至想设立独立于希腊财政预算的账户。成员之间缺乏信任。欧盟、欧元区内部政治经济制度改革停滞不前和前景不确定，继续降低解决债务危机的信任，危机不会很快得到解决，欧盟内部分化已经暴露，欧盟、欧元瓦解也许不是没有可能的。

但就目前来看欧盟政治改革和财经改革都面临巨大挑战，这种挑战就是现实利益差别，各国仍然是主权独立国家，没有放弃政治主权的意愿，更不愿实行财税整合统筹，改革的反对声可能高过赞同，而且民主政治下个别国家的反对有可能否决改革动议。欧盟政治经济深入改革难度巨大，在改革深入不下去的情况下债务危机、金融危机、经济危机就可能导致欧盟政治经济的整合付之东流，甚至可能分崩离析。欧洲民主精英正在与普通民众进行着激烈的思想、利益和肢体冲突。

目前欧盟内部关于加强财政纪律的改革已经取得一定进展，但它仍是各国财政独立基础上的制度安排，没有在财政联盟上获得任何进展。各国财政主权独立，意味着各自采取不同的财政预算收支制度和政策。在内部各国可能存在财政道德风险的情况下，欧盟有必要签署财政契约，加强财政纪律。如果各国财政主权收归欧盟，形成统一的财政收支规则，有助于避免财政道德风险，避免为本国开小灶而让欧盟统一财政埋单。欧盟只有实现财政整合，财政透明化，才可以动用中央财政资金解决国家或地区的债务问题。这种改革目标虽然明确，但是实现目标的路途可能比较遥远。

## 二 欧债危机期间中国对美债权投资暂时相对安全

欧洲仍在继续深化的主权债务危机对国际金融市场的投资风险产生巨大影响。中美两国经济互补性强，两国投融资合作是经济互补性的重要表现。中国对美债权投资不仅要看债务风险、成本和收益，更要看到借贷产生的其他经济政治利益，在当前欧债危机期间中国对美元债权投资暂时相对安全。

### （一）中国对外债权投资具有多重目的和动机

#### 1. 获取利息收益是中国投资美国国债的重要目的之一

投资外国国债能够带来比投资本国国债更高的利息率。马克思指出："如果资本输往国外，那么，这种情况之所以会发生，并不是因为它在国内绝对不能使用。这种情况之所以会发生，是因为它在国外能够按更高的利润率来使用。"①　我国外汇储备除了可以在海外采购与国际合作方面可以推动国内经济发展外，还可以在海外投资经营，获得适当的资产收益。

中国对外债权投资不同于西方金融资本输出。列宁说，资本输出"是帝国主义压迫和剥削世界上大多数民族和国家的坚实基础。"②　并指出，金融资本"要从一头牛身上剥下两张皮来：第一张皮是从贷款取得的利润，第二张皮是在同一笔贷款被用来购买克庐伯的产品或钢铁辛迪加的铁路材料等等时取得的利润"。③　中国对外债权投资仅仅得到外国借款人支付的使用资金机会成本。

美国等发达国家的金融资本利用美元基础货币地位，强迫非基础货币国家把外汇收入以低息借给发达国家，用以更大规模的国际投资，剥削全球所创造的剩余劳动成果。美国等发达国家则依靠雄厚的技术、资本和资本家阶级优势，以直接投资和股本投资的方式进入中国，牟取高额投资回报。美国通过国家间资本投资和运作能力差异获得巨大利润差收益和杠杆收益。马克思说："公债成了原始积累的最强有力的手段之一。它像挥动魔杖一样，使不生产的货币具有生殖力，这样就使它转化为资本，而又用不着承担投资于工业，甚至投资于高利贷时所不可避免的劳苦和风险。国家债权人实际上并没有付出什么，因为他们贷出的金额变成了容易转让的公债券，这些公债券在他们手里所起的作用和同量现金完全一样。于是就出现了这样产生的有闲的食利者阶级，充当政府和国民之间中介人的金融家就大发横财，每次国债的一大部分就成为从天而降的资本落入包税者、商人和私营工厂主手中，撇开这些不说，国债还使股份公司、各种有价证券的交易、证券投机，总之，使交易所投机和现代的银行统治兴盛起来。"④　中国对美投资美国国债获得较低的收益是有效使用金融资产的经济行为，并非为了食利。

---

① 马克思：《资本论》第 3 卷，人民出版社，2004，第 285 页。
② 《列宁选集》第 2 卷，人民出版社，1995，第 628 页。
③ 《列宁选集》第 2 卷，人民出版社，1995，第 677 页。
④ 马克思：《资本论》第 1 卷，人民出版社，1975，第 823 页。

中国金融资本和产业资本均较弱，缺乏美国同行的能力与效率。中国发挥了对美贸易的比较优势，表现为经常项目上连年顺差，积累了相当规模的外汇储备。中国多年来一直出现经常项目和资本项目项下的"双顺差"，积累了相当规模的外汇储备资产。2010年底中国外汇储备资产达2.85万亿美元。这么庞大的资产由于在国内流通、贷款和投资的规模非常有限，大规模外汇储备资产必须要进入国际市场，寻求贷款、购买国债、并购等投资途径，获得一定的股息、利息收入。尽管在美元贬值引起的全球通胀下美国国债投资的实际收益率已经很低，但仍比日本、欧洲债券市场利息略高。

**2. 中国对美债券投资风险相对较低**

截至2010年底，中国购买美国国债达到1.16万亿美元。随着欧洲债务危机愈演愈烈，中国海外债权投资的集中度可能更加明显，风险也更加集中。中国外汇储备对外投资应首要考虑投资的风险，既要具有高度流动性和安全性，又要获得一定的收益，投资方式只能选择流动性高的外国政府债券。

目前美国国债信用等级仍较高。中国借外汇给其他穷国的还款风险更高。相对于日本金融市场来说，中国对美国国债投资的安全性、流动性较高。相对于欧盟金融市场高收益、高风险的特点来说，中国投资美国国债的收益率较低，风险也较低。正是由于欧洲债务危机加剧，美国债务的无风险资产地位更加突出，各国投机资金纷纷流入美国国债市场，美国国债成为全球最受追捧的资产。美国10年期国债收益率由2.66%下跌到1.9%以下，债务融资成本几乎是全球最廉价的。而且美国国债以最低廉的融资成本获得了超额认购。中国等主要的美国国债投资国更加趋向于投资美国国债资产。中国对美国债券投资具有相对较高的安全性、流动性、赢利性。

**3. 中国保持一定规模的对美债券投资有助于保持国内金融稳定和促进外贸发展**

中国对美证券投资可以确保国内人民币币值稳定和坚挺，确保国内金融市场稳定和经济与对外贸易的快速增长，减少国际收支动荡和汇率变动对国内经济的不利影响。列宁指出："资本输出成了鼓励商品输出的手段。"① "最普遍的现象，就是规定拿一部分贷款来购买债权国的产品，尤其是军需品、船舶等等，作为贷款的条件。法国在最近二十年中（1890～1910年）常常采用这种手段。"② 中国投资美国国债，促进了美国经济的可持续发展，保证中国产品的最大出口市场的消费需求继续扩大，也保证了中国产品的出口销路。我们的策略就是中国借钱给美国买中国产品，否则我们就不再继续借钱，这是保持中美贸易得以继续发展和维持的经济硬约束。这是中国投资美国国债的重要原因之一。

**4. 中国对美证券投资还具有重要的战略意义**

传统债务融资理论从债务成本、收益和风险以及违约惩罚等方面解释债务关系、债务结构，然而，中美主权债务规模、结构和债务关系发生变化，可能需要从国际金融体系、国际贸易、国际投资以及两国经济结构互补性等更广泛的领域加以解释。

虽然从经济意义上说，中国投资美国国债可能得不偿失，但是中国购买美国国债不仅是为了保持外汇的安全性、流动性和增值保值，主要是为了保持战略平衡。本来中国作为穷国做美国这样的富国的债主，不合乎经济规律，浪费太大，资源利用收益太低。它纯粹是为了抗衡美国经济和军事霸权所建立的一种经济金融安全的平衡力量。

国家掌握外汇储备和外汇经营与使用具有重大的政治经济意义。政府可以集中用汇，达到外交和地缘政治的战略目的，参与地区金融、贸易和投资基金设立，获得主权投资利益。利用外汇资金参与包括欧洲债务危机国家的大国利益博弈，这些战略投资都不是经济利益可以核算的，也不是私人投资能够实现的。

中国作为债权人，通过借贷把闲置资金变成有收益的投资资金，获得利息收入，同时也削弱了借款人的发展能力，从债务人那里获得附带条件等方面的好处，但也面临借款人不能按期还本付息的违约风险。因此，我

---

① 《列宁选集》第 2 卷，人民出版社，1995，第 629～630 页。
② 《列宁选集》第 2 卷，人民出版社，1972，第 786 页。

们要对美国国债风险高度戒备。

外债包括主权债务，不能仅仅看债务成本、收益、风险等因素，还要看到债权债务关系背后隐藏的其他政治经济目的，有时债务投资的主要利益就在于利息之外的其他经济贸易利益的实现。主权债务风险和后果不同于私人债务的投资风险与后果。国家之间债务债权关系则意味着更为复杂的利益博弈关系。

## （二）危机前期中国对美债权投资是经济理性的

当前中国对美债权投资是两国经济结构互补性的结果。中国作为一个发展中国家在改革开放中形成了逐年扩大的外债，同时也出现了日益扩大的对外债权投资。扩大利用外债与对外投资并不矛盾，它们都是对外经贸发展的必然结果。优化外债资金与对外投资资金的资源配置，合理组合搭配两种资金结构，既可以规避风险，又可以提高经济效益，提高杠杆利用水平，增加收入。

中美经济结构的差异性决定了经济上的互补性和合作性。美国具有包括国内、国际资本在内的产业资本融资需求和管理专业的人才队伍，具有完善的金融市场和金融制度，能够支撑较高的杠杆利用率，从而可以大规模吸收国内、国际资本。

人们常问中国为什么要投资购买美国国债这样的现实问题。理论解释这种现实问题真有点棘手。中美经济结构存在巨大差异。美国是当今世界上最发达的经济体，农业现代化水平高，具有先进的制造业和发达的服务业，虚拟经济优势明显，企业和居民的金融投资意识强，杠杆利用率高，社会储蓄率较低。而中国是最大的发展中国家，农业和农村经济发展落后，具有较强的劳动密集和资源密集型制造业与服务业，具有明显的外贸比较优势，金融制度、金融体系和交易基础设施薄弱，杠杆率较低，储蓄率较高。美国具有包括国内、国际资本在内的产业资本融资需求和管理专业的人才队伍，具有完善的金融市场和金融制度，能够支撑较高的杠杆利用率，从而可以大规模吸收国内、国际资本。中国金融资本和产业资本均缺乏美国同行的能力与效率，只有发挥对美贸易的比较优势，表现为经常项目上连年顺差，才能积累相当规模的外汇储备。这部分外汇储备资产如何管理与投资经营成为最有争议的话题。所以，中美经济结构的差异性决定了经济上的互补性。

中国外汇为什么投资购买美国国债而不是购买美国股票？虽然理论上股权投资收益率较债权高，可是实际上中国对美直接投资和股权投资收益率比债券投资收益率还低。私人股权具有较高风险，特别是公司内部治理不善的情况下内部人或部分股东可能损及其他股东利益。中国外汇投资行动敏感，容易被暴露和跟踪。股权投资需要较强的专业人才队伍。中国只有将外汇资产由一些专业投资公司运营，才可以开展对美欧等国股市的投资。目前中国外汇主要由国家外汇管理局用来投资美国公债还是比较安全稳妥的，能够保持较高的资产流动性，随时进行大规模交易和退出。

### （三）危机前期中国对美债权投资仍是安全的

中国外汇储备借出首要考虑国别风险，借给穷国的还款风险较高。目前美国国债信用等级仍较高。相对于欧盟、日本等金融市场来说，中国对美国国债投资的安全性、流动性和收益性较高。中国以债务形式投资非洲、拉美等穷国，他们不能够还本付息的风险可能更高。随着这些地区金融制度和市场体系的日益完善，中国投资这些地区的债券市场，分散投资风险是有益的。就目前来看，中国投资美国公债仍是相对安全的，美国债券仍是各国外汇储备资金投资追捧的对象，仍被视为具有较高的信用等级。

#### 1. 美国有较高的国际资产经营效率

2010年美国海外大约拥有203153.59亿美元资产，外国在美大约拥有227863.48亿美元资产，美国净国际投资头寸为 - 24709.89亿美元（见表5 - 1）。但是美国全球总资产的市值规模庞大，资产效率较高，仍可以从负债中获得经济利益。据巴曙松（2010）分析，近20年来，美国对外资产年均收益率为6.2%，对外负债年均成本率为4.9%，美国利用负债的净息差为1.3%。这表明美国增加对外净负债可以获得更大利益，美国资产净收益率为正，债务能够为美国带来财富的增加。然而，当前中国对外资产年均收益率、对外负债年均成本率分别为2.58%和5.83%，正好倒

单位：亿美元

表 5-1　2005~2010 年美国国际投资头寸

| 投资类型 | 2005 年末 | 2006 年末 | 2007 年末 | 2008 年末 | 2009 年末 | 2010 年末 |
|---|---|---|---|---|---|---|
| 美国国际投资净头寸 | -19321.49 | -21916.53 | -17960.05 | -32601.58 | -23964.26 | -24709.89 |
| 美国拥有的海外资产 | 119615.52 | 144281.37 | 183996.76 | 194647.17 | 184870.42 | 203153.59 |
| 金融衍生品 | 11900.29 | 12389.95 | 25593.32 | 61274.50 | 35007.86 | 36529.09 |
| 除金融衍生品外美国拥有海外资产 | 107715.23 | 131891.42 | 158403.44 | 133372.67 | 149862.56 | 166624.50 |
| 美国官方储备资产 | 1880.43 | 2198.53 | 2772.11 | 2937.32 | 4038.04 | 4886.73 |
| 黄金 | 1341.75 | 1652.67 | 2180.25 | 2274.39 | 2843.80 | 3675.37 |
| 特别提款权 | 82.10 | 88.70 | 94.76 | 93.40 | 578.14 | 568.24 |
| 在 IMF 储备 | 80.36 | 50.40 | 42.44 | 76.83 | 113.85 | 124.92 |
| 外币 | 376.22 | 406.76 | 454.66 | 492.70 | 502.25 | 518.20 |
| 官方储备之外的美国政府资产 | 775.23 | 721.89 | 944.71 | 6240.99 | 827.74 | 752.35 |
| 美国私人资产 | 105059.57 | 128971.00 | 154686.62 | 124194.36 | 144996.78 | 160985.42 |
| 外国拥有的在美资产 | 138937.01 | 166197.90 | 201956.81 | 227248.75 | 208834.68 | 227863.48 |
| 金融衍生品 | 11321.14 | 11791.59 | 24878.60 | 59678.15 | 33660.37 | 35424.88 |
| 除金融衍生品外外国拥有的在美资产 | 127615.87 | 154406.31 | 177078.21 | 167570.60 | 175174.31 | 192438.60 |
| 外国官方在美资产 | 23132.95 | 28329.99 | 34118.31 | 39438.62 | 44027.62 | 48636.23 |
| 美国政府债券 | 17251.93 | 21671.12 | 25400.62 | 32641.39 | 35885.74 | 39572.04 |
| 美国财政债券 | 13405.98 | 15583.17 | 17366.87 | 24005.16 | 28796.11 | 33206.94 |
| 其他 | 3845.95 | 6087.95 | 8033.75 | 8636.23 | 7089.63 | 6365.10 |
| 其他美国政府负债 | 228.69 | 260.53 | 318.60 | 406.94 | 990.95 | 1102.43 |
| 其他外国官方资产 | 2685.86 | 3428.22 | 4338.78 | 3826.74 | 5276.11 | 6180.69 |
| 其他外国资产 | 104482.92 | 126076.32 | 142959.90 | 128131.98 | 131146.69 | 143802.37 |
| 美国海外直接投资市值 | 36379.96 | 44703.43 | 52749.91 | 31024.18 | 43309.14 | 48433.25 |
| 外国在美直接投资市值 | 28179.70 | 32930.53 | 35513.07 | 24864.46 | 30267.81 | 34514.05 |

资料来源：美国商务部经济分析局，http://www.bea.gov/international/。

挂，中国利用负债的净息差为 - 3.25%。这就是说中国对外资产年均收益率偏低，而对外负债成本率较高，中国对外债权没有带来财富增长，带来的是财富的损失。中国对外负债成本率为 5.83%，主要贡献来自于外商直接投资和股权投资部分的丰厚利润，中国对外债务部分支付的利息率并不高。可见，在中美债权债务关系中，美国从中获益匪浅，中国从债权中获利水平偏低，与风险不匹配，但没有更经济的选择。

**2. 外债是美国可以获利的低成本资源**

美国是一个资本积累规模庞大的富裕国家，在全球各地拥有巨大的各类国际投资资产，最不缺的就是资本。但是美国仍然从世界各地吸引资本流入美国金融市场，通过资本市场可以为美国跨国公司和机构筹集到规模庞大的低成本资金，然后投资到世界上其他更有利的项目中去，赚取更高的利润。在美国企业家看来，外债是可以利用杠杆运用的低成本资源。在美国政府看来，借了外债，用外国人的钱办自己的事，减少对本国资本的抽税负担，增加本国资本供给，增强本国资本的国际竞争力。美国人能够借到的低成本外债越多越好。债务利息完全可以从经济利益中得到补偿，不必担忧。

中美经济互补和相互需要决定中美债务关系及其发展。中美人才结构对国际资产经营管理的效率差异决定了中国目前投资美国国债是安全的，收益率稳定，而且相对较高。

据潘英丽 (2010) 计算，1999～2009 年间，美国在华直接投资的经营性净收益率为 15%，加上资产升值和人民币升值因素，实际收益率为 18%。美国对中国股票投资收益率为 13%。相比较，中国对美国直接投资的实际收益率仅为 2.3%，股票投资实际收益率为 1.77%，中国投资美国国债与机构债的实际收益率为 3.22%。中美双边投资收益率倒挂 15.7%。

中国国内储蓄规模很大，资本出路是个难题，可是中国金融市场、金融体系发育不充分，企业家成长不够，国内融资需求有限。国际直接投资和其他证券投资的国际化人才瓶颈限制了国际直接投资与股权投资的发展。选择对美国公债形式的投资是中国人才结构局限的结果。中国对美国国债投资的管理与运营人才不需要很多，但是专业化程度要达到较高水平。中国缺乏如同美国所拥有的在世界各地驻扎的数以百万计的国际直接投资经营管理人才，所以我们只能侧重做只要少数人就可以胜任的证券投资。

**3. 美国以本币融资进行国际借款如同在国内借款一样便捷**

与中国对外债务主要以美元为主的外债币种结构不同，美国外债主要以美元债务为主，在国内金融市场很容易进行本币融资，以外币支付外债的压力较小，整体外债安全性高。截至 2010 年 12 月 31 日美国总外债144561.94 亿美元，其中以外币表示的外债为 11494.19 亿美元，占 8%；以美元本币表示的外债为 114489.97 亿美元，占 79.2%；未知币种外债18577.78 亿美元，占 12.8%。美国借美元外债如同借内债一样，不受限制，而且融资成本低。

**4. 美国外债结构比较合理**

2010 年末美国 144561.94 亿美元总外债中的短期债务 51568.45 亿美元，占 35.7%；长期债务 81313.54 亿美元，占 56.2%；公司外债11679.95 亿美元，占 8.1%（见表 5 - 2）。可见，美国对外债务以长期债务为主，短期债务比重适度，债务结构比较合理。美国积极采取借长还短的策略调整债务结构，降低债务风险。目前来说，美国国债仍是安全的。

表 5 - 2　截至 2010 年 12 月 31 日美国总对外债务头寸

单位：亿美元

| | | |
|---|---|---|
| 一般政府 | 短期债务 | 7302.47 |
| | 长期债务 | 36809.43 |
| 金融当局 | 短期债务 | 3454.42 |
| | 长期债务 | 547.45 |
| 银　行 | 短期债务 | 24204.81 |
| | 长期债务 | 3867.24 |
| 其他部门 | 短期债务 | 16606.75 |
| | 长期债务 | 40089.42 |
| 公司间债务 | 对分支企业的债务 | 3701.67 |
| | 对直接投资者的债务 | 7978.28 |
| 对外总债务 | | 144561.94 |

资料来源：美国财政部，http://www.treasury.gov/resource - center/data - chart - center/tic/Documents/debtad10.html。

但是，在目前国际借贷资本紧张的情况下，美国在 2011 年内筹集了至少 5 万亿美元以上长期债务，以便按期还本付息也是不小的压力。2011 年 9 月末美国外债总额增加到 149593.28 亿美元，比年初时增加大约 5 千亿美元外债，外债增长势头有所控制。

**5. 美国债务利息负担较轻**

2010 年美国外债总余额占到 GDP 的近 100%，其中美国政府债务占 GDP 的比重为 28.5%。这个比例可能会继续提高。与 2007 年、2008 年同期相比，当前美国财政债券利息率相对较低。2011 年一般短期名义利息率低于 0.3%，10 年期债券利息率由 2007 年 1 月初的 4.68% 下降到 2012 年 1 月初的 1.97%（见表 5 - 3）。

表 5 - 3　近年美国财政部每日名义利息率分布

单位：%

| 日期 | 1 月 | 3 月 | 6 月 | 1 年 | 2 年 | 3 年 | 5 年 | 7 年 | 10 年 | 20 年 | 30 年 |
|---|---|---|---|---|---|---|---|---|---|---|---|
| 2007 年 1 月 2 日 | 4.79 | 5.07 | 5.11 | 5.00 | 4.80 | 4.71 | 4.68 | 4.68 | 4.68 | 4.87 | 4.79 |
| 2008 年 1 月 2 日 | 3.09 | 3.26 | 3.32 | 3.17 | 2.88 | 2.89 | 3.28 | 3.54 | 3.91 | 4.39 | 4.35 |
| 2009 年 1 月 2 日 | 0.04 | 0.08 | 0.28 | 0.40 | 0.88 | 1.14 | 1.72 | 2.07 | 2.46 | 3.22 | 2.83 |
| 2010 年 1 月 4 日 | 0.05 | 0.08 | 0.18 | 0.45 | 1.09 | 1.66 | 2.65 | 3.36 | 3.85 | 4.60 | 4.65 |
| 2011 年 1 月 3 日 | 0.11 | 0.15 | 0.19 | 0.29 | 0.61 | 1.03 | 2.02 | 2.74 | 3.36 | 4.18 | 4.39 |
| 2011 年 2 月 1 日 | 0.16 | 0.15 | 0.18 | 0.27 | 0.61 | 1.04 | 2.02 | 2.79 | 3.48 | 4.37 | 4.62 |
| 2011 年 3 月 1 日 | 0.07 | 0.14 | 0.14 | 0.25 | 0.66 | 1.15 | 2.11 | 2.81 | 3.41 | 4.24 | 4.48 |
| 2011 年 4 月 1 日 | 0.03 | 0.07 | 0.15 | 0.27 | 0.80 | 1.31 | 2.24 | 2.90 | 3.46 | 4.27 | 4.48 |
| 2011 年 5 月 2 日 | 0.02 | 0.05 | 0.10 | 0.22 | 0.61 | 1.01 | 1.96 | 2.66 | 3.31 | 4.14 | 4.38 |
| 2011 年 6 月 1 日 | 0.04 | 0.05 | 0.11 | 0.18 | 0.44 | 0.74 | 1.60 | 2.28 | 2.96 | 3.83 | 4.15 |
| 2011 年 7 月 1 日 | 0.01 | 0.02 | 0.10 | 0.20 | 0.50 | 0.85 | 1.80 | 2.54 | 3.22 | 4.12 | 4.40 |
| 2011 年 8 月 1 日 | 0.13 | 0.10 | 0.16 | 0.22 | 0.38 | 0.55 | 1.32 | 2.05 | 2.77 | 3.72 | 4.07 |
| 2011 年 9 月 1 日 | 0.02 | 0.05 | 0.10 | 0.19 | 0.31 | 0.90 | 1.49 | 2.15 | 3.10 | 3.51 | |
| 2011 年 10 月 3 日 | 0.01 | 0.02 | 0.06 | 0.12 | 0.24 | 0.39 | 0.87 | 1.33 | 1.80 | 2.51 | 2.76 |
| 2011 年 11 月 1 日 | 0.01 | 0.01 | 0.06 | 0.13 | 0.23 | 0.38 | 0.90 | 1.45 | 2.01 | 2.73 | 2.99 |
| 2011 年 12 月 1 日 | 0.02 | 0.01 | 0.06 | 0.12 | 0.27 | 0.41 | 0.97 | 1.55 | 2.11 | 2.82 | 3.12 |
| 2012 年 1 月 3 日 | 0.01 | 0.02 | 0.06 | 0.12 | 0.27 | 0.40 | 0.89 | 1.41 | 1.97 | 2.67 | 2.98 |
| 2012 年 2 月 15 日 | 0.09 | 0.11 | 0.13 | 0.18 | 0.29 | 0.38 | 0.81 | 1.34 | 1.93 | 2.72 | 3.09 |

资料来源：美国财政部数据中心，http：//www.treasury.gov/resource - center/data - chart - center/interest - rates/Pages/TextView.aspx？data = yield。

如果考虑到过去 10 年美国 2.2% 的年均通货膨胀率, 实际利息率则更低。美国利息负担并不大。目前美国国债总体利息率处在历史低水平上。美国国债融资成本很低, 市场上国债仍供不应求。

在本币贬值速度由自己掌控的情况下, 负债经营更有利。美国在国际借款中获得巨大利差和杠杆利益。相对于如此之快的美元贬值, 外国投资美国国债注定得不偿失, 只是闲置资金没有其他更好的投资选择途径, 不得已而在劣中选优。

**6. 美国海外资产, 特别是证券资产仍是优质的**

2009 年末美国海外拥有 184870.42 亿美元, 其中美国持有外国证券 59767.11 亿美元, 股权资产 39952.95 亿美元, 长期债权资产 15941.87 亿美元, 短期债权 3872.29 亿美元。美国证券资产不仅可以获得投资收益, 而且在必要时候可以较快变现, 支付外债, 确保外债偿付能力。

美国已经成功地将 2008 年以来的国际金融危机损失以轮番调低欧元区弱国债务评级、美元量化宽松、美元贬值等方式转嫁给欧洲和中国, 确保美国国债的安全地位。正是由于世界各国对美国国债的信任还在, 美国国债成为目前最安全的避风港, 各国还不断地投资美国国债。这是全球最大、最危险的 "扭曲" 操作。

## (四) 欧债危机提供了对美国国债投资暂时的安全契机

欧债危机以来, 美元债券成为全世界最热销的投资品。全世界大规模的投资资金流向美国国债市场, 大规模的资金流入确保美国国债持续热销, 这些投资资金至少在欧债危机期间不会撤离美国市场, 美债交易和价格不会出现风险。相对于其他国家或地区的投资风险来看, 美国财政公债的投资安全性高, 风险相对较低, 虽然美国主权债务信用已经失去 "AAA" 级的地位。

在欧债危机期间, 世界经济面临诸多不确定性, 产业投资和金融投资都会谨慎, 或者收缩, 或者寻找更加安全、低风险的投资品。世界将会出现大规模游离出产业的闲置资金蜂拥到美国, 美债市场能够得到源源不断的流入资金支撑, 并保持一段时间低利率、几乎无风险的投资黄金期。美债市场规模大、流动性高、交易规范。如果说乱世开赌场，那么危机时期的债券交易肯定欣欣向荣。

由于大规模外来资金进入美国债券市场，美国财政债券和企业债券都不缺乏投资者，债务可持续性没有问题，而且在利用杠杆的同时只需要支付很低的融资成本，从而可以获得较高的杠杆收益，这将保证企业具有较高的毛利润和偿债能力，保证美国充足的财税来源，有足够能力还本付息，维持较高的主权债务信用评级。

## 三　在欧债危机四伏中中国对美债权投资潜藏着风险

中国作为美国的第一大债权国，处境危险，无论是美元贬值，还是美国国债评级下降，都可能导致中国投资美国国债的账面减值，面临多种投资风险。

### （一）　中国对美债权投资规模过大、过于集中

中国投资美国国债规模过大，市场过分集中。中国在对美主要债权投资国家或地区中名列第一，规模列各国之首。2011 年 12 月中国对美国财政债券投资额 11007 亿美元，超过资本富裕的日本对美国财政债券的投资规模（见表 5 - 4）。自 2009 年 9 月中国持有美国财政债券额达到 9383 亿美元规模以来，直至 2010 年 10 月持有美国财政债券规模达到历史最高的 11753 亿美元。2009 年 9 月～2011 年 12 月期间在反复增持与减持的"持长卖短"结构调整之后，中国持有美国国债规模已经下降，但继续保持投资美国国债规模第一的位置。2011 年中国减持美国财政债券 594 亿美元，减幅达 5.1%。

目前中国逾 4.8 万亿美元国际资产中有超过 1.1 万亿美元投资购买美国公债，约占我国对外资产的 23%，占到外国投资美国财政债券总额 4.73 万亿美元的 23.3%。2010 年 6 月以后美国对中国数据进行大幅调整。2011 年 12 月中国持有美国国债规模 1.1 万亿美元，这是美国财政部统计的数据。实际上中国政府、组织、企业、个人等从不同国际金融市场和

表 5 – 4　2009 年 9 月 ~ 2011 年 12 月外国投资美国财政债券数额

单位：亿美元

| 年月 | 中国 | 日本 | 总计 | 外国官方 |
|---|---|---|---|---|
| 2009 年 9 月 | 9383 | 7479 | 35755 | 26992 |
| 2009 年 10 月 | 9383 | 7429 | 35761 | 27145 |
| 2009 年 11 月 | 9290 | 7543 | 36690 | 27286 |
| 2009 年 12 月 | 8948 | 7657 | 36851 | 27001 |
| 2010 年 1 月 | 8890 | 7654 | 37019 | 26746 |
| 2010 年 2 月 | 8775 | 7682 | 37454 | 26703 |
| 2010 年 3 月 | 8952 | 7833 | 38778 | 27033 |
| 2010 年 4 月 | 9002 | 7938 | 39511 | 27151 |
| 2010 年 5 月 | 8677 | 7848 | 39581 | 26908 |
| 2010 年 6 月 | 11121 | 7999 | 40699 | 30714 |
| 2010 年 7 月 | 11151 | 8173 | 41253 | 30992 |
| 2010 年 8 月 | 11368 | 8325 | 42718 | 31441 |
| 2010 年 9 月 | 11519 | 8608 | 43241 | 31921 |
| 2010 年 10 月 | 11753 | 8736 | 43731 | 32279 |
| 2010 年 11 月 | 11641 | 8759 | 44114 | 32124 |
| 2010 年 12 月 | 11601 | 8823 | 44356 | 31893 |
| 2011 年 1 月 | 11547 | 8859 | 44514 | 31840 |
| 2011 年 2 月 | 11541 | 8903 | 44720 | 31930 |
| 2011 年 3 月 | 11449 | 9079 | 44761 | 31829 |
| 2011 年 4 月 | 11525 | 9069 | 44879 | 32178 |
| 2011 年 5 月 | 11598 | 9124 | 45148 | 32409 |
| 2011 年 6 月 | 11655 | 9110 | 45008 | 32392 |
| 2011 年 7 月 | 11735 | 9148 | 44843 | 32376 |
| 2011 年 8 月 | 11370 | 9366 | 45726 | 32450 |
| 2011 年 9 月 | 11483 | 9568 | 46602 | 32618 |
| 2011 年 10 月 | 11341 | 9790 | 46563 | 32398 |
| 2011 年 11 月 | 11326 | 10389 | 47503 | 32705 |
| 2011 年 12 月 | 11007 | 10424 | 47321 | 32289 |

资料来源：Department of the Treasury/Federal Reserve Board，February 15，2012. http：// www. treasury. gov/resource – center/data – chart – center/tic/Documents/mfh. txt。

金融渠道投资购买美国国债。中国实际投资美国国债的规模可能超过这个数字。整个大中华地区对美各类债券投资的规模更加庞大。可见，中国对美债券投资过分集中在美国财政债券和其他债券上。

造成这种现象的主要原因在于国际金融市场主要集中在美国。中国如此大规模的投资是规模较小的国际金融市场所不能容纳的。美国金融交易制度比较完善，金融交易市场体系健全，美国债券融资市场规模巨大，大规模债券交易对市场行情影响不大。中国集中投资美国财政债券也是国际金融体系不平衡的结果。

虽然中国持有美国国债规模较大，占外国持有美国国债的比重较高，但中国持有的美国国债规模占美国全部国债总规模的比重仍然较少，在市场上没有重要的地位和话语权。所以，中国对美债权的投资集中和大规模投资并不能带来额外好处，反而让自身的选择余地受限。

## （二）中国对美债权投资风险激增

2007 年由美国次贷危机引发的自 2008 年下半年开始的国际金融危机爆发以来，世界经济已经从高速增长进入到深刻的衰退和萧条阶段，现在仍在欧洲国家持续蔓延，这场国际债务危机龙卷风正在把金融危机的代价进行国际转移、分配与落实。这种主要发生在经济发达国家金融领域里的危机代价分配最终可能会把整个全球金融市场卷入进来。与欧洲实行的财政紧缩政策不同，美国目前实行的减税计划和金融扩张政策将使财政赤字进一步扩大，债务杠杆率进一步提高，目的在于刺激经济复苏，改善债务结构，增强偿债能力，必将深刻调整国际金融格局。发展中国家对发达国家金融投资已经并将进一步为这场危机的代价承担部分损失和风险。中国对美债权投资将面临从目前的比较安全到风险急剧增加的巨大转变。

### 1. 美国主权债务问题日益突出

2011 年 10 月美国债务总额大约 54.58 万亿美元，其中联邦政府债务 14.85 万亿美元，州债务 1.21 万亿美元，地方债务 1.76 万亿美元，其余为其他各类债务。目前美国国债规模是 GDP 的 99%，人均国债 4.76 万美元。美国以每天约 4 亿美元的速度增加国债。美国日益严峻的主权债务问题之所以没有爆发成为危机，主要依靠美元世界基础货币的地位和较高的国际金融市场地位，使其在欧洲制造债务危机恐怖中能够保全自身而苟延残喘。

2009 年，美国财政赤字曾达到创纪录的 1.41 万亿美元；2010 年，美联邦政府财政赤字降到 1.29 万亿美元；2011 年，美国联邦政府财政赤字将回升到 1.3 万亿美元。由于经济增长缓慢以及失业率持续处于高位，美国公共债务占国内生产总值的比例短期内不会显著下降。房地产业依然拖累着美国经济复苏。投资者对美国经济表示担心，非常担心衰退的到来，他们希望在情况还没有那么糟的时候尽早退出。

2011 年 8 月 3 日中国大公国际资信评估有限公司将美国主权债务评级从"A +"降至"A"，评级展望被调为负面。2011 年 8 月 6 日标准普尔首次取消了美国债务保持了 70 年之久的"AAA"评级，把美国主权债务评级降至"AA +"。2011 年 10 月 3 日惠誉发布《全球经济展望》报告预计，2011 年美国经济增长率为 1.5%，2012 年的经济增长预期为 1.8%，不认为美国经济会出现"二次探底"。2011 年 11 月 28 日，惠誉公司将美国主权信用评级前景展望调为负面，并警告说，如果美国国会无法达成有效的减赤方案，将在 2013 年下调美国"AAA"主权信用评级。2011 年 11 月 29 日标准普尔公司下调美国主要大银行评级，对全球 37 家主要金融机构的评级作出调整，其中包括下调美国银行、花旗银行、高盛集团、富国银行、摩根大通银行和摩根士丹利等美国大金融机构的信用评级，同时标普下调包括巴克莱银行、汇丰银行和苏格兰皇家银行的评级，而对瑞士信贷银行和德意志银行的评级保持不变。

美国政府不断提高举借国债的上限，最近的一次提高上限是在两党为国债上限展开激烈争论的最后一刻达成的妥协，暂缓了美国债券违约，这种饮鸩止渴解决危机的方法通过不停地印钞票，一次又一次地采取量化宽松措施扩张货币供应，继续加剧全球的流动性，提高杠杆率，潜伏的危机进一步扩大。

2011 年 9 月 21 日美联储宣布维持联邦基金利率在 0 ~ 0.25% 的区间不变；并决定实施在 2012 年 6 月底前购买 4000 亿美元 6 年期至 30 年期国债，同时出售相同规模的 3 年期或更短期国债的"展期计划"。在目前全球金融市场动荡的背景下，美联储推出这种实质上的扭转操作（Operation Twist，OT）目的在于降低整个资产负债表的风险结构和期限结构，压低长期国债收益率，刺激银行放贷和经济增长。未来为了刺激美国经济和增加就业，美联储会继续通过量化宽松方式增发美元，增加市场美元流动性，但它会推高世界其他国家通货膨胀，引起美元进一步贬值。而且美国长期采取低利率或负利率政策会导致存款和放贷的利率差空间很小，银行不愿去放贷。

美国现行社会分配制度、持续居高不下的失业率和主权债务恶化也不断体现到两党的政治斗争中，而且还爆发了自2011年9月17日以来在美国各地展开的持续数月的"占领华尔街"示威。2011年11月17日近千名"占领华尔街"示威者在纽约证券交易所外举行大规模集会，一路高喊口号游行至纽交所附近，并占领附近金融区的道路，试图阻止交易员进入纽交所，与警察发生冲突，抗议美国金融制度对仅占人口1%的权贵和富人的偏袒，痛斥美国政治的权钱交易、两党角力、社会不公等丑陋现象。2011年12月22日，美国纽约州奥尔巴尼市警方向"占领奥尔巴尼运动"示威者喷洒胡椒粉，致使许多人受伤，警民对抗升级。

**2. 美国内外债规模庞大，增长速度加快**

目前美国内外债务总规模高达近54.58万亿美元，接近GDP的4倍。截至2010年底美国总外债达到144561.94亿美元，外债总额占到当年美国14.5万亿美元GDP的99.7%。2009年9月外国持有美国财政债券35755亿美元，到2011年2月外国持有美国财政债券规模增加到44743亿美元，1年半内增加了8988亿美元，而当年美国增加的GDP规模大约只有5000亿美元。

美联储主席伯南克（Bernanke）表示，人们普遍了解，联邦政府正在走着一条无以为继的财政道路。然而，作为一个国家，我们尚未对解决我国经济所面临的这一重大威胁采取什么行动。2011年美国就业增长仍继续滞后，经济增长速度不足以满足劳工队伍的正常增长和降低失业率。为稳定和改善美国经济，应该制定一项减少巨额预算赤字的长期方案。包括美国在内的发达国家正在或即将陷入债务危机之中，美国巨额债务不仅是目前要解决的问题，也是影响美国经济长期增长潜力的重要因素。2011年1月13日美国穆迪投资服务公司发布报告称，如果美国不逆转国债扩张势头，将失去"Aaa"信用评级，主权债务前景调为负面的可能性将增加。同时，标准普尔公司发出警告，过去数月美国财政状况恶化，不排除会调整美国主权债务前景的可能性。2011年4月19日标准普尔将美国国债的评级展望从"稳定"下调为"负面"。实际上这些美国信用评级公司已经非常淡化美国巨额财政赤字和国债的威胁，事实情况更加糟糕，将在1~2年内失去外国投资者信任的重大风险。美国债券市场发生危机的风险很高，时刻都可能爆发危机。

发达国家债务杠杆率较高，而发展中国家对利用债务促进经济发展的认识不够，不仅杠杆率较低，而且金融制度和金融体系不健全，债务可持续的风险较大。比如，日本公债占 GDP 比值大约 150%，日本支付债务利息率近乎于零，日本债务应该是安全的。而大多数发展中国家债务占 GDP 水平低于 30%，却经常面临债务危机。发展中国家债务规模不大，债务总额占 GDP 比重不高，却由于债务结构中短期债务占比高，以外币外债为主，这与发生债务危机的概率密切相关。发展中国家举借外债具有短期外币债务特征，容易发生债务危机；而美国能够以本币举借长期债务，无论从哪儿借或借多少，都不会发生债务可持续性的危机问题。

许多发展中国家不能够举借本币外债不仅是本国金融制度、体系和政策问题，更主要是国际金融架构的深层原因。改革和建立新的国际金融制度或创造新的金融工具可能会改善现有的债务可持续性。有观点提出，发展中国家落后的金融制度安排影响债务可持续性，似乎有一定道理，因为制度不健全可能导致债务滥用、债务违约风险高等问题。越落后国家融资成本越高，还本付息压力越大，债务连续性不强。所以，债务结构不是债务危机的根本原因，应该有深刻的国内经济金融制度原因，特别是制度和法律框架。债务危机的关键在于利用债务的经济效益和法律制度设施健全程度。没有经济效益的债务必然难以偿还。债务风险高低取决于债务经济效益。

在商业鼎盛期间美国依靠较强的金融投资和产业投资能力，企业采取高杠杆利用率策略，获得杠杆利益和融资成本率与产业利润率之间差额利益。资本追逐更高利润的本性决定资本利用高杠杆率的商业风险。但是在金融危机背景下企业投资谨慎，纷纷降低杠杆率，普遍的市场销售不景气导致偿债能力减弱。一旦美国企业没有偿付信用时，美国也会面临债务危机，还不起债。美国目前正面临着庞大债务的使用经济效益不高的巨大压力。在金融危机之前美国高杠杆率可以从借债中获得杠杆收益，但是在危机之后经济没有恢复到之前的景气状态，投资收益不高，甚至已经不能覆盖融资的资本成本，根本没有多少杠杆收益。美国政府面临巨大的经济复苏、扩大就业和减轻企业融资成本的压力。2012 年 1 月 25 日美联储宣布维持利率在 0 ~ 0.25% 不变，并表示将保持至 2014 年底。这个政策目标就是刺激经济、减轻失业，避免出现企业债务危机。

美国企业信用危机会导致整个国际社会信用恐慌，美国财政债券信用也可能受到波及，可能会出现财政危机和主权债务危机的叠加。因此，中国若继续给予经济前景仍不看好的美国大笔融资的话，只会造成更大的损失。

**3. 欧洲债务危机恶化也加剧了中国对美债权投资的风险**

主权债务危机总是由财政赤字危机引起的。希腊主权债务危机是全球金融危机的延续和代价的落实行动，是希腊政府财政赤字不断累积的必然结果。希腊、葡萄牙和爱尔兰的债务危机不仅拖累欧元区经济增长，甚至整个欧洲经济都可能会深陷财政困境和债务危机。欧洲债务危机会继续发酵，深度债务危机已经席卷冰岛、希腊、葡萄牙、爱尔兰、西班牙等国，甚至将卷入意大利、英国等。欧洲国家主权债务危机引起个别国家濒临破产，所造成的金融冲击后果十分可怕，债务违约风险会扩散。欧洲国家国债价格将大跌，欧洲发债融资成本将很高，欧洲国家和美国的银行机构将遭受重大的投资损失，他们在希腊、葡萄牙、西班牙等国家的国债投资的风险敞口超过 1.2 万亿欧元。2011 年 9 月 26 日美国总统奥巴马说："欧元区银行还未从 2008 年金融风暴中完全恢复，从未全面处理他们银行体系所面临的各项挑战，现又遭遇希腊政府债务危机。现在希腊问题让情况雪上加霜。问题迟迟未解。他们现在经历的金融危机已逐渐造成全球恐惧。"欧洲债务违约的重组中，美国投资欧洲主权债务可能面临部分折损。美国大型期货经纪公司曼氏金融（MF Global）是因吃进问题欧洲主权债务过多而破产的美国金融企业典型代表。同时欧洲国家投资美国的债务资金陆续要撤回欧洲救火。其他国家在嗅到美国潜伏的债务危机的气息时也会退出美国市场。这就可能使美国债务市场面临供给短缺。

欧洲主权债务危机的蔓延正在扩大，会影响那些与之有关联的金融机构。美国金融机构与欧洲同行有千丝万缕的联系。欧债危机已经影响到美国金融市场，美国可能因此而引火烧身。美国货币市场基金正大举从欧洲撤资，对冲基金也大幅减持欧元区国家债券，削减相关风险资产比例，以求自保，这将对欧元区债务危机起推波助澜的作用。美国华尔街已经受到欧洲主权债务危机的传染。2011年10月31日曼氏金融公司因持有过多欧洲债券导致巨额亏损，被迫寻求破产保护。曼氏金融公司持有意大利、西班牙、比利时、葡萄牙、爱尔兰等欧元区国家的主权债券高达62.9亿美元。投资欧洲主权债务决策失误是曼氏金融陷入困境的直接原因。曼氏首席执行官乔恩·科尔津对欧盟领导人解决债务危机的能力过于乐观，高估了欧洲政治效率，然而欧洲缓慢低效的政治决策使欧洲主权债务危机一再拖延恶化。当欧洲政治家决定免除希腊50%的债务时，依然采取40倍高杠杆率激进投资操作策略的曼氏金融最终向法院提交了破产保护申请。据美国财政部报告，美国银行业对希腊、爱尔兰和葡萄牙等国风险敞口有限，但如果意大利和西班牙债务情况恶化，加上信用违约掉期和欧洲银行系统敞口，美国银行业的总风险敞口将超过4万亿美元。欧洲银行业共持有欧元区3.5万亿美元的主权债券。一旦欧洲主权债务风险进一步严重恶化，美国金融系统也将在劫难逃，金融危机可能再度光临美国。

美国投资风险评级机构屡次降低欧洲国家债务的信用评级，目的在于打压国际投资资金流入欧洲的信心，挽救美国债务市场，保持美国债务利息率处于较低水平，降低美国融资成本，避免融资资金的短缺。吸引更多的国际投资资金流入美国债市，让更多的投资继续留在美国，达到美国利益最大化的目的。阿拉伯国家石油美元、亚洲国家贸易盈余美元和欧洲食利资本都会为避险而投资美国债券，继续扩大对美国的债务融资。美国打击欧洲债务融资，既有战略目的，也有自身融资的需要，解决美国经济困境。但是，美国如果太过火，可能搞垮欧洲，导致新一轮的债务危机和金融危机，无异于玩火自焚。

虽然美国债务市场需求在减少，但债务供给收缩规模较大，即使在量化宽松政策下增加市场流动性，流动性缺口依然很大。由于美国各州和大城市的负债总额超过 2 万亿美元，2011 年美国可能有 100 多个城市宣告破产，债务危机可能会导致各地方政府崩盘，美国联邦政府也必须为此付出代价，这就是民主优越所产生的代价，或是副产品。美国从过去直到现在一直疯狂地借贷，过度扩张信用，债务规模持续膨胀，债务危机已经潜伏，将在 1~3 年欧洲持续债务危机之中被拖入全面深刻的全球债务危机，美国经济规模面临进一步收缩的风险。

中国对美债权将面临巨大的风险。美国已经看到这场史无前例的债务危机，加之美国国内经济增长乏力，就业压力巨大，政治僵局对执政党不利，奥巴马政府已经在亚洲频频制造事端，希望通过打一场可控战争的军事冒险刺激偏重军工经济的美国经济摆脱衰退局面。战争虽然可以刺激军工经济的发展，但是对美国金融经济未必有利，可能加剧债务危机的爆发。

**4. 美国已经显现量化宽松政策的债务违约风险**

在美国两轮量化宽松的货币政策推动下，美元贬值隐含着对债权的稀释。美元放水贬值是美国经历金融危机之后的必然选择，中国承受美债贬值的违约损失，中国债权被稀释，投资利益损失。与此同时，美国量化宽松政策推动美元热钱流入国内，引起国际大宗产品价格高涨，推高中国输入型通货膨胀水平，导致经济过热和资产泡沫化，美国在华资产在美元贬值中却增加了人民币计价的资产金额。目前不仅全球资源和商品价格上涨，而且美国国内已经开始出现部分商品价格上涨的趋势，未来两年内会更加严重，全面通货膨胀将导致美元资产全面贬值。

美国两次量化宽松货币政策已经通过增加市场流动性和美元贬值的方式稀释了债务，隐性逃债，减轻还本付息的负担，但增加了市场对于美国政府债务安全的担忧。债务违约损失至少表现为两种情况。针对美国政府不可控制的市场化交易行为，部分国际债务可交易部分实际上不可能会被政府追踪而区分成居民、非居民持有债权加以限制，债权人可以通过市场退出，但是在急于出售债权的混乱交易中债权人的利益会大受损失。对于主要债权投资人，美国政府在必要时可以采取非常手段控制债权人实现债务清偿而全身退出，可能要挟债权人继续延长债务、增加购买债务、服从债务重组安排恢复经济，必然面临投资权益折损。

中国目前作为美国财政部持有债权第一大户已经处于被挟持而进退两难的境地，可能会出现中国因为大规模减持美国公债影响美国经济而损及自身贸易和债权收益的问题。美国现行减税计划与新一轮量化宽松政策的结合对美国经济的刺激效果难以立竿见影，偿债能力缺乏经济增长支持。而且主权债务具有强制清偿不可能性特征。美国政府可能会以债权人大额交易损害美国经济和公共利益为由限制交易，甚至冻结中国在美的全部资产。

**5. 中国对美债权投资安全可能面临战略冲突的风险**

中美债务关系决不是可以用一般的经济模型能够解释的，需要放到大国经济关系和全球战略上考察。伊顿和格索维奇（Eaton，and Gersovitz，1981）建立的债权人没有强制偿还能力而只有拒绝未来借款的唯一惩罚主权债务违约人手段的信用模型，不具有一次战略性博弈事件的解释力。中国威胁拒绝借款给美国构不成限制美国违约的约束，因为美国可能继续从其他国家、国际组织和国内筹集到资金，美国金融债务市场不受影响。

中美战略争夺和战略不信任已经增加，特别是美国为了摆脱金融危机的深刻影响，急于走出经济困境。当前已经在东北亚频频制造事端，挑起战争风险。这种潜在战争危险或将中美对峙关系演变为战场上的敌人。这样一来，美国可以冻结中国资产，逃避债务，打败中国后以债权冲抵战争赔款，宰割中国。

美国可能会以拒绝清偿和支付国际债务作为损害美国公共利益的借口来寻求美国人支持，制造舆论，冻结中国资产。美国已经把中国定位为对美国全球霸权构成威胁的潜在对手，战略性打压和损害中国利益是美国的基本国策。这种打击的一个基本要求就是最大限度损害对手，最低程度伤及自身。中国早就有学者提出用美国公债作为武器攻击美国的金融经济，美国早有应对手段。这种战略思路似是而非，不会成功。中国应趁早放弃这种没有实验数据支持的想法，以免严重损害自身利益（包括贸易关系受影响、债券价格走低损害手中仍持有的债券收益等），延误目前有效利用外汇资金的策略。

## （三）　中国对美债权投资可能面临多种损失

我们处在一个全球金融危机的新阶段，各方正为金融危机代价分配展开角斗。目前美国正在让比较富裕的欧洲人分担一部分危机代价。下一步，美国将让包括中国在内的新崛起的国家承担转移的一部分危机代价。

**1. 美国量化宽松等政策使中国对美债权投资面临债权及其收益的稀释损失**

美国量化宽松等政策将引起全球流动性过剩、通货膨胀、美元贬值，稀释债权及其收益。外国人持有和交易的美国债券因美国在全球流通中注入了大规模美元流动性导致美元贬值和通货膨胀而被稀释。债务稀释几乎占到主权债务违约风险水平的100%（Hatchondo，Martinez，and Padilla，2010）。债务稀释是违约风险的主要来源。由于主权违约概率与较高的总债务水平和较高比例的短期债务正相关，与GDP增长和国际储备水平负相关。随着美国债务总规模的急剧增加，国内经济增长放缓，金融危机的阴影仍在徘徊，美国偿债能力和信心颇受质疑。美国偿债主要靠对全球流通增加注入美元，这就必然稀释债权。

无论通过美元贬值对债务稀释还是其他任何违约方式，美国都可以侵蚀债权人利益，增加美国财富，不必负担多少违约成本。学术界关于违约成本的准确性质仍然模糊，违约成本难以计量。资本市场似乎没有对违约者施加长久的惩罚，没有证据显示违约会减少交易，也不确定违约是否引起产出下降。在违约的国内代价方面，债务违约可能对国内制度和信用文化产生长久影响，但美国可以确保对国内决不违约的文化理念，甚至对刺激经济增长这样的量化宽松政策增加流动性的债务稀释"可原谅"违约不产生违约代价。

不同于私人债务违约会以资产清偿，主权债务没有界定清晰的实施债务合约和管理主权债务违约的程序。主权债权人可求助的法律已经限制了适用性和不确定的有效性。国际法规定各国一律平等，未经允许外国法庭不能起诉主权，由此得出主权免责原则。发生主权债务危机时，债权人通过司法获得位于本国内和其他国家内债务人资产的能力有限，除非债务人放弃主权债务免责权利，主权债权人不能得到完全的债务安全保护。在没有任何法律条件的约束下，仅当债主与借款人具有重复关系时，关系合约才会起作用（Dhillon，Garc'la-Fronti and Zhang，2009）。对于美国主权债务，债权国既无任何法律可以约束，也无重复借贷关系的约束，它完全是国家债务市场，不愁没有买家。自私的美国当局可能试图政治转手，比如新上台的政府对前一届政府的债务不予承认，逃避经济代价。美国主权债务违约和债务危机就是某个政治家的离职，其他债权国对美国主权无计可施，美国基本不用承担债务违约的代价。

假定有诚实政府和正常政府两种类型的政府，诚实政府从不违约，正常政府有时违约，正常政府不能维持债务（Cole and Kehoe，1998）。如果政府的债务融资伙伴对政府的真实类型具有不完全信息，由于违约会损害政府信誉，政府不会有违约的动机。不违约的信誉是维持正的债务的重要条件。由于希望未来重获政权能进入资本市场，过度借债的短视政府害怕失去权力因而不会违约。美国政府一向非常务实，他们不会留恋权力而选择维护美国人的最大利益，公然违约，尤其是稀释债务这样的"可原谅"违约会时常上演，或者每天都在上演。

**2. 中国大规模增减债券可能会引起不利交易价格造成的损失**

美国通过逐步扩大的量化宽松货币政策，增加全球美元流动性，在债务稀释中减轻负担，逼得主要债权国纷纷减持美国国债，迫使债券价格走低。美国用放宽信贷的货币政策，大肆印钞弥补政府财政赤字，清偿国债融资的债务，终将产生严重的通货膨胀，稀释债务，损害债权人的利益。肆意利用"可原谅"的违约会使投资人抛售国债，导致美国国债价格下跌，国债收益率上升。这种政府债务货币化也是不可持续的，债务违约风险会急剧增大。

一旦美国国债违约风险提高，新发行的美国国债收益率就会提升，存量国债也会出现市场价格下跌的风险。中国购买美国国债的规模已经相当大，中国继续增加对美债权投资已经很不安全了。一旦中国大规模减持存量美国国债，势必影响债券市场价格，降低债券价格，造成债券出售收益减少，甚至亏本，更不用说利息收入。

　　美国政府能够控制债券市场走势，不会让债券市场恶化，最多把这次事件归咎于外国主权债务投资行为不当，继而可以重新恢复市场信心，发展金融经济。虽然违约在经济主体看来对主权和经济发展都是坏消息，即使债权人无法惩罚违约国家，但违约国家也能维持正的债务。在这种债券价格失序的事件中，美国获利，主要债权国失利。

### 3. 中国可能面临美国债务危机重组造成的债务延时、折损风险

　　中国文化里，有借有还，欠债还钱，借款常常有资产抵押。在西方，债务只被看做一种经济工具，不与政治、道德挂钩。遇到债务危机一般采取债务重组、破产等手段解决。美国国债仅凭信用发行，没有任何资产抵押。而且美国主权债务具有免责权利，债权人没有制约债务人的经济手段。

　　按照正常债务清理和补偿重组程序，中国对美债务投资将面临债务重组折损的不利后果。美国政府具有国际债务危机违约的倾向。当一个国家不能偿还到期债务时，就进入一个与其债权人谈判的过程，谈判过程结果决定债务重组过程中涉及的债务折损（haircut）。美国债务投资国可能面临20%～50%的折损，以减轻美国债务负担。由于大多数违约事件会涉及大量多边、双边的官方和私人债权人，大量不同企图的异质债权人的出现会使协调不可能进行，结果拉长债务重组，造成巨大的损失，增加债权人和债务人的债务危机代价。在久拖不决的谈判中美国可以继续用外国资金发展经济，维持美国人目前的富裕生活。没有证据显示近来债券重组导致谈判权力已经转到债权国手里。主权债务的债权人通过债券交易进行的债务重组的平均损失没有比谈判交易所涉及的债务折损更高（Cruces and Trebesch，2010）。特别是美国金融经济发达，美国发生国际债务违约不会限制其进入国际资本市场融资，因为美国国内资本市场就是国际市场。

　　西方学者提出了许多有关债务违约的理论模型，这些模型充满争议。伊顿和格索维奇（Eaton and Gersovitz，1981）建立一个信用模型，即债权人没有强制偿还能力而只有拒绝未来借款的唯一惩罚违约人的手段。他们

把债权人威胁永久排除违约人未来借款作为一个债务清偿的充分条件，解释为什么实施主权债务合约有限能力下债权人愿意借出钱而主权债务人愿意偿还。异见者称，对违约人未来借款永久抵制的威胁不可信，因为拒绝继续借款也伤害了潜在未来债务人，而且一旦债务人违约，其支付能力增加，能给予债权人收回借款的激励。可能的违约惩罚会对违约者贸易流量产生负面影响（Fernandez and Rosenthal，1990），但是这种惩罚只有当有利于债权人，而且会伤害违约人时才是可信的。如果施加贸易禁运或限制借款伤害债权国，这种威胁就是不可信的，而且不能维持正的借贷。

中国对美债权投资在债务重组谈判中受到的折损不会更轻，因为中国难以通过贸易禁运、资产冻结之类的手段惩罚美国，因为那样会伤及自身利益，所以，这种惩罚对美国债务违约的威胁不可信。

在债务重组中，美国政府会继续主导各主权债务投资国家进行美国财政债务重组方案的制订和实施，他会按投资额的一定比例进行债务折减，甚至延期偿还债务，以便恢复美国经济和偿债能力。这可能是一种较好的处理方案，也可能会出现新一届政府上台后对上一届政府的债务完全不认账，彻底逃债的情况。

**4. 中国可能面临被强加战争的各种潜在损失**

美国在亚洲有重大经济政治利益，这决定了美国要重返亚洲，要领导亚洲。美国在打压欧元之后让全球在更大程度上依赖美元储备和支付工具，亚洲贸易与投资更是如此，绝大部分采用美元，而且亚洲有美国重大的贸易与投资利益。除此之外，亚洲国家是美国债务筹资的重要来源地。美国领导亚洲将使亚洲区域经济一体化和亚洲货币整合之梦化为泡影，亚洲经济必须依赖美国经济霸权。美国一直限制中国对美直接投资，迫使中国把绝大部分美元外汇收入重新借给美国。

在改革开放30多年来中国外汇储备日积月累超过3万多亿美元之时，中国对美债权投资也超过1.6万亿美元，实际规模可能大于这个数目。如此的债务规模会引起美国的贪欲之心，美国借钱数额过大就不可能还了，会通过量化宽松货币金融政策达到美元贬值和稀释债务的间接赖账。中国不能与日本的美债投资情况相提并论，日本是美国的盟国，利益高度一致，日本政府已经在美国控制之下听任美国主权债务违约，会继续增持美国国债，而且可能要制造战争口实，借口与中国发生了战争而赖账。美国政府在面临生死存亡之时，不会遵守任何道德、法律、契约，会为了保存自己不顾一切逃债，战争是最好的赖账借口。

80 年前，一场银行业的灾难摧毁了欧洲，并点燃战火。应吸取历史经验教训。近一年来美国在中国周边挑起的种种争端事件表明，美国遏制中国战略崛起只是口头上不承认，实际上正在实施的全球战略，这是明的一面，但是更为隐蔽的是以挑起战争和对抗为由永久冻结中国在美资产，将中国对美债权投资变成为一张废纸，彻底逃债而中国却没有强制美方还债的手段。

## 四　中国应抓住欧债危机机遇提高利用外债水平

中国外债主要是与外经贸发展相关的短期外债，是对外经济贸易活动派生的贸易融资、存款、信贷、债券等形式的客观债务，是安全可控的、没有风险的。欧洲主权债务危机对中国对外贸易、投资和融资产生了深刻的影响，改变了中国企业生产经营、投资融资和贸易发展的环境。我国应面对挑战，规避风险，用好欧债危机带来的战略机遇。中国应该提高外债使用效率和效益，继续扩大外债规模，进一步提高利用外债的水平。

### （一）中国扩大利用外债是对外经贸发展的客观需要

外债是外资的一种形式，外债少就是利用外资少。按照外债形成的性质划分，外债可以分为财政性外债、金融性外债、投资性外债和贸易性外债。实际上外债主要是我国对外开放和扩大对外经贸活动相伴所产生的客观经济资源，对我国经济发展和增长做出了积极贡献。我国应该在提高利用效益和加强管理基础上继续扩大利用外债的规模。

#### 1. 国际借贷和外债客观存在

国际借贷和债务只是国内资本借贷和债务的跨境延伸，是一个国家的过剩资本越过国境为寻找安全有利的投资场所而形成的。资本过剩是国际借贷和债务形成的物质基础。马克思指出："所谓的资本过剩，实质上总是指利润率的下降不能由利润量的增加来抵消的那种资本——新形成的资本嫩芽总是这样——的过剩，或者是指那种自己不能独立行动而以信用形式交给大经营部门的指挥者去支配的资本的过剩。资本的这种过剩是由引起相对过剩人口的同一些情况产生的，因而是相对过剩人口的补充现象，虽然二者处在对立的两极上：一方面是失业的资本，另一方面是失业的工人人口。"[①] 既然西方资本主义国家失业人口必然存在，那么过剩资本也必然存在，食利阶层和金融资本为追逐利润或利息客观地会卷入金融全球化之中，分享全球经济利益。

**2. 中国大部分外债是对外经济贸易的产物**

外债的产生很大程度上与外贸发展和利用外资有关。商人之间为了节省流动资金需要相互给予商业融资。商品买卖行为与借贷行为可以互相转化。马克思说过："债权人或债务人的身份在这里是从简单商品流通中产生的；"[②]"贷和借的运动，即货币或商品的只是有条件的让渡的这种独特形式的运动"[③]。2010年中国大陆货物进出口贸易总额29727.6亿美元。截至2010年末大陆外债余额为5489.38亿美元，其中，中长期外债（剩余期限）余额为1732.43亿美元，占外债余额的31.56%；短期外债（剩余期限）余额为3756.95亿美元，占外债余额的68.44%。在短期外债中，贸易信贷占56.22%，贸易融资（如银行为进出口贸易提供的信贷支持）占21.74%，二者合计占短期外债（剩余期限）余额的78%。如此大规模的外贸产生这个规模的外债，特别是与贸易有关的短期外债是正常的。而且这个外债中还有一部分是与外资、热钱涌入有关。2010年中国利用外资额达1057.4亿美元，累计利用外资超过1万亿美元。同年净流入热钱355亿美元。这些由外贸、外国直接投资引起的外债是对外经贸发展的客观产物，是安全的、有益的。

---

① 马克思：《资本论》第3卷，人民出版社，2004，第279页。
② 马克思：《资本论》第1卷，人民出版社，1975，第156页。
③ 马克思：《资本论》第3卷，人民出版社，1975，第390页。

### 3. 中国金融机构国际存贷必然产生部分外债

我国中资金融机构在境内外吸收外国客户的存款，从而形成对外国客户的负债。债务与信用是同时发生的，是一个事物的两个方面。马克思把借贷资本运动看作为"这个运动——以偿还为条件的付出——一般的说，就是借和贷的运动，即是货币或商品只是有条件的让渡的这种独特形式的运动"。[①] 中资金融机构在境内外市场经营存贷款业务中会利用外国客户的存款资金，以增加对外贷款的资金来源，增加收入。此外，外国政府和外国金融机构对中国的援助性贷款、优惠贷款等，有助于增加我国利用外资的规模。

### 4. 中国部分外债还是国际债券融资的结果

近年来随着中国改革开放的深入，中国一些企业在境外发行债券进行融资，改善资本结构；也有些外国投资企业或机构在我国境内购买中国企业发售的债券，获取债券投资收益。债券是以生息资本形式出现的票证融资方式，是一种虚拟资本。马克思说："它们所代表的资本的货币价值也完全是虚拟的，是不以它们至少部分地代表的现实资本的价值为转移的；既然它们只是代表取得收入的权利，并不是代表资本，那么，取得同一收益的权利就会表现在不断变动的虚拟货币资本上。"[②] 债券日益成为西方政府和企业大规模融资的重要工具。中国企业和机构也开始尝试发债融资方式。随着我国资本金融项目的扩大开放，外国投资者会增加持有中国债券。

## （二）目前中国利用外债规模较小没有风险

国内一些人担心中国对外负债多，担忧出现债务风险。实际上我国利用外债过于保守、过于谨慎，束缚了我国利用外债发展经济的手脚，贻误了发展机会。

### 1. 中国短期外债比重高，绝大部分与外贸有关

一般来讲短期外债比重高是引起债务危机的重要因素。短期外债中贸

---

① 《马克思恩格斯全集》第 26 卷，人民出版社，1974，第 390 页。
② 马克思：《资本论》第 3 卷，人民出版社，1975，第 532 页。

易信贷、贸易融资占较高比重，有实物保证，风险很低。随着中国外贸规模扩大，短期外债规模仍会继续扩大，短期外债占比会继续提高。2000～2009 年我国外债余额基本上逐年扩大，而且还本付息规模不成比例地迅速扩大。这主要是由于短期外债比重升高。

与 2000 年之前我国外债中短期外债比重较低形成鲜明对比，近年来外债中短期外债比重日益提高，已经超过 60%。2009 年末外债余额达到 4287 亿美元，其中贸易信贷余额为 1617 亿美元，贸易信贷快速增长是外债余额扩大的主要原因之一；中长期外债余额为 1693.9 亿美元，占外债余额的 39.5%；短期外债余额为 2593 亿美元，同比增长 14.6%，占外债余额的 60.5%（见表 5 - 5）。2010 年短期外债占外债余额的 68.45%。短期外债比重高，表明剩余期限在一年内要偿还的外债比重高，结果当年外债流出规模较大。相对而言，中国利用中长期外债的规模增长缓慢，占比越来越低。2010 年中长期外债（剩余期限）余额为 1732.43 亿美元，仅占外债余额的 31.56%。

表 5 - 5　2000～2010 年中国借入外债的情况

单位：亿美元，%

| 年度 | 对外债务余额 | 还本付息总额或外债流出 | 国内生产总值 | 负债率（%） | 短期外债余额 | 外汇收入 | 债务率（%） | 偿债率（%） |
|------|------|------|------|------|------|------|------|------|
| 2000 | 1457 | 350 | 99215 | 12.2 | 131 | 2796 | 52.1 | 9.2 |
| 2001 | 2033 | 313 | 109655 | 15.3 | 838 | 2994 | 67.9 | 7.5 |
| 2002 | 2026 | 697 | 120333 | 13.9 | 871 | 3654 | 55.5 | 7.9 |
| 2003 | 2194 | 981 | 135823 | 13.4 | 1028 | 4850 | 45.2 | 6.9 |
| 2004 | 2630 | 1902 | 159878 | 13.6 | 1387 | 6550 | 40.2 | 3.2 |
| 2005 | 2966 | 2716 | 183868 | 13.2 | 1717 | 8368 | 35.4 | 3.1 |
| 2006 | 3386 | 3652 | 211923 | 12.7 | 1992 | 10617 | 31.9 | 2.1 |
| 2007 | 3892 | 4798 | 257306 | 11.5 | 2357 | 13422 | 29.0 | 2.0 |
| 2008 | 3902 | 5572 | 314045 | 8.6 | 2263 | 15817 | 24.7 | 1.8 |
| 2009 | 4287 | 3099 | 335353 | 8.7 | 2593 | 13329 | 32.2 | 2.9 |
| 2010 | 5489 | 4059 | 397983 | 9.34 | 3757 | 18768 | 29.25 | 1.63 |

资料来源：国家外汇管理局，http://www.safe.gov.cn/model_ safe/index.html。

2009 年中国外债偿债率为 2.9%，债务率为 32.2%，负债率为8.7%，短期外债占外汇储备的比例为 10.81%，各项指标均在国际标准安全线之内。2010 年中国外债偿债率为 1.63%，债务率为 29.25%，负债率为 9.34%，短期外债占外汇储备的比例为 13.19%，也均在国际标准安全线之内。相对于中国巨额的外汇储备和较强的外汇顺差势头来说，中国外债增长不存在风险。

中国短期外债占比高不是因为短期外债多，而是因为长期外债规模小，长期外债占比相对较低的结果。中国要降低短期外债占比，不是要压缩短期外债，而要增加长期外债。压缩短期外债势必不利于对外贸易和投资发展，不利于经济增长。短期外债依然要随着贸易扩大而保持继续扩大的趋势。

外债是随着生产力的发展而产生、发展的，它具有生息资本的性质，一方面它促进了生产力的发展，另一方面对生产力的发展又有破坏作用（任春玲，2006）。[①] 我国利用外债的成本并不高。2010 年我国外债余额为5489 亿美元，支付利息 30.07 亿美元，平均利息率大约 0.5%。利用外债对于中国经济发展十分重要。特别是中长期外债对企业技术设备采购与引进，进行技术更新改造，起着重要的支持作用。比如，外国政府贷款对中国经济的起飞曾发挥过相当重要的作用。

影响外债风险的关键因素不是外债结构和外债规模，而是外债的经济效益高低。外债有无经济效益和经济效益高低是判断外债规模是否必要的关键依据。中国有效利用借贷资本，可以创造更多的国民财富，并利用财务杠杆；同时作为外债的债务人有还贷和支付利息的压力，要规避借贷风险。但是如果借贷资本缺乏有效利用，就会导致破产和无法还本付息的债务危机风险。所以，债务风险高低取决于债务经济效益。目前中国外债有助于扩大外贸和利用外资，有助于增加资本积累，促进技术进步和经济增长，外债的效益较好。因此，中国外债是安全的，要继

---

① 任春玲：《马克思主义的外债理论研究》，《长春金融高等专科学校学报》2006 年第 1 期，第9～12 页。

续扩大中长期对外债务规模，要加快利用长期外债的增长速度，提高国民经济杠杆化水平。

**2. 中国外商投资企业及外国金融机构的外债占较高比重**

在区分热钱并加以管控的基础上，为了促进外贸、外资发展，积极利用贸易信贷杠杆，要继续保持外贸引致的短期外债比重。截至 2010 年末，我国外债余额为 5489 亿美元，其中登记外债余额为 3377.38 亿美元，贸易信贷余额为 2112 亿美元，贸易信贷占比 38.48%。可是 2010 年贸易信贷比重略有下降。

从债务主体分布结构看，以外资企业和外资金融机构为主。在 2010 年末登记外债余额中，外商投资企业债务余额为 1095.76 亿美元，占 32.44%；外资金融机构债务余额为 481.44 亿美元，占 14.26%，两者合计外债占到总登记外债余额的 46.7%（见图 5-1）。外资企业所借的外债是把国际借贷资本转变为生产资本的一种方式。这部分外债风险由市场决定。我国政府对外资引致的外债要按照"投注差"管理模式和借贷风险

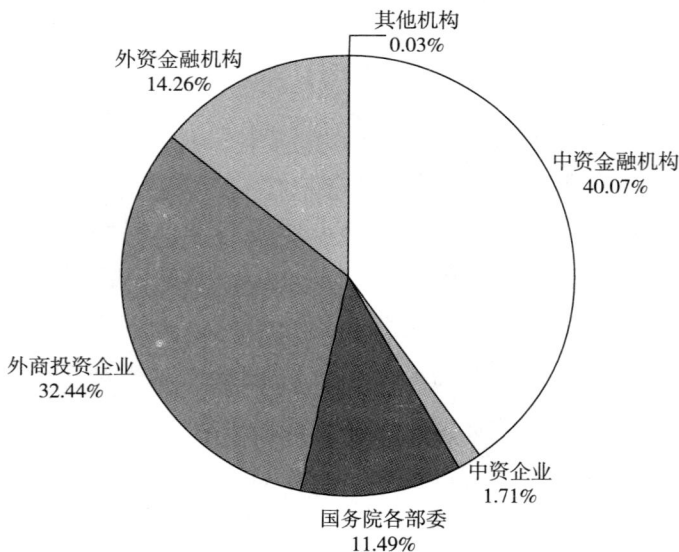

**图 5-1　2010 年末我国外债债务主体分布**

资料来源：国家外汇管理局，http：//www.safe.gov.cn/model_ safe/index. html。

自负的市场原则，严格控制"投注差"，限制跨国公司的资本弱化，同时又以市场机制积极利用国际借贷资本。

国务院各部委所借的主权债务占比 11.49%，政府外债余额约为 387.94 亿美元，规模和比重都比上年有所下降。我国政府负担这个规模的外债余额没有任何风险，这个外债余额与 2009 年末我国拥有的 18219 亿美元净资产和 2011 年末我国拥有的 31811.48 亿美元外汇储备余额相比，这个规模的外债是绝对安全的。

中资金融机构债务余额为 1353.33 亿美元，占 40.07%；中资企业债务余额为 57.89 亿美元，占 1.71%；其他机构债务余额为 1.02 亿美元，占 0.03%。这部分外债余额主要为中国企业生产经营所用，应该能够产生经济效益。企业举借外债所创造的资金利润率一般大大超过借贷利息率水平，是有效益的外债。只是中资企业举借外债规模相对较小，利用杠杆率不够，有必要进一步扩大中资企业利用外债资金的规模，增强资金实力。

**3. 外债总规模相对 GDP、FDI 和外汇储备规模较低**

虽然我国外债余额逐年增加，但相对增加速度缓慢，特别是中长期外债平均增长速度较低，与国内生产总值快速增长不同，我国负债率水平呈下降的趋势。2001 年我国对外负债率超过 15%，此后基本上保持逐年下降的趋势，2009 年负债率降到 8.7% 的水平，2010 年负债率略微升高到 9.34%。随着我国经济自我发展能力的逐步增强，我国经济发展利用外国资金的压力减轻，举借外债发展的动机不强，导致我国经济发展对外资的杠杆利用率降低。

2001 年我国债务率为 67.9%，近年来基本上逐年降低，2008 年和 2009 年债务率分别为 24.7% 和 32.2%，2010 年又下降到 29.25% 的水平。我国偿债率由 2000 年的 9.2% 大幅度下降到 2008 年和 2009 年的 1.8% 和 2.9%。2010 年偿债率进一步下降到 1.63% 的水平。总之，目前中国外债是安全的，发生外债危机的风险很低。

2004 年我国借入外债的余额 2630 亿美元，占我国全部负债的 40.3%；2005 年我国外债余额增加到 2966 亿美元，占 2005 年末我国负债总额 8156 亿美元的 36.4%；2006 年我国外债余额占负债的比重降到 32.2%；2007～2009 年我国外债余额占负债的比重分别为 31.7%、26.7%、26.2%。可见，我国以借款形式利用外资占外国在华资产的比重日益降低，外国来华直接投资和股权投资增长速度较快，而我国利用外国借款增长速度明显缓慢。外国资本越来越倾向于收益率较高的对华直接投资和股权投资，不满足、不愿意采取借贷资本形式进行对华投资。

随着我国外汇收入规模逐年扩大，我国债务率和偿债率在世界上日益显得偏低，我国经济发展的杠杆利用率较低，经济发展过于保守，有必要继续增加。只要我国外债具有经济效益，超过借贷资本成本率，就可以继续扩大。虽然我国利用外债的杠杆能力不高，限制条件较多，我国引进外资时应以举借外债为主（任春玲，2007）①，但仍要继续利用这种经济工具，扩大融资，继续提高杠杆化水平，提高经济效益和增加国民财富。

## （三）中国应当继续提高利用外债水平

改革开放前我国既无外债，也无内债。改革开放以来我国开始利用各种形式的外资，包括外债资金。但我国利用外债一直很谨慎，规模较小。这其中有我国理论界关于外债与国民经济发展之间一些不正确认识误导的原因。

### 1. 对外负债率与经济增长之间没有一定的关系

关于对外负债与经济增长关系问题，有些学者在认识上存在过于简单化的误区。现实世界纷繁复杂。胡翠、许召元（2011）利用拉姆齐－卡斯－库普曼斯的理论模型，讨论大国、小国情形的对外负债率与经济增长关系，进而用发展中国家和发达国家样本验证理论模型的预测，得出"对于发达国家，当对外负债率处于较低水平时，负债率增加会促进经济增长，当对外负债率超过 60% 时，负债率增加不利于经济增长；对于发

---

① 任春玲：《外债经济效应研究》，吉林大学博士学位论文，2007。

展中国家，不管对外负债率处于何种水平，负债率增长都会使经济增长的速度下降"的结论[①]。

他们从理论模型的大国、小国情形分析转到发展中国家、发达国家的实证检验得出这个结论是有问题的。经济增长与外债资金的使用效率、效益有很大关系，与负债率水平及其增减关系不大。外债资金是否得到有效使用，使用是否产生较高经济效益是外债资金增减的关键。理论上讲，假如外债有效地用于生产经营活动，并得到有效管理和风险控制，那么外债增加就有助于经济增长，外债减少就不利于经济增长。现实情况可能比较复杂。

对外负债率与经济增长之间关系的高度复杂和不确定，没有简单的固定关系。经济增长走势受到很多经济因素、非经济因素、国内因素和国际因素的影响。首先经济增长受投资规模增长的一定影响，但更受内外需求规模增长的明显影响，而且外债仅仅是形成一个国家投资资金的一部分。可以说，外债率增减可能会影响经济增长，但是经济增长与外债率增减之间的关系很不确定。外债有很多种类，比如短期外债、中长期外债；贷款（包括外国政府优惠贷款）、外国存款、债券（包括可转股债券等）、贸易信用融资等；美元外债、其他货币外债。各类外债对经济增长的作用差别巨大。外债主体包括政府部门、金融机构、外资企业、本国企业等。各国外债在各行业的分布和用途不尽相同。各主体、各行业、各种类的外债结构与比例对经济增长所起的作用纷繁复杂。几乎随机的负债率增减与经济增长之间确立不了任何固定的关系。

大多数发达国家对外负债率水平较高，少数发达国家对外负债率水平较低。日本是发达经济体中为数不多的对外负债率水平较低的国家，不过近年来其对外负债率开始逐步提高。但是 2005～2006 年间日本提高对外负债率水平，并没有带来胡翠、许召元（2011）所得出的促进经济增长的结论，而是从 2005 年的负 1.2% 下滑到 2006 年的负 4.2%（见表 5 - 6）。超过60% 的所谓高负债率的发达国家经济增长并不受负债率增加的

---

① 胡翠、许召元：《对外负债与经济增长》，《经济研究》2011 年第 2 期，第 19～30 页。

表 5-6 2000~2009 年主要经济体负债率与经济增长率的变化情况

单位：亿美元，%

| 国别 | 项目 | 2000年 | 2001年 | 2002年 | 2003年 | 2004年 | 2005年 | 2006年 | 2007年 | 2008年 | 2009年 |
|---|---|---|---|---|---|---|---|---|---|---|---|
| 中国 | 外债 | 1457.1 | 1848.0 | 1861.1 | 2084.3 | 2476.8 | 2839.8 | 3252.6 | 3737.7 | 3782.4 | 4284.4 |
| | GDP | 11980.0 | 13250.0 | 14540.0 | 16410.0 | 19320.0 | 22570.0 | 27130.0 | 34940.0 | 45220.0 | 49850.0 |
| | GDP 增长率 | 10.6 | 10.6 | 9.7 | 12.8 | 17.7 | 16.8 | 20.2 | 28.8 | 29.4 | 10.2 |
| | 负债率 | 12.1 | 13.9 | 12.8 | 12.7 | 12.8 | 12.6 | 12.0 | 10.7 | 8.4 | 8.6 |
| 印度 | 外债 | 1002.4 | 986.4 | 1048.2 | 1178.7 | 1225.9 | 1202.2 | 1584.9 | 2027.9 | 2247.1 | 2376.9 |
| | GDP | 4601.8 | 4778.5 | 5071.9 | 5994.6 | 7209.1 | 8371.9 | 9491.9 | 12330.0 | 12140.0 | 13100.0 |
| | GDP 增长率 | 2.1 | 3.8 | 6.1 | 18.2 | 20.2 | 16.1 | 13.4 | 29.9 | -1.5 | 7.9 |
| | 负债率 | 21.8 | 20.6 | 20.7 | 19.7 | 17 | 14.3 | 16.7 | 16.4 | 18.5 | 18.1 |
| 巴西 | 外债 | 2415.5 | 2290.4 | 2310.1 | 235.0 | 2197.9 | 1875.2 | 1934.6 | 2376.1 | 2621.4 | 2769.3 |
| | GDP | 6447.0 | 5535.8 | 5042.2 | 5524.7 | 6637.6 | 8821.8 | 10890.0 | 13660.0 | 16380.0 | 15730.0 |
| | GDP 增长率 | 9.8 | 14.1 | -8.9 | 9.6 | 20.1 | 32.9 | 23.4 | 25.4 | 19.9 | -4.0 |
| | 负债率 | 37.4 | 41.4 | 45.8 | 42.5 | 33.1 | 21.2 | 17.8 | 17.4 | 16.0 | 17.6 |
| 美国 | 外债 | — | — | — | 69460.0 | 83530.0 | 94764.0 | 112041.0 | 134271.0 | 137496.0 | 137678.0 |
| | GDP | 98990.0 | 102340.0 | 105900.0 | 110890.0 | 118120.0 | 125800.0 | 133360.0 | 140620.0 | 143690.0 | 141190.0 |
| | GDP 增长率 | 6.4 | 3.4 | 3.5 | 4.7 | 6.5 | 6.5 | 6.0 | 5.4 | 2.2 | -1.7 |
| | 负债率 | — | — | — | 62.6 | 70.7 | 75.3 | 84.0 | 95.5 | 95.7 | 97.5 |

续表

| 国别 | 项目 | 2000 年 | 2001 年 | 2002 年 | 2003 年 | 2004 年 | 2005 年 | 2006 年 | 2007 年 | 2008 年 | 2009 年 |
|---|---|---|---|---|---|---|---|---|---|---|---|
| 德国 | 外债 | — | 21802.0 | 27498.0 | 33267.0 | 37757.0 | 35780.0 | 42190.0 | 51170.0 | 51240.0 | 51250.0 |
| | GDP | 19000.0 | 18910.0 | 20170.0 | 24420.0 | 27450.0 | 27880.0 | 29190.0 | 33290.0 | 36350.0 | 33300.0 |
| | GDP 增长率 | -11.4 | -0.5 | 6.7 | 21.1 | 12.4 | 1.6 | 4.7 | 14 | 9.2 | -8.4 |
| | 负债率 | — | 115.3 | 136.3 | 136.2 | 137.5 | 128.3 | 144.5 | 153.7 | 141.0 | 153.9 |
| 瑞士 | 外债 | 6205.0 | 5990.0 | 7221.0 | 8076.0 | 9069.0 | 8869.0 | 10416.0 | 14525.0 | 12303.0 | 12528.0 |
| | GDP | 2500.0 | 2550.0 | 2790.0 | 3250.0 | 3630.0 | 3720.0 | 3910.0 | 4340.0 | 5020.0 | 4920.0 |
| | GDP 增长率 | 4.75 | 2 | 9.4 | 16.5 | 11.7 | 2.5 | 5.1 | 11 | 15.7 | -2 |
| | 负债率 | 248.2 | 234.9 | 258.8 | 248.5 | 249.8 | 238.4 | 266.4 | 334.7 | 245.1 | 254.6 |
| 日本 | 外债 | — | 40950.0 | — | 13544.0 | 15571.0 | 15211.0 | 15129.0 | 17678.0 | 22306.0 | 20864.0 |
| | GDP | 46670.0 | 40950.0 | 39180.0 | 42290.0 | 46060.0 | 45520.0 | 43630.0 | 43780.0 | 48870.0 | 50690.0 |
| | GDP 增长率 | — | -12.2 | -4.3 | 7.9 | 8.9 | -1.2 | -4.2 | 0.3 | 11.6 | 3.7 |
| | 负债率 | — | — | — | 32.0 | 33.8 | 33.4 | 34.7 | 40.4 | 45.6 | 41.2 |

注：由于汇率变动，表中各国负债率和经济增长率等其以本国货币计价的负债及 GDP 计算的结果不同。

资料来源：World Bank Data, http：//data. worldbank. org/。

影响，许多国家在过去十年里 GDP 增长 1 倍多。瑞士是对外负债率较高的发达经济体，世界上还有一些比瑞士对外负债率更高的国家，对外负债率增加并没有造成对其经济增长的不利影响。2001～2002 年和 2005～2007 年瑞士对外负债率增加没有导致经济增长率下降，经济增长率反而增加了。2000 年瑞士 GDP 大约 2500 亿美元，到 2008 年其 GDP 达到大约 5020 亿美元，GDP 增长 1 倍多。还有许多其他国家的类似情况。2001～2002 年和 2005～2007 年间德国对外负债率增加的同时经济增长率增加幅度更大。2003～2004 年美国对外负债率从 62.6% 增加到 70.7%，GDP 增长率从 4.7% 增加到 6.5%。可见，对于发达国家，较低的对外负债率的增加未必促进经济增长，超过 60% 以上的对外负债率的增加并没有阻碍经济增长，胡翠、许召元（2011）的结论与事实不符。

大多数发展中国家对外负债率水平较低，少数国家对外负债率水平稍高。在发展中国家中，巴西对外负债率一直较高，近年来随着 GDP 的快速增长，对外负债率快速下降。巴西 GDP 从 2000 年的 6447 亿美元迅速增长到 2008 年的 16380 亿美元，增长了 154%。但这不是对外负债率下降的结果。相反，对外负债率下降却是由于 GDP 快速增长的结果。2000～2001 年巴西对外负债率增加并没有对经济增长不利，在对外负债率从 37.4% 增加到 41.4% 的同时经济增长率从 9.8% 增加到 14.1%。2000～2009 年，印度对外负债率在 18% 左右波动，其中 2005 年最低只有 14.3%。2001～2002 年印度对外负债率增加也没有导致经济增长下滑，相反出现从 2001 年 GDP 增长 3.8% 到 2002 年 GDP 增长 6.1% 的情况。这些国家在若干年份上的情况不符合胡翠、许召元（2011）关于发展中国家增加对外负债率不利于经济增长的结论。

2000～2006 年，中国对外负债率大体稳定在 12% 水平上，虽然各年有起伏，但波幅较小。自 2007 年以来我国对外负债率呈下降趋势，主要因为我国 GDP 增长速度快于对外负债率的增长速度。这并不表示中国对外负债率的下降促进了经济增长。中国经济增长并不取决于对外负债率的增减。2000～2009 年，中国 GDP 从 11980 亿美元迅猛增长到 49850 亿美元，增长了 316%。这决不是中国对外负债率降低的结果，也不是中国外债规模增加的直接结果。中国外债主要是经济规模扩大的派生产物，外债在中国经济增长中没有成为决定性因素。也就是说中国经济增长不取决于外债，相反，外债取决于中国经济发展。2000～2001 年、2003～2004 年、2009～2010 年间中国对外负债率增加，GDP 增长率不仅没有下降，而且保持增长的态势。

由此可见，胡翠、许召元（2011）认为发展中国家对外负债率增加不利于经济增长，意味着任何比经济增长速度快的经济增长都不利于经济增长，经济增长缓慢从而不表现为负债率增加才是可以接受的。他们的理论检验结果与各国实际有很大反差，不符合实际。实际上，很多发展中国家在一些年份上对外负债率增加的同时经济增长率依然提高，表现为负债率增加与经济增长并存的现象。他们的结论可能造成发展中国家不能提高对外负债率的误解，对实际工作产生误导。这会阻碍发展中国家加快利用外债的步伐，甚至导致发展中国家不敢或不要利用外债。

许多发达国家之所以经济发展水平高，在一定程度上是他们利用了外国大规模低成本的借贷资金，增加了国内资金密度，创造了更多国民财富。经济增长与对外负债率之间没有确定的联系，它们之间没有一定之规。发展中国家在提高外债管理和使用效益水平的基础上应该进一步扩大利用外债规模，加大财务杠杆利用力度，提高对外负债水平。

**2. 外债使用效率与效益是决定外债增减的关键因素**

虽然对外负债需要支付一定的利息作为回报，构成融资成本、用资成本。中国举借外债必须以约定的利率按期支付利息，它是剩余价值的一部分，是借贷资本家参与剩余价值分配的一种表现形式。中国资本所创造的一部分剩余价值要拿出来给外国借贷资本作为借贷利息支付，把中国人创造的一部分剩余劳动以使用外债资金成本的形式支付给债权人。马克思说："人们把虚拟资本的形成叫做资本化，人们把每一个有规则的会反复取得的收入按平均利息率来计算，把它算作是按这个利息率贷出的资本会提供的收入，这样就把这个收入资本化了……"[①] 随着中国的改革开放，

---

① 马克思：《资本论》第 3 卷，人民出版社，1975，第 527 页。

外国资本纷纷以直接投资、商业借贷、证券投资等方式进入中国市场，分享或分割中国剩余劳动成果。恩格斯说："交易所并不是资产者剥削工人的机构，而是他们相互剥削的机构；在交易所里转手的剩余价值是已经存在的剩余价值，是过去剥削工人的产物。只有在这种剥削完成后，剩余价值才能为交易所里的尔虞我诈效劳。"① 中国作为债务国则把产业工人创造的部分剩余价值作为借款融资的成本或利息，从使用国际债务资本的企业手中转移到国际金融机构等债权人手里，而且要按照约定期限和利息率到期还本付息。中国企业在利用杠杆基础上可以创造较高效益，在支付利息之后仍可从中获利。

用好外债可以促进国民经济发展。企业使用外债资金与国内信贷资金以及企业自有资金基本没有差别。企业自有资金有时间成本、机会成本问题，企业外债和国内信贷资金都有使用资金的利息成本问题。无论何种来源的资金在生产经营中发挥产业资本功能，增加资金投入能够促进价值和国民财富创造，扩大经济增加值，推动经济增长。如果外债没有在生产经营中得到有效使用，而被投入到经济之外，或被贪污腐败的人用于个人挥霍，那么，这种外债不但没有增加国内产值，而且要拿出一部分产值作为外债资金和利息支付给外国债权人，那么这种外债就不利于经济增长。

一个国家的外债是全部企业或机构的外债总和。国家负债对经济增长的影响是非常复杂的。各个负债主体的负债成本、收（效）益以及风险各有差异，结果导致负债主体业务的扩张或收缩的情况各不相同。就全国来讲，如果大部分主体负债效益较好，提高负债率，增加投资规模，就促进经济增长；反之，如果大部分主体的对外负债效益较差，在资金筹集、投资评估中出现收不抵支，他们就会收缩借贷、投资和生产经营业务规模，从而不利于经济增长。虽然宏观政策规范引导会限制或影响外债水平，但总体讲一国外债水平是所有境内企业或机构经济活动的客观产物。企业采取财务杠杆率的高低完全取决于其借贷资金使用的效益状况，其在资金成本、风险可控范围内可以获得杠杆利益就会刺激其进一步增加借

---

① 《马克思恩格斯选集》第4卷，人民出版社，1995，第2版，第719页。

贷，反之则收缩借贷。

世界各国企业或机构的风险偏好、资金使用效率和债务管理能力等情况非常不同，结果造成各国负债水平及其增减、经济增长率变化同样复杂多样。显然，他们关于对外负债与经济增长关系的结论与现实情况不符。虽然发展中国家外债使用和管理的能力可能不及某些发达国家，但是发展中国家更加缺乏资金，发挥好外债资金可以创造出比在发达国家更有效益的社会财富。某些时期，一些发展中国家提高外债管理和使用水平，外债使用带来较好的经济效益，也促进了经济增长。发达国家外债管理水平普遍较高，具有比较丰富的外债管理经验，外债使用效率和效益较好，对经济增长起到积极作用。

经济利益是引导投资流向、流量和投资方式的关键因素。随着发展中国家市场经济制度日益健全，发达国家对发展中国家的投资更愿意采取直接投资的方式，而不是采取债务投资方式，因为直接投资带来的利润更高，结果表现为发展中国家对外负债率较低的状况。相反，发达国家金融制度比较健全，投融资自由便捷，发展中国家对发达国家的直接投资受到东道国政府保护主义政策的某些限制和歧视，而且当地劳工工资福利水平高，经营成本高，直接投资较难成功，因而发展中国家大规模的资金以债务投资方式流入发达国家，只能获得微薄的利息收入，而以直接投资方式流入发达国家的投资规模不大。

### 3. 中国要继续扩大外债规模和提高利用外债水平

债务对借贷双方都是利弊同在的。很大一部分外债是对外经贸活动的产物，有助于对外经贸的发展。而且外国存款、外国对华债券投资和外国机构对华贷款都是可以加以利用的，以增加国内资金和国民福利的外部资金来源。虽然我们不缺资金，但有效利用外债资金具有积极意义，应该在加强外债管理的同时扩大利用外债的规模，提高利用外债的水平。

中国短期外债主要是由对外贸易自然形成的，占比较高。中长期外债中很大一部分是外资利用债务融资方式形成的。由中国政府、中资金融机构和中资企业借入的外债规模不大，这部分外债相对成本较低，还款期限等条件优惠。比如我国政府从日本、德国等外国政府获得一批政府间贷款，这些外国政府贷款往往都带有开拓中国市场的性质，贷款条件优惠，利息率较低。此外我国从世界银行等国际金融组织取得一批发展扶持项目贷款，贷款条件优惠。中资金融机构从外国银行或者金融组织取得一些银行间信贷等形式的合作融资。也有一部分是外国客户存储于中资银行的外币存款等。真正以债券形式从市场上融来的资金规模很小，2009 年末仅有 152 亿美元。总体看中国外债的融资成本较低，有效利用外债可以创造较高的杠杆利益。

中国是发展中国家，经济技术相对落后，经济中资本、技术要素含量较低。中国有效使用外债，可以创造财富和价值，提高经济效益。中国作为借款人，债务可以解决急需资金，利用借贷资金可以发展生产经营，可以消费和投资等。例如，我国利用世界银行的贷款，可以得到资金、知识、技术和国际经验，拓展对外开放领域。中国把外债资金转化为生产资金，弥补国内资金不足，可以创造更多的财富和利润。资本在经济落后的国家剥削强度较高，创造的剩余价值较多；在经济发达的国家剥削强度较低，创造的剩余价值较少。如果外债得到有效的管理和使用，就会增加有效投资规模，促进经济增长，不能说发展中国家对外负债率增加就一定不利于经济增长。所以，笔者不能认同胡翠、许召元（2011）的观点。

只要有效利用和管理外债资金，中国扩大利用外债就是有益的。除了要控制有害的热钱流入之外，中国应欢迎外国债权资本流入，扩大我国企业家可使用资本的规模，增强企业在国际市场的资金实力。2010 年我国新借入中长期外债 421.75 亿美元，同比增加 197.3 亿美元，同比增长了87.9%。这种增势表明我国开始重视利用外债资金为经济发展服务。中国还要继续通过有效管理外债，提高外债使用效益，不断提高对外负债率水平，加大对外财务杠杆利用力度，促进经济更快发展。

对外负债率与经济增长之间没有一定之规，两者关系是不确定的。外债使用效率与效益是决定外债增减的关键因素。胡翠、许召元（2011）所得出的"发展中国家不管对外负债率处于何种水平，负债率增长都会使经济增长的速度下降"的结论既不可靠，也不可信。发展中国家外债政策不必受其结论的误导。

### （四）　我国应抓住欧洲主权债务危机带来的机遇

2010 年底在中国对外金融负债 23707 亿美元中，外国来华直接投资、股本证券、债务证券、其他投资分别为 14764 亿美元、2061 亿美元、155 亿美元、6373 亿美元，分别占对外金融负债的 62.3%、8.7%、0.6% 和 26.9%（见表 5－7）。外国来华直接投资和股本投资合占 71%，占我国对外金融负债项目的大部分；外国对华债券投资和其他投资合占 27.5%，外债在整个对外负债中占比只有 1/4 左右，其中以债券方式融资所占比重不足 1%。对外负债中外债占比偏低，而对外资产中债权占比偏高，资产与负债的结构严重失调和不对称。与欧、美、日等发达国家的外债占外国投资比重较高相比，中国利用外债在利用外资中的特征是占比偏低，规模不足。

当前我国企业面临国际融资困难。由于欧洲贸易伙伴资金紧张，给予伙伴贸易融资的能力削弱，我国进出口贸易出现贸易融资困难。在国内控制通货膨胀和调控房地产造成信贷偏紧、外国在华投融资受政策的一定限制的情况下我国企业遇到了融资困难，信贷利息率和债券名义利息率相对较高，融资成本相对较高，特别是中小企业发展受到巨大的融资限制。中国企业有融资需求，有扩大利用外债的动机。

欧债危机和美债低利息率为中国扩大低成本利用外债提供了契机。抓住欧债危机带来的机遇可以解决我国利用外债不足的问题。欧债危机导致全球美元资产涌入美国，形成美国低利息率的国债市场。国际热钱正处于寻找风险低、回报高的投资品困难时期。这些热钱在投资美国、日本国债时都遇到了低利率问题。欧洲国债市场风险很高。相对于美、日、欧来说，中国公债、企业债以及信贷市场的投资安全，回报率高，有资金的市场需求，而且外国有资金供给。但是，中国对外债投资没有放开市场，市场上投资品种少，规模小，外债资金涌入中国苦于没有渠道和融资平台。中国外债管理机构需要进一步解放思想，调整外债政策，扩大开放，拓宽投资渠道，放宽投资限制，抓住欧债危机提供的扩大我国利用外债的机遇。

### 表 5 - 7    2004 ~ 2010 年中国国际投资头寸

单位：亿美元

| 项        目        年        度 | 2004 年末 | 2005 年末 | 2006 年末 | 2007 年末 | 2008 年末 | 2009 年末 | 2010 年末 |
|---|---|---|---|---|---|---|---|
| 净头寸 | 2764 | 4077 | 6402 | 11881 | 14938 | 15107 | 17907 |
| A. 资产 | 9291 | 12233 | 16905 | 24162 | 29567 | 34571 | 41260 |
| 1. 我国对外直接投资 | 527 | 645 | 906 | 1160 | 1857 | 2458 | 3108 |
| 2. 证券投资 | 920 | 1167 | 2652 | 2846 | 2525 | 2428 | 2571 |
| 2.1 股本证券 | 0 | 0 | 15 | 196 | 214 | 546 | 630 |
| 2.2 债务证券 | 920 | 1167 | 2637 | 2650 | 2311 | 1882 | 1941 |
| 3. 其他投资 | 1658 | 2164 | 2539 | 4683 | 5523 | 5173 | 6439 |
| 3.1 贸易信贷 | 432 | 661 | 922 | 1160 | 1102 | 1646 | 2261 |
| 3.2 贷款 | 590 | 719 | 670 | 888 | 1071 | 974 | 1174 |
| 3.3 货币和存款 | 553 | 675 | 736 | 1380 | 1529 | 1310 | 1985 |
| 3.4 其他资产 | 83 | 109 | 210 | 1255 | 1821 | 1243 | 1018 |
| 4. 储备资产 | 6186 | 8257 | 10808 | 15473 | 19662 | 24513 | 29142 |
| 4.1 货币黄金 | 41 | 42 | 123 | 170 | 169 | 371 | 481 |
| 4.2 特别提款权 | 12 | 12 | 11 | 12 | 12 | 125 | 123 |
| 4.3 在基金组织储备头寸 | 33 | 14 | 11 | 8 | 20 | 25 | 64 |
| 4.4 外汇 | 6099 | 8189 | 10663 | 15282 | 19460 | 23992 | 28473 |
| B. 负债 | 6527 | 8156 | 10503 | 12281 | 14629 | 19624 | 23707 |
| 1. 外国来华直接投资 | 3690 | 4715 | 6144 | 7037 | 9155 | 13148 | 14764 |
| 2. 证券投资 | 566 | 766 | 1207 | 1466 | 1677 | 1900 | 2216 |
| 2.1 股本证券 | 433 | 636 | 1065 | 1290 | 1505 | 1748 | 2061 |
| 2.2 债务证券 | 133 | 130 | 142 | 176 | 172 | 152 | 155 |
| 3. 其他投资 | 2271 | 2675 | 3152 | 3778 | 3796 | 4416 | 6373 |
| 3.1 贸易信贷 | 809 | 1063 | 1196 | 1487 | 1296 | 1617 | 2112 |
| 3.2 贷款 | 880 | 870 | 985 | 1033 | 1030 | 1636 | 2389 |
| 3.3 货币和存款 | 381 | 484 | 595 | 791 | 918 | 937 | 1650 |
| 3.4 其他负债 | 200 | 257 | 377 | 467 | 552 | 227 | 222 |

注：本表记数采用四舍五入原则。

资料来源：中国国家外汇管理局，http：//www.safe.gov.cn/model_ safe/index.html。

## 五 中国面对欧洲债务危机的外债战略调整

中国需要转变利用外资战略，着力侧重利用外债战略，扩大利用外债规模，增加利用外债比重，优化利用外债的结构，提高利用外债水平；实施跨国公司发展战略，转变对外投资以债为主的战略，减持债权投资规模，分散债权投资币种和市场分布，提高直接投资和股本投资的比重，优化投资结构。

### （一）中国侧重利用外债战略

#### 1. 中国直接利用外资增长减速需要增加间接利用外资比重

我国利用外资结构中一直以利用外商直接投资为主，外国来华直接投资和股本投资占我国利用外资的七成以上。与我国商务部报告的数据略有差别，联合国贸易和发展会议报告显示，2011 年中国内地吸收 FDI 总额达到 1240 亿美元，比 2010 年增长了 8.1%，低于全球外商直接投资增长 17% 的速度。与 2010 年中国外商直接投资 1057.4 亿美元，增幅达 17.4% 的速度相比，2011 年中国利用外商直接投资增速下滑了 9.3 个百分点。外商直接投资在我国整个对外负债中所占比重较高，其增速放缓或滑坡对我国资金供应的影响较大。

我国以债券方式融资占比过低。2010 年底中国对外负债中外债占比只有 1/4 左右，其中债券融资规模仅占我国对外负债的 0.6%。2010 年美国对外负债中 13.8% 是外商直接投资，15.5% 是公司股票融资，70.6% 是外债，其中 14.9% 是公司债券融资。中国与美国利用外资的比例结构正好相反。中国利用外债比重较低，可以通过增加利用外债比重，扩大利用外债规模，弥补直接利用外资增速放慢的资金空缺，同时增加外部资金供应。

#### 2. 侧重利用外债具有必要性、充分性和重要性

过去我国在利用外资中过分依赖外国直接投资，又缺乏市场机制和平台扩大利用外国证券投资的资金。我国利用外资方式传统，结构单一，受资本输出国影响较大，风险大，利用外资成本高。一般来说，股权筹资成

本代价高，债务筹资成本较低。目前我国直接利用外资比重高的结构决定了用资成本代价相对较高。调整利用外资结构，侧重利用外债，增加债券融资比重，降低利用外资成本和风险，非常有必要。

过去我国经济发展不仅缺乏资金，而且缺乏技术、新产品、经营管理经验和人才，所以，当时一直强调利用外商直接投资的引资方式，侧重以外为主的引资战略。如今随着中国30多年改革开放带来经济的高速发展，中国成长起来一大批优秀企业家和优质企业，拥有先进的技术和核心产品。中国到了需要转变利用外资方式的新阶段，在直接利用外资增速放慢的新情况下，我国需要从过去主要依靠吸收外商直接投资发展战略转变为利用外债为主战略，转到侧重利用外债的战略上来，以"我"为主，提高本国企业利用外资的主动权。

世界上政府、机构、企业、个人闲置的游资规模庞大，远远多于跨国公司用于实业的对外投资，因此，世界上债券、信贷等各种债务融资规模远远高出实业和股票投资规模许多倍。虽然我国境内不缺乏资金流动性，但大量企业仍然缺乏资金来源以及融资渠道，我国有必要研究制定扩大利用外债开放的领域、途径和方式的政策。当前正值人民币国际化寻找突破之际，我国可以借人民币对外发行债券融资方式，吸引外国资金，扩大利用外债规模。这比吸引外商直接投资来源更大，更加容易，也更加便宜，可以大大降低利用外资的成本。而且这也有助于人民币国际化、流通化和储备化，促进外流的人民币回笼和循环，减少由美元汇率风险带来的损失。

### 3. 实施侧重利用外债战略

在转变经济发展方式的新任务新阶段上，我国要适时转变利用外资战略，从以依靠利用外国直接投资为主的战略转变为以利用外债为主的战略，实施侧重利用外债战略。在逐步收缩和减少外商直接投资的各种不合理的优惠政策的基础上，我国要逐步放开资本和金融项目账户，鼓励外资进入中国资本市场，开辟中国企业利用外资新的方式、渠道和途径，把利用外资主动权掌握在我国企业手里。

当前国家需要调整利用外债政策，提高利用外债水平，加快利用外债发展步伐，扩大利用外资中外债的比重，特别是中长期外债的比重，尤其是要扩大非财政性中长期外债的利用规模。根据国际市场供求情况，结合调整外债债权人与债务人结构，压缩政府对外借债，增加企业外债，鼓励中国金融机构和企业通过债券市场筹集债务资金，提高杠杆利用率，扩大外资对华投资渠道和范围。在信贷融资之外，公司发债是吸引外资投资的重要手段和方式，借此可以扩大利用债务外资的规模，弥补外来资金增速放缓引起的用资不足，降低融资用资成本。

优化外债结构，调整来自银行信贷、政府贷款、债券融资等渠道的不同外债借款形式、借款期限、借款币种和借款方式，优化外债资金用途和产业分布。国家要放行企业发行人民币债券融资政策，在国内建设面向国际投资者的人民币债券市场，完善人民币债券市场制度和机制，建立完善的市场交易制度和规范，构造完善的债务供求服务体系，吸引外资购买中国企业债券。增加效益高的外债，减少效益低的外债，提高利用外债的水平和质量，合理配置外债与对外债券投资，提高经济效益。

优化外资外债结构要着力增加中长期外债规模和比重，借长还短，优化长短比例。在经济效益高、经济稳定、还款能力强时多借外债，以中短期外债为主，降低融资成本。在经济效益低、经济不稳定时，减少利用外债，以借长债为主，虽成本高，但还款周期长。

我国要把利用外资的结构调整到与西方发达国家大体相当的水平上，着力提高利用外债比重和水平，把外债比重提高到占 GDP 的 50% 左右。以欧债危机为警示，学习西方发达国家，特别是日本的外债管理经验，控制外债风险。

## （二）中国实施跨国公司发展战略

### 1. 中国海外资产中债权投资比重大大高过直接投资

2010 年底中国在对外金融资产 41260 亿美元中对外直接投资、股本证券、债务证券、其他投资和储备资产存量分别为 3108 亿美元、630 亿美元、1941 亿美元、6439 亿美元、29142 亿美元，分别占整个对外金融资产的 7.5%、1.5%、4.7%、15.6% 和 70.6%（见表 5 - 7）。可见，我国储备资产仍然是对外金融资产中份额最大的一部分；外汇储备资产和对外债权投资合占对外金融资产的 91%；对外直接投资、股权投资占对外资产的 9%，比重较低。

受 2008 年国际金融危机以及欧债危机的影响，发达国家纷纷采取贸易投资保护主义政策，限制外国投资范围和准入，阻碍中国海外直接投资发展。2011 年中国对外直接投资额为 600.7 亿美元，比上年增长 1.8%，增长缓慢。

我国外汇储备不仅占比高，而且增长快，在对外投资过于保守的政策下，过大规模的外汇储备处于投资美国等国家的国债资产上。2011 年我国国际收支经常项目顺差 2011 亿美元，资本和金融项目顺差 1867 亿美元；国际储备资产增加 3878 亿美元。在中国对外贸易增长强劲时期，而且时常为出现大额顺差苦恼时，中国不必担忧支付不足的风险，所以不必保持如此大规模的外汇储备以抵御国际支付的风险。

近年来我国每年经常项目保持盈余，积累了大规模外汇，加之外国来华直接投资外汇，每年增加的外汇资产规模相当大，我们却没有将外汇资金用于实体经济循环和增值上，而是将大规模外汇投资到外国虚拟资产上并被外国所利用，转变成外国实体经济的资本金。这就如同每年我国要向外国大量献血，虽然短期没有伤及自身健康，但长期大剂量失血有害无益，而且献血的补偿金很少，不足以造出同量的血液来。

**2. 中国海外投资效益低、风险高、损失大**

中国大规模对外投资出现了结构性扭曲，对外投资中直接投资、股权投资比重过低，债权投资占比过高，导致整个对外金融资产平均收益水平偏低。这种国际投资结构与我国经济发展水平和国际投资管理水平较低有一定关系，显然外国国际投资经营管理能力强，经验丰富，国际投资收益率较高。

在欧债危机影响下现在国际金融市场债权投资的安全性差，风险高，收益率却较低。美国在华大约有 500 亿美元的直接投资，每年获得超过百亿美元的收益，投资收益率超过 20% 以上。2010 年中国在美各类投资（主要是非股权类投资）规模超过 1.6 万亿美元，全部收益大约 400 亿美元，投资回报率大约在 2%～3% 之间，投资收益率大约只有美国在华投资收益率的 1/10。这是两国投资不平衡的重大问题之一，也是两国外向型经济发展战略的重大差别。中国这种对外投资结构的不合理造成了巨大的国际利益损失。

　　长期以来中国企业侧重在国内发展，国际化、全球化程度低，不适应风云变幻的国际市场，承受着较高的全球风险。虽然国内经济增长平稳，似乎风险较低，但一旦国内出现较大的经济波动，中国企业和中国经济将面临非常高的风险，因为没有分散风险的渠道和规避风险的机制。如果中国发展起来一大批全球化经营的跨国公司，即使出现某一时一地的损失，中国企业和中国经济在整体上仍然健康，没有较高风险。

**3. 实施跨国公司发展战略**

　　实施跨国公司发展战略是落实"走出去"战略的重要内容。中国实施跨国公司发展战略，不仅能够提高海外投资效益、降低风险，用活用好外汇，减少外汇储备的浪费，而且能够带动外贸转型升级，实现内资推动外贸扩张和飞跃，促进国内经济持续快速增长，提高母公司对子公司的支持能力和控制力，同时带出去中国文化、人民币，输出劳务，锻炼一大批国际化人才。关键看我们如何落实跨国公司发展战略。

　　中国必须正视与美国在对外投资上的战略差异，转变战略思路，落实跨国公司发展战略，从以对外债权投资为主的战略逐步调整为以对外直接投资和股权投资为主的战略，加快投资结构调整步伐，走出一条依靠跨国公司和专业国际投资公司推动的国际投资道路，尽快缩减依靠政府机构开展的国际投资规模，对美债权投资要压规模、调结构，实现投资分散化、多元化、实体化。我国中央国有企业要加快公司化、社会化、股份化的转型改造，在此基础上打造全球性跨国公司。

　　政府工作重心要转到为"走出去"企业服务和支持上来，打开中国企业进入美国、欧洲等市场的投资准入大门，提供投资安全保障，做好专业指导和服务，而不必去管制和审批企业，包括国有企业的海外投资可行性报告。政府干预企业分内的事，往往事与愿违。要完全让企业对海外投资负全责。

　　我国要加快成立多家专业国际投资公司，接手国家外汇管理局经营外汇储备的业务，尽快减持美国国债规模，将一部分资金分散投资于全球股票证券市场，保持稳定国内金融的一定比例的债券投资；把一部分外汇储备和海外债权资产，以比市场优惠的价格出售给国有企业，并转为海外直接投资；通过货币互换等方式扩大人民币国际流通和贸易结算；把一部分美元资产转化为其他储备货币资产。

欧洲主权债务危机为中国调整对外投资结构提供了有利的战略机遇。欧债危机引起了一些国家财政的普遍紧缩，让欧洲许多企业经营陷入困境，缺乏资金，融资更加困难。由于美国国债市场利息率低于 2% ～3%，投资需求依然强劲，中国减持美国国债会有其他投资者接手，不会引起债券价格的明显变动，这是我国优化投资结构的机遇。中国对美债权投资的减持动向可能会迫使美国调高国债收益率水平，有助于增加我国在美投资的收益，同时也可能进一步激起美国打压欧元、欧盟的怒火。尽管美国多次声称支持解决欧债危机，但美国不会实质出资帮助。打击欧元、欧盟是美国战略利益所在。

欧洲债券市场风险高，利息率也相对较高。中国要科学研究和评估欧洲金融投资品的安全性、收益性和流动性，选择收益性、安全性、流动性都较高的投资品。欧洲债务危机正是中国扩大全球投资、优化投资结构的契机。中国要深入研究欧洲国别投资的市场状况、政策和法律环境，减少投资陷阱，降低投资风险，增加投资回报。理论上，让欧洲金融稳定基金（EFSF）和国际货币基金组织（IMF）投资会比较安全，但现实中也会面临投资折损和破产损失，而且通过这些组织的投资会降低本国的资产流动性，失去投资主动权。少量投资可以经由欧洲金融稳定基金或国际货币基金组织进行操作，大量的投资应由我国专业国际投资公司进行操作，购买欧元债券或其他国债，以便掌握投资主动权，提高安全性和流动性，随时可以安全撤出。欧洲是世界上经济最发达的地区，有能力、财力解决债务危机问题。欧洲作为中国最大的贸易伙伴，中国在道义和战略上支持欧盟、欧元，保持其与美国、美元基本处于战略匹敌的地位上。中国作为世界上最大的发展中国家，自我发展任务艰巨，国际风险很大，仅有的一定战略储备必须用在保证自身利益最大化的战略投资上，欧洲债务危机不需要我们的无私援助，我们只有进行战略投资，才有助于我们增加投资回报，便于战略崛起。

## 主要参考文献

《马克思恩格斯全集》第 7 卷，人民出版社，1959。

《马克思恩格斯全集》第 21 卷，人民出版社，1965。

《马克思恩格斯全集》第 23 卷，人民出版社，1965。

《马克思恩格斯全集》第 26 卷，人民出版社，1974。

《马克思恩格斯选集》第 2 卷，人民出版社，1972。

《马克思恩格斯选集》第 4 卷，人民出版社，1972。

《马克思恩格斯选集》第 4 卷，人民出版社，1995。

《资本论》第 1 卷，人民出版社，1975。

《资本论》第 1 卷，人民出版社，1975。

《资本论》第 1 卷，人民出版社，1975。

《资本论》第 3 卷，人民出版社，2004。

《资本论》第 3 卷，人民出版社，2004。

《资本论》第 3 卷，人民出版社，1975。

《资本论》第 3 卷，人民出版社，1975。

《资本论》第 3 卷，人民出版社，1975。

《列宁选集》第 2 卷，人民出版社，1995。

《列宁选集》第 2 卷，人民出版社，1995。

《列宁选集》第 2 卷，人民出版社，1995。

《列宁选集》第 2 卷，人民出版社，1972。

巴曙松：《如何看待当前中国的债权国地位》，《中国投资》2010 年第 10 期。

胡翠、许召元：《对外负债与经济增长》，《经济研究》2011 年第 2 期。

任春玲：《马克思主义的外债理论研究》，《长春金融高等专科学校学报》2006 年第 1 期。

任春玲：《外债经济效应研究》，吉林大学博士学位论文，2007。

潘英丽：《为何需要加快金融转型》，中国改革论坛网，http：//www.chinareform. org. cn/Economy/finance/Forward/201011/t20101115_ 51275. htm。

Bernanke, Ben S. 2011: "The Economic Outlook and Monetary and Fiscal Policy", Testimony Before the Committee on the Budget, U. S. Senate, Washington, D. C. , January 7.

Cole, Harold L. , and Patrick J. Kehoe, 1998: "Models of Sovereign Debt: Partial versus General Reputations", *International Economic Review*, 39 (1): 55 – 70.

Cruces, Juan and Christoph Trebesch, 2010: "Pricing Haircuts: Do Markets Punish Low Recovery Values in Sovereign Restructurings?" Forth coming soon.

Dhillon, Amrita, Garc'la-Fronti, Javier and Zhang, Lei, 2009: "Sovereign Debt Default: The Impact of Creditor Composition", No 901, Warwick Economic Research Papers.

Eaton, Jonathan, and Mark Gersovitz, 1981: "Debt with Potential Repudiation: Theoretical and Empirical Analysis." *Review of Economic Studies*, 48 (2): 289 – 309.

Fernandez, Raquel, and Robert W. Rosenthal, 1990: "Strategic Models of Sovereign-Debt Renegotiations", *Review of Economic Studies*, 57 (3): 331 – 349.

Hatchondo, Juan Carlos; Martinez, Leonardo; and Padilla, Cesar Sosa, 2010: "Debt Dilution and Sovereign Default Risk", Working Paper No. 10 – 08, May 12.

# 第六章
# 中国外援战略

王迎新

中国对外援助已经走过了 60 余年的历程。中国对外援助的理论基础是什么？中国对外援助与外贸、对外投资的关系是什么？中国外援战略又是什么？这是本章将要回答和思考的问题。

1964 年初，周恩来总理在访问亚非 14 国期间，宣布了以平等互利、不附带条件为核心的对外经济技术援助的八项原则，受到发展中国家的热烈欢迎。此后，中国始终坚持在力所能及的范围内积极帮助这些国家建立工业基础，发展民族经济，数十年间从未中断。截至 2009 年底，中国累计向 120 多个发展中国家和地区提供了经济技术援助，向 30 多个国际和区域组织提供了捐款，支持开展了多项援助活动。[①]

中国对外援助取得了举世瞩目的成就，特别是 20 世纪 90 年代初期以来，中国对于对外援助的体制进行了一些改革，使外援与外贸、外资逐步结合起来成为一体。近年来，关于中国对外经济技术援助的研究成果也越来越多，既有宏观的介绍，也有微观的描述；对于中国对外援助的研究不仅向深入发展，而且已从经济层面、和谐世界、体系构成和价值目标等多角度进行了研究。

---

① 王希：《真诚相助　共谋发展——中国对外援助 60 周年综述》，新华网，2010 年 8 月 19 日。

但是，如何在新的历史时期、经济全球化的大背景下，从马克思主义国际价值理论探讨中国化问题，以及如何理解中国对外援助与外贸、对外投资的协调发展，乃至形成一个中国外援战略，仍是一个重要的理论性、前瞻性和全局性问题。

## 一　中国外援的理论沿革和实践发展

梳理一下中国对外援助的理论沿革和实践发展，可以更清楚地认清我们在对外援助方面走过的路径和思想脉络。

### （一）作贡献与尽义务的对外援助

20 世纪 50 年代，毛泽东指出："因为中国是一个具有 960 万平方公里土地和 6 亿人口的国家，中国应当对于人类有较大的贡献。"[①] 20 世纪 60 年代初，他再次强调："已经获得革命胜利的人民，应该援助正在争取解放的人民的斗争，这是我们的国际主义义务。"[②] 这些论述成为相当长时期中国对外援助的指导思想。1958 年 10 月 29 日，中共中央批转陈毅、李富春《关于加强对外经济、技术援助工作领导的请示报告》，批示中也是同样的精神："认真做好对外经济、技术援助工作，是一项严肃的政治任务，也是我国人民对兄弟国家和民族主义国家的人民应尽的国际主义任务。"[③]

1964 年 1 月 15 日，周恩来提出对外经济技术援助八项原则：第一，根据平等互利的原则对外提供援助，不把这种援助看做是单方面的赐予，而认为援助是相互的。第二，严格尊重受援国的主权，绝不附带任何条件，绝不要求任何特权。第三，以无息或者低息贷款的方式提供经济援助，在需要的时候延长还款期限，以尽量减少受援国的负担。第四，对外

① 毛泽东：《纪念孙中山先生》，1956 年 11 月 12 日《人民日报》。
② 《毛泽东主席接见非洲朋友的谈话》，1963 年 8 月 9 日《人民日报》。
③ 石林主编《当代中国的对外经济合作》，中国社会科学出版社，1989，第 31 页。

提供援助的目的，不是造成受援国对中国的依赖，而是帮助受援国逐步走上自力更生、经济上独立发展的道路。第五，帮助受援国建设的项目，力求投资少、收效快，使受援国政府能够增加收入、积累资金。第六，提供自己所能生产的、质量最好的设备和物资，并且根据国际市场的价格议价。如果中国政府所提供的设备和物资不合乎商定的规格和质量，中国政府保证退换。第七，对外提供任何一种技术援助的时候，保证做到使受援国的人员充分掌握这种技术。第八，中国政府派到受援国帮助进行建设的专家，同受援国自己的专家享受同样的物质待遇，不容许有任何特殊要求和享受。① 以上八项原则，一直成为我国对外经济技术援助工作的基本信条。

在 1958～1965 年期间，中国重点援助社会主义国家。即使是在中国经济处于困难的时期，也大规模地援助了阿尔巴尼亚。中朝两国政府于1958 年 9 月和 1960 年 10 月先后签订了 3 个无息贷款协定，规定由中国帮助朝鲜建设成套项目，向朝鲜提供生产建设和人民生活必需的物资。1958年 3 月 31 日，中越两国政府签订了中国援助越南建设和改造 18 个工业企业项目的协定。中国从 1956 年开始向蒙古等国提供经济技术援助。此外，对亚非拉地区的许多争取民族解放和独立的国家也给予了大力援助。②

事实表明，一方面，中国当时的对外经济援助，就当时国内的困难情况来说，已经超出了自己的能力。根据相关数据笔者做了计算：1958 年，我国协议对外援助额占 GDP 的 0.3%，实际对外援助额占 0.1%；而 1965年，我国协议对外援助额占 GDP 的比重已达 2%，实际对外援助额已占GDP 比重的 0.9%。③ 相比发达国家和联合国的相关数据，比重都是相当高的。

但另一方面也显示出，我国对社会主义兄弟国家和争取民族解放国家的无私援助，使新中国赢得了（恢复了）在联合国的合法席位。这是受

① 龚育之等主编《中国二十世纪通鉴》，线装书局，2002。
② 武力主编《中华人民共和国经济史》（上卷），中国时代经济出版社，2010，第 215～218 页。
③ 对外援助拨款占 GDP 比例：美国为 0.12%，北欧国家约 1%，联合国号召为 0.7%（周弘，2002）。

援国家对我国的真诚援助。

总之，在这段时期，中国克服自身困难，为支持其他发展中国家争取民族独立和发展民族经济提供了最大限度的支持，奠定了新中国与广大发展中国家长期友好合作的坚实基础。① 可以认为，在新中国成立之初至改革开放之前的这一阶段，我国对外援助的理论是基于毛泽东对人类作贡献、尽国际主义义务的思想而形成的，完全是严肃的政治任务。

## （二）基于政治与经济角度的对外援助

1978 年中国改革开放后，在对外援助方面，邓小平曾指出："我们现在还很穷，在无产阶级国际主义方面还不可能做得很多，贡献还很小。到实现了四个现代化，国民经济发展了，我们对人类特别是对第三世界的贡献可能会多一点。"② 也就是说，在中国进入改革开放的历史进程中，我们仍需要继续开展对外援助，但要量力而行。当然，这时的中国对外开放与援助，主要基于的角度有两点：一是从政治角度看，正如邓小平所指出的"中国现在是维护世界和平和稳定的力量，不是破坏力量。中国发展得越强大，世界和平越靠得住"，"我们制定中国的国策，同样也是反对霸权主义，维护世界和平。"③ 二是从经济角度看，"现在世界上真正大的问题，带全球性的战略问题，一个是和平问题，一个是经济问题或者说发展问题……南北问题是核心问题。欧美国家和日本是发达国家，继续发展下去，面临的是什么问题？你们的资本要找出路，贸易要找出路，市场要找出路，不解决这个问题，你们的发展总是要受到限制的……当然，第三世界有一部分国家开始好起来，但还不能说已经发达了，而大部分国家仍处于极其贫困的状态，他们的经济问题不解决，第三世界的发展，发达国家的继续发展，都不容易。"④ 不可否认，实事求是的思想路线已经体现在改革开放后的中国对外援助中。中国的对外援助思想，不单纯是尽义务

---

① 国务院新闻办公室：《中国的对外援助》白皮书，新华社，2011 年 4 月 21 日。
② 邓小平：《邓小平文选》第二卷，人民出版社，1993，第 112 页。
③ 邓小平：《邓小平文选》第三卷，人民出版社，1993，第 105 页。
④ 邓小平：《邓小平文选》第三卷，人民出版社，1993，第 105 页。

和作贡献了，而是把经济建设作为中心，把我国的经济发展与世界各国的经济发展紧密联系在一起思考。

众所周知，"文化大革命"的后果，我国的国民经济几乎走到了崩溃的边缘。中国人民要继续生存，国家要继续发展，就要以经济建设为中心，要搞社会主义的市场经济。而作为第三世界（也就是现在所说的发展中国家）国家之一，中国要与兄弟国家一起发展，共同进步。这不仅符合我们的政治理念，也是市场经济的需要。因此，自中国改革开放之后，我国更忠实地执行了我党实事求是的思想路线，不仅注重用经济手段促进社会经济的发展，而且已开始将无偿与有偿相结合的对外援助方式付诸实践。

### （三）经济发展与对外援助方式的改革

随着改革开放的日益深入，我国经济总量大大加强。在经济发展的同时，我国依然继续坚持进行对外援助。

1996年3月27日，在部分非洲驻华使节座谈会上，江泽民指出："不能因为自己的经济发展了，或因为我们经济发展需要发达国家的资金、技术而忘记穷朋友，更不能看不起穷朋友。"[1] 这为我们在经济发展了的背景下，提出了仍要援助发展中国家的理念。但是，我们还应注意到，这时中国对外援助的理念已经与对外援助方式的改革联系在一起了。

事实上，在20世纪90年代初，我国的对外援助方式已经开始了改革，即逐步从单纯的外援，逐步向与对外直接投资、对外承包工程和外贸相结合过渡。例如，1992年，中央主管经济的部门精简下一些部门和人员成立了行业协会和实体性公司。根据"政企分开"的政策，原本承担着援外项目管理职能的成套设备进出口公司于1993年脱离外经贸部，实行企业化管理，援外成套项目的建设完全由作为市场行为主体的企业来承担。外经贸部对外援助司负责援外政策的制定并监管项目的执行。[2] 1994

---

① 　参见南方网理论频道，2004年4月29日。
② 　周弘：《中国对外援助与改革开放30年》，《世界经济与政治》2008年第11期。

年成立的中国进出口银行，作为我国外经贸支持体系的重要力量和金融体系的重要组成部分，是我国机电产品、成套设备、高新技术产品进出口和对外承包工程及各类境外投资的政策性融资主渠道，也是外国政府贷款的主要转贷行和中国政府对外优惠贷款的承贷行，为促进我国开放型经济的发展发挥着越来越重要的作用。此外，为帮助其他发展中国家发展经济，中国自 1995 年开始对外提供优惠贷款。① 正如江泽民指出的那样，"中国坚定不移地支持非洲国家发展经济的努力，继续提供力所能及、不附加任何政治条件的政府援助；双方积极配合，通过合资、合作等方式振兴中国提供的传统援助项目；鼓励双方企业间的合作，特别要推动有实力的中国企业、公司到非洲开展不同规模、领域广泛、形式多样的互利合作……拓宽贸易渠道，增加从非洲的进口，以促进中非贸易均衡、迅速发展。"② 有数据表明，截至 2009 年底，中国累计向 161 个国家和 30 个国际和区域组织进行了援助，经常性接受援助的发展中国家有 123 个，其中，非洲就有 51 个国家。③ 中国对非洲国家的援助，可以说是中国对外援助的缩影。以非洲为例，中国对非洲的经济援助是否促进了中非的双边贸易？从以下数据，我们可以看出：

1950 年，中非双边贸易额仅为 1214 万美元，1960 年达到 1 亿美元，1980 年超过 10 亿美元，2000 年迈上百亿美元的台阶，双边贸易额为 106 亿美元。自此，中非贸易呈现快速增长势头。2008 年突破了 1000 亿美元，达到 1068 亿美元，其中中国对非洲出口 508 亿美元，自非洲进口 560 亿美元。2000～2008 年，中非贸易额年均增长率高达 33.5%，占中国对外贸易总额的比重由 2.2% 升至 4.2%，占非洲对外贸易总额的比重由 3.8% 升至 10.4%。虽然受国际金融危机影响，2009 年中非贸易额下降到 910.7 亿美元，但中国在当年首次成为非洲第一大贸易伙伴国。随着世界经济的复苏，中非贸易呈现良好的恢复发展态势，2010 年更是达到

① 优惠贷款是由指定的金融机构提供本金、政府财政贴息的一种具有援助性质的中长期低息贷款，根据受援国发展需要，主要用于支持中外双方企业合资合作建设、经营的项目。
② 江泽民：《江泽民文选》第一卷，人民出版社，2006，第 528 页。
③ 中华人民共和国国务院新闻办公室：《中国的对外援助》，2011 年 4 月。

了 1500 亿美元。①

在规模扩大的同时，中非贸易结构也逐步优化，双方具有比较优势的产品相继进入对方市场。20 世纪 80 年代至 90 年代，中国对非洲出口商品以轻工、食品、化工、土畜产品等为主。2000 年以来，机械设备、汽车、电子产品等机电产品出口显著增长，商品质量和技术含量大幅提高。目前，机电产品占中国对非出口的比例已超过 50%。在非洲对中国出口方面，棉花、磷酸盐等初级产品曾经是主要商品。近年来，非洲的钢材、铜材、化肥、电子产品等工业制成品陆续进入中国市场。同时，非洲农产品对中国出口增长加快。埃及的柑橘、南非的葡萄酒、加纳的可可豆、乌干达的咖啡、突尼斯的橄榄油、埃塞俄比亚的芝麻等特色产品，逐渐成为中国消费者的偏好。受国际金融危机影响，2009 年中国从非洲进口虽有所下降，但农产品进口增长了 25%。②

列举以上数据是想表明，我国对非洲的对外援助和对外投资，不仅没有减少对非洲的贸易额，而是较快地促进了中非贸易额的增长和改善了其贸易结构。特别是 2000～2008 年，中非贸易额年均增长率高达 33.5%，从中非贸易额占中国对外贸易总额的比重来看，由 2.2% 升至 4.2%，提高了 2.2 个百分点；而从中非贸易额占非洲对外贸易总额的比重来看，由 3.8% 升至 10.4%，则提高了 6.6 个百分点。可见，我们对非洲的援助，扩大了中非贸易的规模，促进了中非贸易的发展。

## （四）世界经济平衡有序发展中的对外援助

2005 年 10 月 15 日，第七届 20 国集团财长和央行行长会议首次在北京召开，胡锦涛出席开幕式并发表了题为《加强全球合作，促进共同发展》的重要讲话。他就推动世界经济平衡有序发展提出了四点主张。其中第四点主张：要帮助发展中国家加快发展，加强南北对话，着眼于逐步建立长期、全面的新型南北合作伙伴关系，完善发展援助机制，鼓励更多

---

① 国务院新闻办公室：《中国与非洲的经贸合作》白皮书，2010 年 4 月 21 日。
② 国务院新闻办公室：《中国与非洲的经贸合作》白皮书，2010 年 4 月 21 日。

发展资源向发展中国家转移。胡锦涛指出:"中国最近宣布将在关税、减免债务、优惠贷款、公共卫生、人力资源开发等五个方面采取新的援助举措。中国将积极落实这些措施。"①

2008 年国际金融危机爆发后,世界经济进入低谷。但是,"中国作为一个负责任的发展中大国,历来把促进共同发展作为外交政策的重要内容,尽力向其他发展中国家提供支持和帮助,已兑现对联合国《千年宣言》所作的承诺。截至目前,中国向 120 多个国家提供了援助,累计免除 49 个重债穷国和最不发达国家的债务,对 40 多个最不发达国家的商品给予零关税待遇。"胡锦涛承诺,"中国将继续本着负责任的态度,认真落实各项对外援助承诺和举措,在力所能及的范围内向发展中国家尤其是非洲最不发达的国家提供更多帮助。"②

2010 年 6 月 27 日,在加拿大多伦多召开的 20 国集团领导人第四次峰会上,胡锦涛在谈到对外援助时指出:"要真正实现世界经济长期持续增长,必须帮助广大发展中国家实现充分发展,缩小南北发展差距。在国际金融危机中,发展中国家受到的冲击十分严重,克服国际金融危机影响面临的困难也十分严重。20 国集团成员主要是发达国家、新兴市场国家、工业化程度较高的发展中国家,成员国国内生产总值占世界生产总值的 85%,但我们不能忽视超过世界国家总数 85% 的其他发展中国家的发展诉求。20 国集团有责任为解决发展问题提供更强政治动力、更多经济资源、更好制度保障。"③

当前,我们已进入 21 世纪第二个 10 年。在新的历史时期,不仅我国对外援助的内部经济实力发生了较大变化,而且对外援助的外部环境也发生了较大改变。因此,在我们对外援助具有良好传统的基础上,加之国内经济实力和在世界经济地位的提高,我国更应该以一个负责任的大国姿态,在全球治理中做好我国的对外援助工作。

① 田丽:《加强全球合作 促进共同发展》,2005 年 10 月 17 日《人民日报(海外版)》。
② 胡锦涛:《在联合国系列会议及二十国集团领导人金融峰会上的讲话》,人民出版社,2009。
③ 胡锦涛:《同心协力 共创未来——在二十国集团领导人第四次峰会上的讲话》,人民出版社,2010。

回顾中国外援理论的沿革和实践发展，我国外援理论既要坚持中国对世界应该具有较大贡献的思想，也要继续贯彻以经济建设为中心、坚持改革开放、包容性增长以及世界平衡有序发展的理念。这些，都应是我们在今后对外援助工作中遵循的基本思想。

## 二　中国外援机制和方式的创新

1995 年至今，中国对对外援助的方式和机制进行了改革和创新。目前，我国对外援助的机制已开始将外援、外贸与对外投资相结合，将无偿援助与有偿援助相结合；从以政府援助为主向政府和企业援助并重的机制转变，从以中央政府援助为主向中央和地方政府援助并重的机制转变。同时，我国在项目援助方式和资金支持方式方面也采取了多样化的方式。

### （一）对外援助新机制

商务部作为我国对外援助的主管部门，其中由对外援助司负责援外项目的总体规划、年度计划、项目立项等政府间事务，并对执行援外任务的机构进行监督、检查和指导。援外成套项目的实施管理任务由商务部国际经济合作事务局（简称经济合作局）承担，援外物资项目的实施管理任务由商务部中国国际经济技术交流中心（简称交流中心）承担，援外培训项目的实施管理任务由商务部培训中心（简称培训中心）承担。经济合作局、交流中心和培训中心均为事业单位，作为援外项目的实施管理单位，在对外援助司的监督下承担援外项目执行过程中的组织管理工作，包括招（议）标的组织和管理以及项目实施的组织和管理等。① 当然，关于对外援助的资金使用仍由商务部负责与中国进出口银行和财政部进行协调；地方商务管理机构配合商务部，负责协助办理管辖地有关对外援助的具体事务；对驻在国援助项目的一线协调和管理由中国驻外使（领）馆负责。

---

① 《商务部办公厅关于调整援外项目管理工作职能分工的通知》，商办援函〔2008〕34 号。

从改革后的决策、执行、监督程序来看，我国初步形成了政府与市场相互结合的对外援助机制，且"决策、执行、监督相互协调、相对分离"。但是如何用市场化的管理方法更有效地促使援外企业所担负的援外任务顺利完成，同时使政府更有效地发挥科学决策和合理监督的职能，则需要我国对外援助机制不断改革和进一步完善。

## （二）对外援助新方式

在项目援助方面，我国目前已形成了以"成套项目"为最主要的方式等8个援助方式（见表6-1）。

表6-1　中国对外援助项目方式

| 序号 | 对外援助方式 | 年份 | 援助领域 | 金额或数量 |
|---|---|---|---|---|
| 1 | 成套项目 | 1950~2009 | 工业、农业、文教、卫生、通信、电力、能源、交通等 | 2000多个 |
| 2 | 一般物资（援助资金项下） | 1950~2009 | 机械、医疗、检测、交通、办公用品、食品、药品 | N |
| 3 | 技术合作 | | N | N |
| 4 | 人力资源开发合作 | 1953~2009 | 农业、林业、水利、轻工、纺织、交通、卫生、环保、管理等 | 4000多期（培训12万人） |
| 5 | 援外医疗队 | 1963~2009 | 涉及69个国家，派出2.1万名医护人员，受援国患者达2.6亿人次 | |
| 6 | 紧急人道主义救援 | 2004~2009 | 200次 | N |
| 7 | 援外志愿者 | 2003~2009 | 汉语教学、中医治疗、农业科技、体育教学、计算机培训、国际救援 | 8400人次（其中，汉语教学7590人次） |
| 8 | 债务减免 | 2000~2009 | 50个国家的汉语、体育教学、医疗、信息技术、农业科技、国际救援等 | 5次共380笔，255.8亿元人民币 |

注：N为未查到数据。

资料来源：笔者根据国务院新闻办公室《中国的对外援助》白皮书提供的数据整理而得。

　　除表 6 - 1 描述的资助方式外，为进一步巩固已建成的生产性援助项目成果，我国同部分受援国还开展了代管经营、租赁经营和合资经营等多种形式的技术和管理合作。一些已建成的援外生产性项目通过采取上述合作模式，在改善企业经营管理和提高生产水平等方面，取得了比传统技术合作更为显著的成效。①

　　同对外援助项目方式相互支撑的是资金支持方式。我国对外援助的资金方式为无偿援助、无息贷款和优惠贷款三种方式。其中，最主要的是无偿援助，涉及医院、学校、低造价住房、打井供水、人力资源合作开发、技术合作等中小型社会福利项目。此外，还有无息贷款，为 20 年（使用 5 年，宽限期 5 年，偿还期 10 年），主要用于建设规模较大的基础设施、民用设施项目；关于优惠贷款，年利率为 2% ~ 3%，15 ~ 20 年偿还（5 ~ 7 年的宽限期）。

　　特别要提及的是，中国自 1995 年开始对外提供优惠贷款。优惠贷款是由指定的金融机构提供本金、政府财政贴息的一种具有援助性质的中长期低息贷款，根据受援国的发展需要，优惠贷款主要用于支持中外双方企业合资合作建设、经营的项目。截至 2009 年，我国共为 76 个国家的 325 个支持项目提供了优惠贷款，其中建成 142 个，提供的优惠贷款中有 61% 用于帮助发展中国家建设交通、通信、电力等基础设施，8.9% 用于支持石油、矿产等能源和资源开发；累计对外提供援助金额达 2562.9 亿元人民币，其中无偿援助 1062 亿元，无息贷款 765.4 亿元，优惠贷款 735.5 亿元。② 应该说，这种资金援助方式是我国政府为帮助其他发展中国家的经济发展，同时又为促进本国经济发展而制定的一种 "双赢" 的外援措施。

　　总之，1978 年改革开放以来，在援助形式上，我国的对外援助由过去单纯提供援助发展为多种形式的互利合作，不仅更加注重提高对外援助项目的经济效益和长远效果，而且更加适合中国国情和受援国的实际需

---

①　国务院新闻办公室：《中国的对外援助》白皮书，新华社，2011 年 4 月 21 日。
②　国务院新闻办公室：《中国的对外援助》白皮书，新华社，2011 年 4 月 21 日。

求；在援助资金上，进入新世纪特别是 2004 年以来，在我国经济持续快速增长、综合国力不断增强的基础上，对外援助资金保持快速增长，2004～2009年年平均增长率为 29.4%。[①]

## 三　中国外援的理论基础及其与外贸、外资的关系

在回顾我国外援的历史和改革之后，可以看出：①在新中国成立初期，我国的对外援助都是无偿的。由于那时的外贸处于高度的国家垄断和计划经济时期，外援与外贸是"各自为战"，从组织机构和原理上来看，也不可能挂钩。②改革开放之后，随着社会主义市场经济的建立和发展，我国的对外援助逐步开始与外贸、对外投资相结合，不仅从组织机构上进行了改革，而且从发展理念、资金支持、援助方式等各个方面都大有改观和提升。从形式上看，是将无偿援助与有偿贸易结合起来，将外援与外贸结合起来，将外援与对外投资结合起来；而从实质上看，是将"输血"变成"造血"，既增强了受援国发展经济的能力，又促进了中国对外贸易、对外投资的发展，达到了互利合作的双赢。

从理论上讲，将无偿援助与有偿贸易结合起来，将外援与外贸结合起来，将外援与对外投资结合起来，这是符合国际价值规律的。正如前文所述，国际价值规律的特点之一，是各个国家科技、管理、劳动者素质以及自然条件不同，在同样的劳动时间内，却创造不同的国际价值。如果按国际价值进行交换，表面上的"平等交换"，却使富裕发达的国家赢利，贫穷落后的国家亏损。这就造成了前者剥削后者、全球贫富差距不断扩大的后果。因此，为实现国际社会的共同协调发展，一是富国理应对穷国实行经济上的对外援助，这是天经地义之举，是对落后国家的经济补偿；二是援外促贸、促投资的结合，更是从根本上解决落后国家的经济发展问题，变"输血"为"造血"，使贫穷之国早日脱贫，真正从提高社会生产力入手，共创世界福利。

---

① 国务院新闻办公室：《中国的对外援助》白皮书，新华社，2011 年 4 月 21 日。

从历史上看，新老殖民主义者除了掠夺，在貌似平等的情况下进行的国际贸易即是靠国际价值规律获取财富的。因此，当任何一个国家处于较低的社会生产力水平之时，在其与社会生产力水平较高的国家进行对外贸易之际，其对外交换实质上是处于被剥削的地位。

从现实来看，新中国已成立 60 余年，2010 年 GDP 总量虽然已位居世界第二，但人均 GDP 却排在第 95 位。同发达国家相比，中国的科技水平、劳动者素质、社会劳动生产率等等还是比较落后的。因此，在国际交换中，按国际价值规律的观点看，我国仍然处于被剥削的地位。同理，如果将中国同亚非拉的不少落后国家相比，中国在按国际价值进行等价交换中是处于有利地位的。虽然双方在国际贸易中都达到互利共赢，获得了比较利益，但各自赢利的数额还是存在一定或较大的差距。在这种情况下，获利多的一国通过无偿援助让利给另一国，体现了实质上的互利平等。这是一种国际上的"转移支付"，符合外援国与受援国的根本利益。

从发展方向上看，改革开放之后，中国作为发展中的大国，从无偿援助到外援与外贸、对外投资相结合，已形成对外援助的一个新特点，是我国外援机制和方式的一个创新。外援与外贸、对外投资的相互促进，是我国今后对外援助的一个新途径。如果一国只是单纯地进行对外援助，而不是与对外贸易、对外投资相结合，那么这种对外援助是不会持久下去的，也不会取得外援国与受援国在经济上的更大发展。因为仅仅靠对外援助，不仅不可能使一个后进国家真正从经济上赶超先进国家，而且也不利于外援国与受援国的长远经济发展。事实表明，当外援国给受援国带来资金援助的同时，还带来适用的新技术、新的就业机会，受援国获得的将是新的增长与持续发展。

当然，目前我国在外援与外贸、对外投资的关系中，还存在一些不和谐之处。一是由于外贸、外资、外援由不同的行政部门管理，又有不少企业参与其中，会出现协调不及时等问题，还需要我们进一步提高管理水平，总结经验，找出规律。二是我国金融、保险服务业企业等"走出去"相对于制造业企业滞后、人民币国际化刚刚起步来说，将使对外援助、对外投资以及双方的对外贸易产生诸多困难。三是目前我国还缺乏通晓国际经济、法律、税收、外交等的复合型人才。因此，正确处理好外援与外贸、对外投资的关系，并在理论上认清和在实际中践行，使之协调发展，将对我国改善对外援助、促进贸易强国的建设具有重要的理论意义和现实意义。

## 四　外援与外贸、外资的进一步协调发展

胡锦涛指出，"随着经济全球化不断深入，各国利益相互交织、命运彼此依存。促进普遍发展、实现共同繁荣，符合各国人民的根本利益。现在，摆在我们面前最紧迫的任务是：加强国际发展合作，缩小南北差距，确保实现千年发展目标……中国愿同世界各国一道努力，使 21 世纪真正成为'人人享有发展的世纪'"。[①] 笔者认为，这就是我国今后对外援助的指导思想。在这一思想的指导下，我们应该进一步完善中国对外援助的新机制与新方式，协调发展外援与外贸、外援与外资，使之成为中国外援的战略思想。

综上所述，我们既要把中国的对外援助放在一个大视野中，即"人人享有发展的世纪"，尊重发展模式的多样性，建立公平、合理、有效、多赢的世界经济发展目标（这也是中国外援的战略目标），又要把对外援助工作扎扎实实、一步一步地做好。为此，笔者建议：

1. 从全球的角度看，由于经济发展速度快，经济规模日渐扩大，2007 年中国已加入国际开发协会的捐助国行列，由受援国变为捐助国。[②] 为此，我国应积极参与全球治理，发挥一个负责任大国的作用，加强集体磋商，在国际合作和国际援助事务中制定符合公平、合理、有效、多赢的措施和规则。

---

[①]　胡锦涛：《促进普遍发展实现共同繁荣——在联合国成立 60 周年首脑会议发展筹资高级别会议上的讲话》，中国网，2005 年 9 月 15 日。

[②]　《国际开发协会充资会议获 251 亿美元捐资承诺》，联合国网站新闻中心，2007 年 12 月 15 日。

2. 从国内的角度看，为进一步加强各部门间的协调，2008 年，商务部会同外交部、财政部等有关部门和机构，已正式成立对外援助部际联系机制。2011 年 2 月，部际联系机制又升级为部际协调机制。由于对外援助机制新建立，还有许多在中央政府各部委、中央政府和地方政府之间、政府与市场之间需要进一步协调和完善的地方，如何实现政治任务与市场效益的统一，既发扬国际主义精神，又提高经济效益，是我们仍要继续研究的课题。

3. 从对外援助的具体方式看，一是应继续注重将对外援助与对外直接投资结合起来，国家应提供优惠贷款；帮助有实力的企业实施"走出去"项目，特别是对金融、保险业等服务性企业；同时，及时清理并制定对外援助的法律法规，使企业在实施对外援助的项目中有法可依，有章可循，并大力加强监督和评估，对违法、违规案件应加大执法力度。二是把对外贸易与对外援助结合起来，特别是扩大对受援国的进口，逐步改善与受援国的商品结构；同时，进一步提高服务贸易在受援国的比重，如技术服务贸易和教育服务贸易，这对从根本上提高受援国的教育和技术水平，并促进双方的服务贸易发展大有裨益。三是在对外援助中，应关注本国与受援国的可持续发展，合理利用自然资源。

总之，今后我国的对外援助，应将无偿援助与有偿援助统一起来，将"输血"变成"造血"，既增强受援国发展经济的能力，又促进我国对外贸易、对外直接投资的发展，在经济全球化中真正达到"双赢"。

## 主要参考文献

石林主编《当代中国的对外经济合作》，中国社会科学出版社，1989。

龚育之等主编《中国二十世纪通鉴》，线装书局，2002。

武力主编《中华人民共和国经济史》（上卷），中国时代经济出版社，2010。

国务院新闻办公室：《中国的对外援助》白皮书，新华社，2011 年 4 月 21

日。

周弘:《中国对外援助与改革开放 30 年》,《世界经济与政治》2008 年第11 期。

杨圣明:《努力开创"五外"和谐新格局》,《财贸经济》2010 年第 12期。

中国商务部网站,http://www.mofcom.gov.cn。

# 第七章
# 中国高新科技产品
# 国际贸易战略

冯　远

## 一　当代高新科技产品国际贸易格局

当今世界经济发展正在步入一个崭新的时代，这个时代的最大特征就是知识经济的迅速发展，而知识经济发展的重要表现则是现代科学技术知识的迅速传播与应用以及高新技术产业和高新技术产品贸易的飞速发展。高新技术产业和高新技术产品贸易发展对于一个国家的国民经济增长以及经济发展的促进作用越来越明显，同时也是一个国家的国际竞争力高低的象征。21世纪世界各国经济发展的主题是发展知识经济，在20世纪90年代以美国为代表的一些经济发达国家宣称其经济即将进入知识经济社会。进入知识经济社会的一个重要标志是高新技术产业和高新技术产品贸易的大规模发展。1996年经济合作与发展组织（OECD）给知识经济下的定义是："知识经济，是建立在知识和信息的生产、分配和应用之上的新型经济。"根据这一定义，知识经济社会实际是指以高新技术知识及其产品的生产、分配流通、消费为主导的经济社会，也可以说是建立在高端复杂劳动基础上的经济社会。知识经济社会表现出越来越倚重于高端复杂劳动，高端复杂劳动在知识经济社会里的高新技术产业和高新技术产品的生产和制造过程中所发挥的作用越来越大。

马克思指出了工业革命以后科学技术含量与工业革命以前是完全不一样的，工业革命以后经过教育和培训的人在社会生产力中起主要和决定性的作用。马克思认为复杂劳动"比普通劳动力需要较高的教育费用，它的生产要花费较多的劳动时间，因此它具有较高的价值。既然这种劳动力的价值较高，他就表现为较高的劳动，也就在同样长的时间内物化较多的价值。"① 马克思指出："随着大工业的继续发展，创造现实的财富已经不再依靠劳动时间和应用的劳动数量了，而是依靠在劳动时间以内运用的动原的力量，而这种动原自身及其动力效果已跟它在自身的生产上所消耗的直接劳动时间根本不成比例，相反，却决定于一般的科学水平和技术进步程度或科学在生产上的应用。而科学发展水平，尤其是自然科学以及随着自然科学一起发展起来的一切其他科学，又决定于物质生产的发展水平。"② 马克思指出："自然并没有制造出任何机器、机车、铁路、电报、自动纺棉机等等。它们都是人类工业的产物；自然的物质转变为由人类意志驾驭自然或人类在自然界里活动的器官。它们是由人类的手所创造的人类的头脑的器官；都是物化的智力。固定资本的发展表明：一般的社会知识、学问，已经在多么大的程度上变成了直接的生产力，从而社会生活过程的条件本身已经在多么大的程度上受到一般知识的控制并根据此种知识而进行改造。它表明：社会生产力已经在多么大的程度上被生产出来，不但在知识的形态上，而且作为社会实践的直接器官、作为实际生活的直接器官而被生产出来。"③

在生产力中，马克思认为人的因素即劳动者是最重要的生产要素。劳动者是生产过程中的主体，是首要的生产力，是构成生产力的诸生产要素中起主导作用的要素。劳动者是生产工具的创造者和使用者。物质要素只有被人所掌握，只有和劳动者结合起来才能成为现实的社会生产力。马克思和恩格斯在这里实际上就是指出了作为劳动力的人在社会生产力发展中

---

① 《马克思恩格斯全集》第23卷，人民出版社，1972，第223页。
② 《马克思恩格斯全集》第46卷（下册），人民出版社，1972，第217—220页。
③ 《马克思恩格斯全集》第46卷（下册），人民出版社，1972，第217—220页。

的重要作用。高新技术产品和产业是由先进的社会生产力研究与开发出来的，而先进的社会生产力包括所有的社会生产力都是通过高端复杂劳动创造出来的。通过对于工业革命以来的社会经济发展的研究，我们可以看到越是高新技术产业和高新技术产品，高端复杂劳动的知识含量和科学技术的含量越高，进而社会的经济转换力和创造力也就相应越高。自从第一次工业革命以来，人类的知识生产与创新、科学技术的进步以及科学技术转化为先进的社会生产力和产品，都依赖于高端复杂劳动，现代工业发展更是如此。

当代高新技术产业兴起于 20 世纪的 40～50 年代，经过 50 多年的发展，据经济合作与发展组织统计，目前经济合作与发展组织国家的高新技术产品在制造业产品中的份额和出口中的份额已经达到 20%～25%，有些发达国家已经达到 40% 左右。在知识密集型服务部门，如教育、通信、信息等的发展则更为迅速，经济合作与发展组织中的主要成员国国内生产总值（GDP）的 50% 以上已经是以知识为基础的了。自从 20 世纪 80 年代以来，世界的高新技术产品出口贸易一直以高于 8% 的增长速度发展。据统计，20 世纪 90 年代以来，世界高新技术产业出口年增长率在 10% 以上，比中低技术和低技术产业出口年增长速度高 5～6 个百分点。2000 年世界高新技术产品出口贸易已经超过 1 万亿美元。世界制造业出口结构也由此产生重大变化，高新技术产业在制造业出口总额中的份额呈加速增长趋势，到 2002 年约占制造业出口总额的 1/4。发达经济体的高新技术产品出口贸易占了世界高新技术产品出口贸易额的 83%，中国、印度、马来西亚等新兴经济体的高新技术产品出口额占世界高新技术产品出口贸易总额的 3% 左右。新兴工业化国家和地区以及其他发展中国家的高新技术产品出口贸易虽然起点低，但由于大力发展高新技术产业，加上世界一些高新技术制造业向这些国家和地区转移，因而这些国家和地区的高新技术产品出口呈现出比经济发达国家更快的增长势头。但是，从总体来说，发展中国家在高新技术产业领域的研发投入和高端复杂劳动的投入都比较低。

一些国家高新技术产品出口呈跨越式发展。一些没有高新技术产业发展基础的国家如印度和爱尔兰等，由于重点加大了对高端复杂劳动的投入，特别是集中对某些高新技术产业领域的高端复杂劳动的投入，为该领域的高新技术产业和高新技术产品出口的发展提供了大量的专业人才和高级工程师，使该国这一领域的高新技术产业和高新技术产品出口实现了跨越式发展。例如印度软件产业的发展就是如此，由于印度政府近些年重视计算机软件产业的发展，大规模增加了计算机软件产业人力资本的投资，加大了对计算机软件产业专业技术人员、工程师和高级研究开发人才的培养，在短短的10多年里使印度一跃成为仅次于美国的世界第二大软件产品出口国。

经济发达国家高新技术产业中的劳动密集型制造业或组装加工业逐渐向发展中国家转移。20世纪70~80年代以来，发达经济体国家的高新技术产业为了保持其在国际市场竞争中的低成本优势，美国和日本都将其高新技术产业中的劳动密集型加工制造或组装装配行业向拉美地区和东南亚的发展中国家转移。近两年经济发达国家由于经济增长的放缓，美国和欧盟等经济发达国家的跨国公司开始在发展中国家的市场中寻找经济增长的动力，高新技术产业下游链条的加工制造业从经济发达国家进一步向新兴工业化国家和发展中国家转移。世界高新技术产品出口贸易从过去的美国、日本和西欧三分天下，发展到目前的美国、日本、西欧与新型工业化国家和从事高新技术产品出口加工贸易的发展中国家四分天下的局面。1998~1999年全球30个最大的高新技术产品出口国，经济发达国家占2/3，新型工业化国家或地区和发展中国家占1/3。这些新型工业化国家或地区和发展中国家的高新技术产品出口，主要是以高新技术产品的加工贸易为主，比如像新加坡、马来西亚、中国、墨西哥、巴西和泰国等新兴经济体国家的高新技术产品出口基本上是以加工贸易为主。

全球高新技术产业和高新技术产品的研究与开发主要分布在几个经济发达国家之中。1987年的统计显示表明，全世界研究与开发费用支出的82%和全世界研究与开发项目的参与人的69%都分布在5个经济发达国家，分别是美国、日本、法国、英国和德国。

从高新技术产业和高新技术产品生产的制造链分析，美国、日本和欧洲的几个工业大国处于高新技术产品生产产业链的上游，美国、日本和欧洲等经济发达国家基本上垄断和控制着高新技术产业和高新技术产品生产中的核心技术和产品中的关键部件的生产技术。而亚洲和拉美的一些发展高新技术产业和高新技术产品出口的发展中国家则处于高新技术产业链的下游，从事的主要是高新技术产品的加工贸易和组装装配生产。

在国际高新技术产业的国际分工中，美国在绝大部分的高新技术产业发展和高新技术产品生产中，以及在基础研究和高新技术的研究与开发方面占有很大的优势，美国 2001 年高新技术产业从业人员达到 570 万。美国在高新技术产业发展和高新技术产品生产上，一度重视基础理论研究和高新技术的研究与开发，而忽视高新技术的应用研究与开发，因而美国在高新技术产业发展和高新技术产品生产制造方面一度落后于日本，在国际高新技术产品市场上的高新技术产品出口的市场份额一度持续下降，只是在 20 世纪 80 年代开始重视高新技术应用方面的研究与开发以后，即加大了高端复杂劳动以后，高新技术产品出口在国际市场上的市场份额才开始逐渐回升。同时，为了降低高新技术出口产品的成本，提高其高新技术产品在国际市场上的竞争力，美国也开始在亚洲等地区的发展中国家中建立装配或组装企业。但总体来说，美国在低附加值的电子产品贸易方面进口大于出口，而在具有高附加值的电子信息技术产品的贸易方面出口大于进口，具有很强的竞争优势。

日本在高新技术产业的发展、高新技术产品生产、应用技术的研究与开发方面占有很大的优势，而在基础理论研究方面与美国比较起来则处于相对弱势。日本把提高其高新技术产品在国际市场上的竞争力定位在提升应用技术研发和提升高新技术产业制造业竞争力的优势上，为此，日本采取的措施是：一方面，日本不允许外资在日本当地直接投资建厂生产；另一方面，日本在 20 世纪 70 年代就开始将信息产业中劳动密集程度比较强的后序生产部分转移到东南亚的一些发展中国家去，在这些东南亚国家进行组装或装配，利用这些发展中国家劳动力成本低的优势提高其产品在国际市场上的竞争优势。日本是比较早地将高新技术产品生产中的劳动密集型生产工序转移到海外的国家。

在西欧国家中，英国、德国、法国、意大利和荷兰等经济发达国家在高新技术产业发展和高新技术产品生产上，从整体上落后于美国和日本。欧盟的电子产品一直以从美国和日本进口为主，这一点在 20 世纪 70～80 年代期间比较明显，20 世纪 70～80 年代欧盟国家从美国和日本进口的电子产品占欧盟电子产品进口额的 50%。虽然在 20 世纪 70～80 年代，欧盟在高新技术产业和高新技术产品出口（主要是电子信息产业和电子信息产品）发展方面落后于美国和日本，但是欧盟在一些基础理论的研究方面在世界上还是保持着一定的领先地位，这为欧盟国家在 20 世纪 80 年代中期以后在发展高新技术产业和高新技术产品出口方面追赶美国和日本提供了基础和保障。欧盟为了减少从欧盟外部的直接进口，实行了一种进口替代政策，部分地允许外资在当地直接投资建厂生产，以此替代进口，欧盟用美国在当地建厂生产替代的进口大约占进口总额的 50%～70%。

在亚洲和拉美地区，新兴工业化国家和地区以及一些发展中国家在 20 世纪 70～80 年代也开始致力于高新技术产业和高新技术产品出口的发展，同时也致力于高新技术产品生产的自主研究与开发，以求在世界高新技术产业和高新技术产品出口发展的国际分工中占有一席之地。目前在新型工业化国家和地区，在高新技术产业和高新技术产品出口发展上，发展得比较快和比较好的产业基本上是电子信息产业。在新型工业化国家和地区中，韩国和我国的台湾省电子信息产业和电子信息产品出口发展得比较快。目前，我国和泰国、马来西亚、墨西哥等发展中国家的高新技术产业和高新技术产品出口，基本上是处于高新技术产业和高新技术产品生产的后序工业；在高新技术产业的国际分工中，处在高新技术产业和高新技术产品生产中的劳动密集型低附加值产品生产制造工序上；在高新技术产品国际市场交换中处于用相对简单的劳动同工业发达国家的高端复杂劳动相交换的状况，贸易收益非常低。

## 二 当代高新技术产品国际贸易背离国际价值规律

如果说高新技术产品贸易按照国际产业价值链进行贸易收益分配，还属于符合商品交换的国际价值规律，而当代高新技术产品贸易垄断竞争的国际市场形态，则已经完全背离了商品交换的国际价值规律。

## （一）垄断竞争是当代高新技术产品生产与贸易领域的主要市场形态

在发达经济体国家主导全球高新技术产业和高新技术产品贸易发展的形势下，当今国际市场高新技术产品贸易的市场形态基本上是属于垄断竞争市场形态。这种垄断竞争市场形态通过全球大型跨国公司在全球高新技术产业中的经营活动能充分地表现出来。发达国家国内生产总值增长值中70%～85%是依靠高新技术和现代化生产管理体制的，全球80%～90%的科学密集型产品及其出口贸易都被发达国家经济体所垄断。高新技术产业的国际分工，主要集中在经济发达国家市场和一些发展中国家新兴市场上，经济发达国家的高新技术产业处于成长期，拥有大量高端的基础研究和应用研究人才，基本上垄断了高新技术产业领域里的主要的高新技术，并主导着世界高新技术产品贸易，而新兴经济体国家和一些发展中国家的高新技术产业基本上属于幼稚和弱势产业，在高新技术产业和高新技术产品出口发展中基本上处于从属地位。发达国家正是利用其核心技术和关键零部件制造技术在国际市场中的垄断地位，控制着国际市场高新技术产品价格的定价权，制定高额的垄断价格，从中攫取超额的垄断利润，导致当代高新技术产品贸易绝大部分商品的国际市场价格和贸易收益严重背离国际价值的交换规律。

## （二）工业发达国家滥用知识产权和技术性贸易壁垒

工业发达国家滥用知识产权和技术性贸易壁垒遏制新兴经济体以及发展中国家的高新技术产品生产与贸易的发展这一现象，同样使当代高新技术产品贸易绝大部分商品的国际市场价格和贸易收益严重背离国际价值的交换规律。当代高新技术产业和高新技术产品贸易发展呈现此消彼长的态势。在经济全球化的浪潮中，发达经济体国家与新兴经济体国家在高新技术产业加工制造业水平上的差距逐渐缩小，发达经济体国家已经逐渐丧失对高新技术产品国际贸易的绝对控制力，新兴经济体国家高新技术产品出口的发展不断冲击着发达经济体国家的国内产业和企业。为保持高新技术产业和高新技术产品贸易在国际市场上的垄断竞争地位，发达经济体国家开始滥用知识产权、技术性贸易壁垒和反补贴等一系列贸易壁垒，遏制新兴经济体和发展中国家的高新技术产业和高新技术产品贸易的发展。发达国家遏制新兴经济体和发展中国家高新技术产品贸易发展的行为，进一步加强了发达国家高新技术产品贸易在国际市场中的垄断地位，也进一步背离了高新技术产品贸易的国际价值交换规律。

近两年来，我国出口产品在国际市场遭遇的贸易摩擦已经开始从劳动密集型产品扩大到高新技术产品，而且反补贴已经成为外国，特别是工业发达国家控制我国高新技术产品进入其市场的一种贸易壁垒手段。我国对外贸易正进入一个新的出口产业结构和出口产品结构调整的发展阶段，高新技术产品出口已经成为我国对外贸易发展的一个新的增长点。发达国家通过反补贴手段对我国高新技术产品出口设置贸易壁垒。在国际贸易摩擦案件中，滥用知识产权、技术性贸易壁垒以及反补贴措施已经成为发达国家针对新兴经济体和发展中国家高新技术产品贸易实施贸易壁垒的重要工具。

2008 年美国次贷危机以来，国际贸易保护主义肆意横行，既违反了WTO 的原则，也不利于全球自由贸易的发展和全球经济的复苏。发达经济体国家为保护其国内的高新技术产业，进一步遏制新兴经济体国家和一些发展中国家的高新技术产业及高新技术产品出口的发展，开始对高新技术产品设置形形色色的贸易壁垒，使高新技术产品贸易严重背离商品交换的国际市场价值规律，也进一步扭曲了高新技术产品贸易的全球贸易收益分配。

## 三 我国高新技术产品的国际贸易问题

### （一） 我国高新技术产品生产与贸易的概况

我国高新技术产品出口迅速增长。我国高新技术产业和高新技术产品出口经过 20 多年的发展，均取得了显著的成绩。2010 年，我国高新技术产品出口贸易额已经占到我国对外贸易出口总额的 31.2%。2010 年我国高新技术产品出口额占我国工业制成品出口总额的 32.9%。我国除 54 个国家级的高新技术产业开发区以外，全国各省、直辖市、自治区的各种高新技术产业开发区、经济技术开发区、科技工业园区从东部沿海地区到中西部地区也如雨后春笋般地迅速发展起来。到目前为止我国已经基本形成了以京津塘地区、长江三角洲地区和珠江三角洲地区为中心的三大高新技术产业带，这三大高新技术产业带已经开始带动我国的高新技术产业和高新技术产品出口的发展。

### （二）我国高新技术产品贸易问题

改革开放以来，虽然我国高新技术产品生产和贸易均取得了巨大发展，但是从生产角度看，我国高新技术产品生产处于国际价值链的低端，从贸易的角度看，我国高新技术产品贸易是以相对简单的劳动交换高端复杂的劳动。从 20 世纪 80 年代中期以来我国发展高新技术产业的实践来看，虽然我国由政府出面投资实施发展高新技术产业的"863 计划"和促进高新技术产业化的"火炬计划"，但是从总体来看我国高新技术产品出口发展基本上是以引进外商投资为主，尤其是在 20 世纪 90 年代以后以大力引进西方经济发达国家的大型跨国公司为主，特别是地方政府一直把吸引跨国公司作为发展地方高新技术产业和高新技术产品出口的主要途径。这就使我国的高新技术产品出口发展出现了两个特殊的现象：一个现象就是在我国高新技术产业和高新技术产品出口的发展中，经济发达国家的跨国公司成为主导我国高新技术产品出口发展的主体；另一个现象是我国的高新技术产品出口基本上是以加工贸易为主。1992 年以来，世界许多著名的跨国公司纷纷进入我国市场，在我国建立起了数以千计的制造加工厂。到 2010 年底，已经有近 500 家跨国公司在我国投资。400 多家跨国公司在我国设立了研究与开发中心借以推动跨国公司生产销售的本土化。目前，美国 20 家最大的工业公司中的 19 家，日本 20 家最大的工业公司中的 19 家和德国最大的 10 家工业公司中的 9 家都已经进入中国市场，在我国投资建厂。相反，我国自己的高新技术产业的发展仍然很弱，而高新技术产品出口则主要是以在我国的西方经济发达国家的跨国公司的出口为主。2010年我国高新技术产品通过一般贸易出口的贸易额只占我国高新技术产品出口总额的15.2%，外资企业包括中外合资企业的高新技术产品出口额占我国高新技术产品出口总额的78.9%。我国高新技术产品出口主要是以高新技术加工贸易产品的出口为主，这表明我国高新技术产品出口发展的基石是脆弱和不坚实的，而且我国高新技术产品出口的贸易收益率极低。

我国引进西方经济发达国家的跨国公司的初衷是希望能够实现以市场换技术的目的，在实践中我国向西方经济发达国家的跨国公司让出了大部分国内市场，但是却没有得到跨国公司拥有的关键技术或核心技术。而且经济发达国家的高新技术产品或者是通过直接进口或者是通过跨国公司的直接投资方式进入我国的国内市场，目前我国国内的高新技术产品市场基本上是被跨国公司控制或主导着。我国的大部分地区和绝大多数的国内企业只是西方经济发达国家跨国公司的下游产品的加工工厂，出口产品的附加价值仍然很低，而且在关键技术和核心技术上受制于跨国公司。从国家利益而言，我国并没有通过吸引跨国公司而建立起我国自己的高新技术产业，从出口发展而言也没有通过吸引跨国公司而促进我国自己的具有自主知识产权的高新技术产品的出口。经济发达国家的高新技术企业和高新技术产品进入我国国内市场，对于我国高新技术产业和高新技术产品市场的控制和主导直接威胁着我国高新技术产业的发展。

经过改革开放30多年的对外经济贸易的发展，虽然我国已经认识到了发展高新技术产业和发展高新技术产品出口对于我国经济发展的重要性，但是目前我国对于高新技术产业和高新技术产品出口的本质以及如何发展高新技术产业和高新技术产品出口的认识仍然不足。一个国家发展高新技术产业和高新技术产品贸易，实质上是在进行社会经济的转换，是在进行传统社会生产力的转换，一方面是实现传统社会生产力与现代社会生产力的融合，另一方面是实现传统社会生产力向现代先进社会生产力的转换。在这种社会经济转换和社会生产力转换的过程中，人力资源向高端复杂劳动的转换是最关键，也是最重要的。

我国改革开放以来，在很长一段时间内，普遍存在着重物质资本而忽视高端复杂劳动投入的现象。我国发展高新技术制造业，如果在未来的20年内能够顺利地将大量的人力资源转化为现代高科技含量的高端复杂劳动，那么我国不仅会成为高新技术产业和高新技术产品出口的大国，而且一定会成为高新技术产业和高新技术产品出口的强国。因此，应当强调的是，我国不是为了增加出口产品的附加价值才发展高新技术产品出口，而是为了把现代科学技术的成果转化为生产力从而发展经济。我们只有实现了人力资源向科技含量高的高端复杂劳动的转换，才能够快速发展高新技术产业和高新技术产品的出口，这也是人类社会工业化发展和知识经济发展的必然要求和必然趋势。

## 四　中国高新科技产品国际贸易战略调整

我国高新技术产品生产和贸易急需进行战略转向和战略调整，主要是遵从国际价值规律，增加我国高新技术产品的复杂劳动生产，特别是科技含量高的高端复杂劳动的生产，提高我国高新技术产品贸易中的复杂劳动，特别是科技含量高的高端复杂劳动产品的比重，改变我国高新技术产品生产和贸易在国际分工与交换中的地位，真正使我国从贸易大国转变成贸易强国。

### （一）发展模块分工

20世纪90年代以来，国际分工发展出现了一种新的分工形式，即模块化分工。在现代模块化的产业结构下，每个模块只需遵守固定的标准，而各模块自身的融资、设计、生产等全部可以在模块内部进行。子模块能够进行独立设计是现代模块化与传统分工最大的区别。它使创新在每个模块的层面中都可以进行。在共同标准下（模块化理论称之为"看得见的信息"），上级模块可以选择不同的下级模块，这使得竞争性在模块化的组织结构中表现得很明显。模块化环境下的竞争比传统环境下要激烈，因为企业必须不断地进步，否则就会被更好的模块供应商所淘汰。新的模块供应商把握了技术的发展方向，提供了更有效的产品，从而淘汰现有的模块供应商，这是一种"背对背的竞争"。竞争的焦点是设计研发和创新。此外，这种制度安排也为拥有新技术的小企业带来了更多与大企业合作的机会，由新技术催生的新型企业很容易与上层的模块达成合作，使之融入上层的模块，成为它的子模块，条件当然是引入这种新的子模块可以改进整个模块的水平，或者可以用这种新的子模块来替代原有的模块。这种合作可能比想象的要紧密得多。在硅谷，很多小企业的奋斗目标就是被大企业合并，使二者融为一体，一个经典的例子就是思科公司。思科是一个技术力量雄厚的企业，但是这种超凡的技术不仅仅源于自己的研发，而是利用从外部购买的最尖端的技术来组成自己的模块。人们把这种研发方式称为"A&D"（并购与开发），与"R&D"（研究与开发）相对应。从这一点来讲，模块化的产业结构更适应知识经济时代。

由于模块化的影响，垄断状态的市场结构会逐渐转变为产业集群式的市场结构。模块化的特点在于每一个子模块都可以在一定的通用标准下进行独立地设计和生产。每个模块都有它的特点和优势，都可以对原有的市场垄断者的产品的某一部分产生替代作用，使得越来越多的模块企业在市场上竞争和聚集。

当代模块化分工的发展，不仅为发达经济体中的中小科技型企业提供了新的发展机遇，同样也为新兴经济体包括我国高新技术产业领域中大批的中小科技型企业参与国际高新技术产品的生产与贸易的发展，提供了巨大的发展机遇与空间。我国应当把握住当今模块化分工发展的趋势，促进高端复杂劳动的劳动力向科技型中小企业转移，为我国科技型中小企业参与高新技术产业领域的模块化国际分工奠定基础。

### （二）增加我国三大领域的高端复杂劳动的供给

纵观历史上抓住历次工业革命和科技革命机遇而发展成为工业强国和科技强国的发达国家，无不是成功地改变了国民经济供给结构。没有供给结构的变革，没有新的有效供给的大规模增加，国民经济就很难产生跨越式发展。

西方工业发达国家主要是通过三大要素在国际贸易竞争和国际分工中确立其优势地位，领先并控制着发展中国家的经济发展。这三大要素，一是知识产权，二是核心技术，三是人力资本。这三大要素本质上就是高端复杂劳动。西方工业发达国家自从工业革命以来一直致力于这三大要素的有效供给。这就是在乌拉圭回合中发达国家极力坚持把与贸易有关的投资、知识产权和服务贸易三个新领域纳入世界贸易组织协定，予以法制化和制度化的原因。这三个新领域都是最能体现发达经济体的知识产权、核心技术和人力资本三大要素竞争力的优势领域，同时也是发达经济体高端复杂劳动的比较优势。

多年来在我国经济增长中，高端复杂劳动供给没有大规模增加，所以产业结构升级缓慢，粗放经营的增长方式一直未发生根本性改变，从而导致我国在国际产业分工中一直处于产业价值链的低端。我国对外贸易发展，特别是加入世界贸易组织以后我国的对外贸易发展一直在遭受工业发达国家，甚至是一些发展中国家的反倾销和反补贴调查，根源在于经济增长思路没有改变，没有从调整我国高端复杂劳动的供给结构的角度思考制定经济增长战略。

如果把我国宏观经济问题与西方工业发达国家的宏观经济问题进行比较，我们会发现经过改革开放 30 多年的经济发展，我国目前的经济发展遇到的问题不在总需求方面，而在总供给方面。我国的二元经济社会特点，我国工业化和城市化的发展进程，决定了我国经济增长有长期、巨大的市场需求空间。与西方工业发达国家相比我国宏观经济问题主要是高端复杂劳动的供给不足，即知识创新、核心技术和人力资本的有效供给不足。

从提高高端复杂劳动供给角度制定未来高新技术产品生产与贸易发展战略，把新能源产业、研发产业、高端服务业确立为我国重点发展的三大战略产业。

新能源产业是 21 世纪战略性产业，新能源产业的发展将带来新一轮国际分工和能源革命。人类社会的动力工业模式即将发生革命性的变革，新能源将成为新的动力工业的主要燃料，我国一定要抓住这一历史机遇，重点大力发展新能源产业，占据世界新能源产业发展的制高点，确立我国新能源产业在新的国际分工中的优势地位。

研发产业是我国的薄弱产业，也是我国经济发展的致命弱点，正是由于没有强大的研发产业，我国的国际分工地位和出口产业结构一直难以提升，在一些核心技术和关键零部件的生产制造方面一直未能取得突破性进展。我国整体装备制造业和一些国民经济支柱产业的发展一直受制于西方工业发达国家。只有建立起强大的研发产业，我国才能真正成为创新型国家，才能真正成为世界科技强国和贸易强国。

高端服务业是一个国家高端复杂劳动规模、水平、程度和软实力的综合体现，与发达经济体国家相比也是我国的落后产业。随着当代高新技术产业和信息化社会的发展，许多新的服务业从中不断分离出来，形成了新的高端服务业服务于以高新技术产业和信息化社会为代表的新经济。把高端服务业作为国民经济发展的战略性产业重点发展、重点扶持，有利于我国高新技术产业的发展，有利于推动我国社会信息化的发展，有利于我国经济的国际化发展，有利于我国高端复杂劳动水平、程度和软实力的提升。

## （三）政策支持体系向创新型复杂劳动倾斜

当今世界经济发展正在步入一个崭新的时代，这个时代的最大特征就是知识经济的迅速发展，而知识经济发展的重要表现则是现代科学技术知识的迅速传播与应用以及高新技术产业和高新技术产品贸易的飞速发展。高新技术产业和高新技术产品贸易的发展对于一个国家的国民经济增长以及经济发展的促进作用越来越明显，同时也是一个国家的国际竞争力高低的象征。21 世纪世界各国经济发展的主题是发展知识经济。20 世纪 90 年代以美国为代表的一些经济发达国家宣称其经济即将进入知识经济社会。进入知识经济社会的一个重要标志是高新技术产业和高新技术产品贸易的大规模发展。1996 年经济合作与发展组织（OECD）给知识经济下的定义是："知识经济，是建立在知识和信息的生产、分配和应用之上的新型经济。"根据这一定义，知识经济社会实际是指以高新技术知识及其产品的生产、分配流通、消费为主导的经济社会。知识经济社会表现出越来越倚重于高端复杂劳动，高端复杂劳动在知识经济社会里的高新技术产业和高新技术产品的生产和制造过程中所发挥的作用越来越大。

高新技术产业的发展代表了现代先进生产力的发展，而当今国际市场各国之间竞争正是这种生产力发展水平的竞争，各国的产业竞争力和出口产品竞争力也都体现在这种生产力的发展水平上。"十二五规划"标志着我国经济发展开始进入新的发展时期，无论是工业化、城镇化的发展，战略性新兴产业的发展，还是高新技术产业和高新技术产品贸易的发展，我国都应该遵循当代高新技术产品生产和贸易发展的规律，借鉴发达经济体高新技术产业和高新技术产品贸易发展的经验，调整高新技术产品生产与贸易的政策支持体系，重点向提高我国创新型高端复杂劳动规模、水平和程度倾斜。

### （四）发展关联技术和关联产品

在科学发展和社会生产实践中，科学技术和生产技术之间、产品之间只存在着相互关联性，这种关联包括技术或产品之间的横向关联、纵向关联和交叉关联，而没有所谓的中间技术或中间产品。生产力发展和生产力转换的科学规律是：新的科学技术带来新的生产技术，新的生产技术逐步替换旧的、传统的生产技术；新的生产力逐步替换旧的、传统的生产力；新的生产产品逐渐替换旧的生产产品。这一转换过程是通过发展关联技术和研发关联产品而逐步实现的，而不是通过发展所谓的中间技术而实现的。自从工业革命以来，凡是顺利完成工业革命和实现工业现代化的国家，都是遵循了这一生产力发展和生产力转换的科学规律。中国加快工业现代化的发展，只能在新的科学技术思想和科学技术革命下通过发展关联技术来实现，绝不可能通过发展所谓的中间技术来实现。

随着经济全球化和科技全球化的迅速发展，科技知识和生产技术知识传播得非常快，科技知识和生产技术知识很容易被高质量的人力资源学习和掌握，并在此基础上进一步发展和创新。应当说，当今经济全球化和科技全球化的发展趋势，特别是当前以美国为首的工业发达国家受金融危机影响导致经济萧条的形势，为中国发展高新技术产业和加快工业现代化发展进程提供了一个非常好的机遇。

发展关联技术和产品是中国发展高新技术产业，利用高新技术产业改造传统产业和提升传统产业国际竞争力，以及遵循科学的生产力转换从而加速中国工业现代化发展的必由之路。中国发展关联技术和产品，目前最急需的是研发创新人才。今天中国产业和经济的发展，已经到了人力资源的开发从数量型发展向质量型发展转换的关键历史时期。

### （五）提高研发积累、新技术积累、创新型高端复杂劳动的积累

第二次世界大战以后，美国是世界上高新技术产业发展最快的国家，也是目前科技产业最强大的国家。之所以如此，主要因为美国是第二次世界大战期间以及第二次世界大战以后研究与开发积累、新技术积累、创新型高端复杂劳动积累这三大积累最快、最多的国家。第二次世界大战以后，在美国发展起来的各种高新技术企业也非常重视研究与开发积累、新技术积累、创新型高端复杂劳动积累这三大积累。

研究与开发积累、新技术积累、创新型高端复杂劳动积累应当成为我国高新技术产品生产与贸易发展的重要生产要素和创新资源。这里的研究与开发积累主要指高新技术产业开发区内高新技术企业的研究与开发的积累；这里的新技术积累主要指高新技术产业开发区内高新技术企业的新技术的积累；这里的创新型高端复杂劳动的积累主要指高新技术产业开发区的创新型高端复杂劳动的积累。在这三大积累之中，最重要、最核心的是创新型高端复杂劳动的积累。

目前我国大部分高新技术产业开发区主要是发展高新技术产品加工业，大部分高新技术产业开发区内的高新技术企业主要从事高新技术产业链中低端产品的加工生产，创新能力低，主要是由于研究与开发积累、新技术积累、创新型高端复杂劳动积累这三大积累不足，尤其是创新型高端复杂劳动的积累不足。而三大积累不足，主要是由于开发区的创新体系没有建立或完善起来。

开发区的创新体系，主要包括：创新支撑体系和创新网络。创新支撑体系主要是指高新技术企业孵化器、中小企业融资体制、创新基金、风险

资本、企业的研发投入。创新网络主要是指产学研的有机结合、国际科研与科技创新合作体系、创新型人力资本的引进机制。增加高新技术产业开发区的三大积累，就必须建立和不断完善开发区的创新体系。

## （六）加强国际间的研究与开发合作

共同研究开发与技术合作是国家间高端复杂劳动的合作，也是当今社会生产力发展的必然要求。在国际市场上，高新技术产业领域和高新技术产品出口市场具有两个非常突出的特点：一是全球高新技术产业领域和高新技术产品出口市场是一个垄断竞争和寡头垄断比较明显的市场，各国政府对高新技术产业和高新技术产品出口的发展都采取了不同形式的直接干预政策；二是高新技术产业发展的国际化的特征最明显。高新技术产业发展国际化中的一个比较突出的表现是产业部门内部的分工与合作，以及新产品的联合研究与开发。

各国在高新技术产品研究与开发之间的联合与合作，极大地促进了高新技术产业领域里的新知识和技术的国际转移。近十多年来，国家间的这种新知识和技术的转移已经占到国际贸易总额的2%，同时专利税和许可证支付的增长比国际贸易的增长快75%，比全世界的产出增长快50%。各国在高新技术产品研究与开发之间的联合与合作，无论是在发达国家之间，还是在发达国家与发展中国家之间，或者是在发展中国家之间都有不断扩大的发展趋势，这对于发展中国家发展高新技术产业和高新技术产品出口贸易非常有利。在这里需要指出的是，国家间的合作研究以及共同研究与开发有利于科学技术向后进国家转移或外溢，但是这只是对于拥有良好的高端复杂劳动的国家或地区而言。

在我国高新技术产品生产与贸易发展中引进国际研究与开发以及技术合作，将有助于我国高新技术产品生产与贸易的创新发展，这也是当代高新技术产品生产与贸易创新发展的一种趋势。

## （七）从过去只重视出口转向出口与国内市场并重

党的"十六大"报告中提出，我国要坚持以信息化带动工业化，以工业化促进信息化，走出一条科技含量高、经济效益好、资源消耗低、环境污染少、人力资源优势得到充分发挥的新型工业化路子。新型工业化发展需要实施跨越式发展战略，首先需要调整我国过去的高新技术产业出口发展战略，不仅要将高新技术产品的进出口结合起来，而且还要把高新技术产品出口与国内市场销售结合起来，提高高新技术在国民经济各个行业中应用的比例。这是我国经济发展转型、实现新型工业化发展的重要保证，也是我国产业结构调整和国民经济结构调整的重要保证。

新型工业化发展道路，也要求我国高新技术产品生产与贸易发展应当实行战略上的转向。应当从过去的只重视出口转向出口与国内市场并重的发展战略。过去，我国高新技术产品生产与贸易发展过于强调出口，把高新技术产业开发区的出口额作为对高新技术产业开发区业绩考核的一个重要指标。这就导致了大部分高新技术产业开发区只重视高新技术产品的出口额，忽视了自主创新和高新技术产业结构的调整以及产业结构的升级换代，也忽视了高新技术产业对地区乃至国家经济发展的重要作用。

根据新型工业化发展的要求，高新技术产品，特别是新能源等新技术产品应当先进入中国国内市场，然后再考虑向国外出口。首先保证我国新型工业化和城镇化的发展，以及整个国民经济结构的迅速调整。如果从地区经济发展的角度看，高新技术产业开发区的高新技术产品，特别是新能源等新技术产品应当先进入地区市场，然后再考虑向国外出口。这种出口战略的调整，对地区经济发展和地区产业结构的升级换代是非常重要的，也是实现地区新型工业化跨越式发展的一条捷径。

## 主要参考文献

《马克思恩格斯全集》，人民出版社，1972。

《资本论》，人民出版社，1975。

杨圣明主编《马克思主义国际贸易理论新探》，经济管理出版社，2002。

〔美〕泰森：《鹿死谁手？——高技术产业中的贸易冲突》，刘靖华等译，中国经济出版社，1996。

吴敬琏:《制度重于技术》,中国发展出版社,2002。

〔德〕克里斯托弗－弗里德里克·冯·布朗:《创新之战》,科学技术部国际合作司编译,机械工业出版社,1999。

〔德〕赛康德:《争夺世界技术经济霸权之战》,张履棠译,中国铁道出版社,1998。

〔美〕安纳利·萨克森宁:《地区优势——硅谷和 128 公路地区的文化与竞争》,曹蓬等译,上海远东出版社,1999。

卜伟、刘似臣、韩健编著《高技术产品贸易争端:典型案例评析与产业发展启示》,机械工业出版社,2004。

黄胜平、姜念涛:《中国自主创新探路》,人民出版社,2007。

# 第八章
# 中国碳关税战略

高文书　陈光普　冯珺

近些年来，全球贸易自由化趋势明显，传统的关税和非关税贸易壁垒明显减少。但是，目前在国际贸易中，一种新型的贸易壁垒"碳关税"悄然兴起，并逐渐成为一些发达国家实行贸易保护的新工具。所谓碳关税，是指主权国家或地区对进口的高耗能产品（包括铝、钢铁、水泥、化肥和一些化工产品等）征收的二氧化碳特别排放税。值得注意的是，虽然名为"关税"，但究其本质而言，碳关税实际上是一种边境调节税。在很大程度上，碳关税是一种"绿色保护主义"，其本质是将气候变化问题与贸易问题捆绑在一起，以环境保护为名，行贸易保护之实。碳关税将会成为 21 世纪世界经济和国际贸易领域所面临的一大挑战。

## 一　碳关税的国际背景

气候变化关系到人类的生存质量和各国的繁荣发展，已成为国际社会广泛关注的重大问题。全球气候变暖是全人类共同面临的巨大挑战，保护气候安全是国际社会的共同目标。为了减少温室气体排放，减缓气候变化，各主权国家先后通过了《联合国气候变化框架公约》及《京都议定书》。由此可见，国际社会已经清晰认识到，彼此需要加强密切合作，共同减少温室气体排放。在此国际大背景下，气候变化与国际贸易的关系开始进入人们的视野，并逐渐成为国际贸易中的热点问题。目前，在全球性金融危机的冲击之下，世界主要经济体普遍陷入衰退，国际贸易规模也呈持续萎缩态势。

在这样的国际经济大背景之下，以美国为首的发达国家提出碳关税的主要目的在于：第一，提高本国竞争力，维护经济霸权，削弱以中国、印度、巴西等为代表的发展中大国的制造业出口竞争力。众所周知，自金融危机爆发以来，美国等发达国家遭受重创。因此，发达经济体寄希望于依靠绿色产业带动本国经济复苏，继续引领世界经济发展方向是一种不难理解的常规思路。为保护本国产业和维持就业，发达国家纷纷通过指定购买本国产品、提高关税、滥用反倾销手段、反补贴和贸易救济措施等手段保护本国产品。而提出严格的碳排放标准就是这些手段中具有鲜明特征的一种措施。由于美国、欧洲和日本等发达国家具有较为先进的减排技术，制定苛刻的碳排放标准对于这些国家而言具有明显优势，有利于其在新一轮的经济全球化竞争中，在节能环保和新能源领域抢占高新技术产业和前沿技术的制高点，遏制新兴国家的崛起。

第二，维护其国家经济利益。征收碳关税不仅可以获得高额财政收入，减少贸易赤字，同时通过对高含碳产品以及碳排放较高的产品征收进口边境调节税，将使该类产品进口量减少，导致此类产品国际市场价格走低。从而使征收碳关税的国家（如美国）能够以更低的价格进口产品，获得更大的贸易利益。

第三，转嫁环境治理责任和成本。美国等发达国家通过向发展中国家进行产业转移，转嫁环境污染较高产业所应承担的减排成本，同时通过提高减排标准等方式迫使发展中国家向其购买先进的减排技术，令广大发展中国家过多地承担了原本不应承担的减排成本和费用。

第四，美国积极倡导征收所谓碳关税，其主要目的是争取在全球气候变化谈判中处于较为有利的地位。针对2013年后全球减排目标和减排机制的国际谈判，将决定后京都议定书时代的全球环境经济主导权。征收碳关税不仅将改变美国过去在全球减排方面的消极做法和比较负面的国际形象，增强其国际谈判筹码，而且美国很可能会以碳关税为借口要求中国对外承诺强制减排量，以此来限制中国的发展①。

碳关税的提出，在更大程度上是一个国际政治经济问题，它的背后隐藏着复杂的战略利益分配关系。碳关税问题集政治、经济、技术问题于一身，处于十分重要的战略地位，事关全球各国未来的经济利益。美国和欧盟等发达国家力推低碳经济，主要是出于"就势"和"做局"的双重图谋。"就势"是指低碳经济符合世界经济的潮流，全球性气候变化以及由金融危机所引发的经济衰退让低碳经济的地位在全球新一轮产业调整的方向中迅速上升到了新的战略高度；"做局"是指美欧等发达国家从最初推行低碳经济时起，就已经暴露出欲夺得未来战略新兴产业制高点、争夺国际舆论话语权以及利用低碳经济打压广大发展中国家的意图。如果从战略意义角度分析，美国和欧盟等经济体推行碳关税政策的深层原因是维护其未来的经济霸权。美国和欧盟拥有全世界最先进的减排技术，推行碳关税政策和严格的碳排放标准对其自身有明显的利好作用。他们可以通过迫使发展中国家向其高价购买先进的减排技术，以及迫使发展中国家承担更高的减排成本等方式来遏制新兴经济体的崛起②。

碳关税的提出背景之一是非均衡碳减排带来的产业竞争力受损问题。国际能源署（IEA）的学者 Reinaud（2005）针对欧盟钢铁、造纸、水泥、印刷和制铝等产业的一项研究表明，短期来看 EU—ETS（欧盟温室气体排放贸易机制）对上述碳排密集型产业成本上升的影响非常有限；国际著名咨询机构麦肯锡为欧盟提供的一项咨询报告中也有类似结论。他们发现，如果假设厂商能够将成本传递给消费者，同时碳排放配额的 95% 来自免费分配，除了铝初加工、纸浆与造纸行业，ETS（温室气体排放贸易机制）制度对绝大多数产业的竞争力影响不大；Peterson. S & Klepper. G（2008）运用多部门、多地区 CGE 模型 DART 软件包评估了欧盟为实现截

---

① 孙晓霓：《论新型贸易壁垒"碳关税"》，《商业现代化》2009 年 9 月（中旬刊）总第 587 期。
② 张宁：《应对碳关税》，《中国经贸》2010 年第 3 期。

至 2020 年，碳排放比 1990 年减少 30%，可替代能源比重占 20% 的目标所采取的政策措施所带来的欧盟产业国际竞争力的变化。模型结果显示整体影响并不十分明显，能源密集型产业的损失足以被制造业所弥补，但欧盟各国之间所遭受的影响则各有不同。避免碳泄露是碳关税提出的另一个重要原因。碳泄露是指碳密集产业从承担碳减排责任的国家向非承担国家转移，导致碳减排无法在全球范围内实现。碳泄露通常是通过对国际贸易中的"隐含碳"（Embodied Carbon）进行计算来加以检验的。

Wckoff 和 Roop（1994）研究了 1984～1986 年六大 OECD 国家（英、法、德、日、美、加）进口产品中的内涵能源，结果表明其国内减排政策的效果可能要大打折扣，因为进口产品在国内消费中往往占有较大比例；Shui 和 Harriss（2006）以 Economic Input Output Life Cycle Assessment 软件中所提供的美国对华出口货物的碳排放系数作为基准，计算了 1997～2003 年中美贸易中的碳排放，进而指出我国碳排放总量的 7%～14% 间接出口到美国最终被美国人所消费；Weber 等人（2008）运用环境投入产出分析技术，对中国 2005 年出口的隐含碳总量进行了计算，指出其数量大约为 16.7 亿吨，占当年中国全部排放的 30%；Watson J 和 Wang T（2007）指出中国 2002 年出口引起的直接和间接碳排放约占当年一次能源消费碳排放总量的 1/4～1/3；2004 年仅出口货物产生的二氧化碳隐含排放净出口约占当年二氧化碳排放总量的 23%，相当于同年日本的二氧化碳排放总量，是德国、澳大利亚排放总量之和，是英国全国排放量的 2 倍多[1]。

## 二　碳关税的形成及其本质

### （一）碳关税的形成

相关资料显示，碳关税这一概念最早由法国前总统希拉克提出，用意是希望欧盟国家针对未遵守《京都议定书》的国家或没有承担减排义务

---

① 颜克益、巫景飞：《碳关税相关研究综述》，《商业时代》2010 年第 32 期。

的国家的产品采取一定的边境税收调节措施；否则，在欧盟碳排放交易机制运行后，欧盟国家所生产的商品将遭受不公平的竞争，特别是境内的钢铁业及高耗能产业。这是因为，欧盟签署《京都议定书》并采取了国家间的污染排放交易机制（即将排放指标在富余和不足的国家之间进行市场调剂），从而使相关产品的成本提高，导致这些产品在国际竞争中处于不利地位。为抵消这种不利后果，欧盟提出征收所谓的"碳关税"，碳关税的说法也由此而来。

自金融危机爆发以来，美国总统奥巴马积极推进碳关税的相关立法进程。2009 年 3 月，美国能源部长在众议院会议上提出，为了扭转美国制造业所处的不公平竞争局面，美国计划征收针对进口商品的碳关税。同年 6 月上旬，部分美国代表在波恩的联合国气候变化会议上提出，应针对没有实施温室气体强制减排的国家实施附加贸易关税，即征收碳关税。6 月 22 日，美国众议院通过了所谓的《限量及交易法案》和《清洁能源安全法案》。法案规定，美国政府有权对包括中国在内的不实施碳减排限额的国家出口到美国的产品征收碳关税，并于 2020 年起开始实施[①]。继美国之后，西方国家在碳关税问题上动作频频，征收碳关税的可能性不断加大。

## （二）碳关税的本质

从本质上看，碳关税是将气候变化问题与贸易问题捆绑在一起，是发达国家为采取贸易保护主义措施而寻找的一个借口。披着环境保护和公平贸易华丽外衣的"碳关税"，实质上是国际贸易保护主义的再度延伸。首先，碳关税违反了 WTO 的"最惠国待遇"原则，即缔约一方现在和将来给予任何第三方的一切特权、优惠和豁免，也同样给予其他成员。这就使得缔约一方在缔约另一方享有不低于任何第三方享有或可能享有的待遇。由于各国环境政策和环保措施差异较大，对各国产品征收碳关税的额度也势必有很大差异，这必然会违反"最惠国待遇"原则。其次，碳关税对

---

① 吕海霞：《碳关税：全球金融危机下的新型绿色壁垒》，《中国物价》2009 年第 10 期。

相关产品的进出口增设贸易壁垒，与 WTO 的自由贸易原则相违背，不利于多边自由贸易体系的健全和发展。再次，碳关税违反了《京都议定书》中的"共同但有区别的责任"原则。

《京都议定书》是联合国气候变化纲要公约参加国在 1997 年制定的，目标是将大气中的温室气体含量控制在适当水平，以防止剧烈的气候变化对人类造成危害。该协议规定了"共同但有区别的责任"原则，即针对美国、欧洲、日本等发达国家规定具体的减排目标，而对于中国、印度等发展中国家则作出可以暂不承担排放额度的承诺。这种原则差异化的合理性在于发展中国家在经济发展上处于劣势，对全球气候变暖的责任较小，承担与发达国家相同的减排义务有失公平。但是，碳关税无视"共同但有区别的责任"，将发展中国家列入征税对象，违背了上述原则。更有甚者，美国自身拒绝签署《京都议定书》，不愿承担减少碳排放额度的义务，现在却单边制定所谓的环境法案意图向"包括中国在内的不实施碳减排限额的国家"征收碳关税。显而易见，碳关税给发展中国家施加不切实际的压力，不利于各国在全球气候谈判中达成共识，更加无助于气候问题的最终解决，只会将发达国家"以环境保护之名，行贸易保护之实"的本质暴露无遗。

## 三 碳关税对世界经济和国际关系的影响

诚然，碳关税对世界经济的影响或有其正面因素，然而其消极不利的一面是毋庸置疑的。一方面，碳关税的实施有可能在客观上对国际贸易中绿色贸易的发展和世界经济结构的优化起到一定的促进作用，从而有利于新能源和绿色经济的发展；然而另一方面，碳关税增加了国际贸易的关税壁垒，扰乱了全球商业和国际贸易的正常秩序，它更大程度上是发达国家向发展中国家实施的一种新型贸易壁垒。碳关税的征收，会严重损害广大发展中国家的利益，制约发展中国家经济的可持续发展。这是因为，在当今的世界经济结构中，发达国家制造业所占的比重较小，主要以服务业为主，而服务业对能源的需求相对较低，从而所造成的二氧化碳排放也就相对较少；而发展中国家的比较优势是农业和工业制造业，出口比重较大，推行碳关税对发展中国家的产业发展所造成的不利影响在相当程度上是可以预见的。

王明喜等人（2011）通过建立三阶段博弈模型考察了碳关税对发展中国家的经济影响。结果表明，征收碳关税将减少发展中国家对美国等发达国家的出口，并能增加发达国家的福利[1]。一份由世界银行和美国彼德森研究所专家共同撰写的研究报告显示，一旦实行碳关税，所有中低收入国家出口额将削减8%以上。当前，国际社会所面临的最为关键的宏观经济形势莫过于全球主要发达经济体均未能很好地走出金融危机的阴影，顺利实现复苏。在这样的经济大背景下提出征收碳关税，不仅不利于发展中国家经济的发展和世界经济的复苏，而且极易引发新一轮的国际贸易战，影响国际市场的稳定和复苏进程。由此可见，碳关税对主权国家之间政治、经济关系所产生的影响基本上可以认为是比较负面的：严格的碳排放标准将会扩大发达国家与发展中国家在经济发展水平方面的差距，加剧发达国家与发展中国家的不平等贸易关系以及发达国家对发展中国家的技术讹诈，严重制约和阻碍一系列国际关系的健康有序发展。

目前，涉及碳关税的相关讨论已经成为国际贸易研究领域的热点问题。碳关税的主张提出以后，引起了广大发展中国家对国际贸易保护主义再次抬头的严重担忧，也在国际上遭到许多国家——甚至是部分发达国家的强烈反对。中国商务部有关负责人明确表示，这种做法违反世贸组织的基本规则，是"以环境保护为名，行贸易保护之实"。德国、瑞典、印度等国批评这种做法不仅违反了WTO基本规则，也违背了《联合国气候变化框架公约》以及《京都议定书》确定的发达国家和发展中国家在气候变化领域"共同但有区别的责任"原则，征收碳关税事实上是贸易保护主义的新借口。基于此，上述国家均对征收碳关税的提议表示强烈反对。

---

① 王明喜、王明荣、汪寿阳：《碳关税对发展中国家的经济影响及对策分析》，《系统科学与数学》2011年第2期。

## 四 碳关税对中国经济的可能影响

### （一）碳关税对进出口贸易和宏观经济的影响

碳关税对中国经济的影响，集中表现在碳关税对中国出口所能够造成的严重损害。这是因为碳关税可以通过增加中国出口产品特别是高能耗产品的成本，以减少中国出口产品在国外的市场份额，削弱中国国内产品的成本优势和国际竞争力，最终导致出口规模显著下滑。

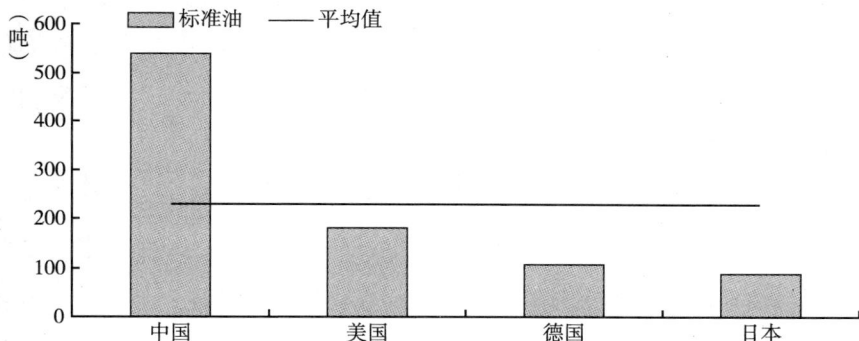

**图 8 - 1 每百万美元 GDP 所消耗的能源数量**

中国是全球范围内最重要的制造业出口大国之一，就目前的经济发展格局而言，一旦欧美国家实施碳关税政策，中国制造业的国际竞争力、国内经济前景，以及进出口贸易总额将会受到严重的影响。这是由中国制造业发展本身所具有的高能耗、高排放、高投资、高出口等特征内生决定的。我国现今已成为全球第一大碳排放国，每百万美元 GDP 所消耗的能源数量是美国的 3 倍、德国的 5 倍、日本的近 6 倍（见图 8 - 1）。

2007 年美国进口的高碳商品中，有 11% 来自中国，包括 15% 的进口钢铁、6% 的进口铝制品、12% 的进口纸品、19% 的进口混凝土[①]。鉴于这

---

[①] 吴玲琍：《WTO 体制下的绿色贸易壁垒法律问题研究》，中国政法大学出版社，2009。

样的结构比例关系，碳关税对我国出口和经济发展所带来的打击是不言而喻的。2009 年，世界银行发布的研究报告指出，如果碳关税全面实施，"中国制造"可能将面对平均为 26% 的关税，出口量可能因此下滑21%[①]。中国的制造业增长具有高耗能、高二氧化碳排放的特点。改革开放以来，中国工业总产值年均增长 11.2%，工业资本存量年均增长9.2%，工业能耗和二氧化碳排放量年均分别增长 6% 和 6.3%；工业 GDP约占全国 GDP 总量的 40.1%，但是工业能耗却占全国总能耗的 67.9%，工业排放的二氧化碳占全国二氧化碳总排放量的 83.1%。而且中国的碳排放主要是由出口造成的。相关研究表明，中国 2004 年大约 23% 的碳排放是由净出口所导致的。Wang T 和 Watson J（2007）发现，2004 年中国净出口碳排放约占国内碳排放总量的 32%[②]。事实上，由于碳关税提议可能是针对占出口比重较高的制造业，而不是像反倾销税那样针对个别的特定产品，因此其影响可能要比特保或反倾销更为严重[③]。

在当前的国际贸易结构中，美国是中国最大的出口市场，机电产品、钢铁、水泥、化肥等高碳产品在我国出口中占据一半以上的比重（见图 8 - 2）。中国向美国出口的商品不仅总量规模大，而且集中于高能耗产品以及高碳密集型产品。以 2008 年为例，中国对美国出口总额高达 2523 亿美元，约占全年出口总额的 18%，其中中国对美国出口的商品，以出口数量排列，前十大类集中于通信和影视设备、纺织品和金属制品等。上述产品大多是高耗能、高二氧化碳排放而低附加值的产品，这十类产品占到中国对美国出口比例的 80%[④]。

其中，中国对美国机电产品出口额为 1528.6 亿美元，占我国机电产品出口总额的 31.5%，占我国对美国出口总额的比重约为 60.6%。此外，美国对中国征收碳关税还会引发来自欧盟等发达国家的政策效仿。欧盟向来对于防止气候变化持激进立场，其领导人也曾表态提议做出类似碳关税

---

① World Bank：International trade and climate change. Washington D. C.：World Bank，2007.

② Wang T，Watson J：Who owns China's Carbon Emissions?. Brighton：Tyndall Centre for Climate Change.

③ 吴玲珂：《WTO 体制下的绿色贸易壁垒法律问题研究》，中国政法大学出版社，2009。

④ World Bank：International trade and climate change. Washington D. C.：World Bank，2007.

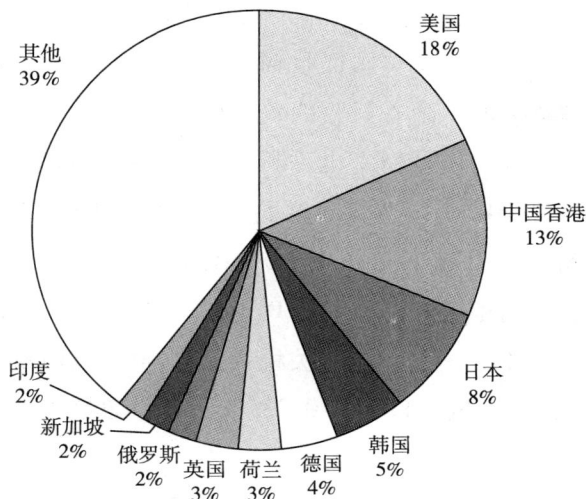

图 8 - 2　2008 年我国对主要外贸伙伴出口占比

的贸易政策安排。由此可见，美国对中国出口的高碳产品征收碳关税势必将会对中国的出口贸易和国内经济带来巨大影响。

国内学者通过相关实证数据测算，评估了美国开征碳关税对中国对外贸易和宏观经济可能带来的影响，得出了以下结论：按照 30 美元/吨的碳关税征收，将导致中国进口总额下降 0.517%，对美国进口下降 1.57%；出口总额下降 0.715%，对美国出口下降将近 1.7%；导致中国 GDP 下降 0.021%。如果碳关税提高至 60 美元/吨，对中国进出口总额的负面影响会相应增加，进口总额下降 0.869%，对美国进口下降约 2.59%；出口总额下降 1.244%，对美国出口下降 2.6% 以上；GDP 下降 0.037%[1]。该研究还强调，虽然美国碳关税税率的高低与中国对外贸易及 GDP 的下降幅度呈现出直接的正相关关系，即随着美国"碳关税"税率的上升，其对中国的影响也将逐渐加大，但是这种影响并不成正比，开始的 30 美元碳关税的影响要比后增的 30 美元碳关税（即 60 美元碳关税）的影响更大。由此可见，美国征收碳关税对中国经济的负面影响不容小觑。

---

[1]　邓丽：《碳关税将拖累进出口和 GDP，中国对美国说不》，http：//finance. qq. com/a/20090704/000590. htm，2009 年 7 月 4 日。

另外，有研究通过构建包含有 37 个生产部门以及 4 个国外账户的可计算一般均衡模型，测算了美国征收碳关税对我国进出口贸易和不同行业的影响。测算结果表明，随着征收的碳关税税率的提高，碳关税总额不断增加，从我国流失到美国的财富也不断增加。这些巨额财富的流失对我国的对外贸易产生极大影响。当美国按照 30 美元/吨的碳关税进行征收时，将会导致我国的出口总额下降 0.279%，对美国出口下降 0.494%；进口总额下降 0.119%，对美国进口下降 0.063%。随着碳关税的提高，进出口总额下降的幅度不断增加，当碳关税提高到 60 美元/吨时，我国出口总额下降 0.506%，对美国出口下降 0.935%；进口总额下降约 0.057%，对美国进口下降 0.177%[①]。

鲍勤、汤玲、汪寿阳（2011）通过构建包含 30 个非能源行业、7 个能源行业以及 4 个国外分账户的递归动态可计算一般均衡模型，测算出碳关税的征收不利于我国的对外贸易。测算结果显示，碳关税的征收将使得我国出口总额变化率向下出现较大幅度的波动，碳关税税率越高，其下降的幅度越大；测算结果还表明，当美国和欧盟同时征收碳关税时，中国的出口总额所受的负面影响将进一步加剧。当碳关税分别是 20 美元/吨、50美元/吨和 80 美元/吨时，美国征收碳关税将使我国平均出口总额下降约0.33%、0.772% 和 1.242%，而欧盟征收碳关税将使我国平均出口总额下降约为 0.154%、0.337% 和 0.549%，当二者同时征收碳关税时我国平均出口总额下降约为 0.186%、0.413% 和 0.673%[②]。

黄凌云、李星（2010）采用 GTAP（全球贸易分析模型）模拟美国实行碳关税政策对我国国内经济的影响。研究结果表明，美国对我国征收碳关税后，我国的 GDP 和社会福利均会受到严重的负面影响。在碳关税分别为 30 美元/吨和 60 美元/吨时，GDP 分别下降 1.84 亿美元和 3.62 亿美元，社会福利则相应减少 7.6 亿美元和 14.7 亿美元。模拟结果同时显示，

---

① 鲍勤、汤玲、杨列勋：《美国征收碳关税对中国的影响：基于可计算一般均衡模型的分析》，《管理评论》2010 年第 6 期。

② 鲍勤、汤玲、汪寿阳：《技术进步下碳关税对我国的影响分析》，《科技促进发展》2011 年第 1期。

美国在征收碳关税后的 GDP 变化并没有出现美国政府所预期的理想结果，因为碳关税的征收实质上成为一种由美国政府主导的贸易壁垒，因此也会给美国的 GDP 带来消极影响。鉴于此，征收碳关税对我国和美国而言均是弊大于利[①]。

万毅（2010）通过构建碳关税 CGE 模型，测算出碳关税对我国出口的影响（见图 8-3）。模型分析结果表明，对我国出口产品征收碳关税会导致出口成本显著提高，给我国出口产品造成比较明显的抑制作用，尤其是高碳产品行业。对我国出口产品征收碳关税之后，各年出口量均呈现出一定幅度的下降趋势。若征收 23 美元的碳关税，出口量下降幅度在 0.042% 上下波动。若征收 55 美元的碳关税，出口量下降幅度超出 23 美元幅度的 1 倍多，在 0.092% 上下波动。这说明，碳关税征收幅度越强，对我国出口的抑制效应越明显。同时，模拟结果显示：征收碳关税之后，贸易条件变化系数为负值，即贸易条件有所恶化。采用一定的分解技术可以预测，到 2015 年，碳关税为 23 美元/吨和 55 美元/吨的贸易条件分别累计恶化约 0.028% 和 0.062%[②]。

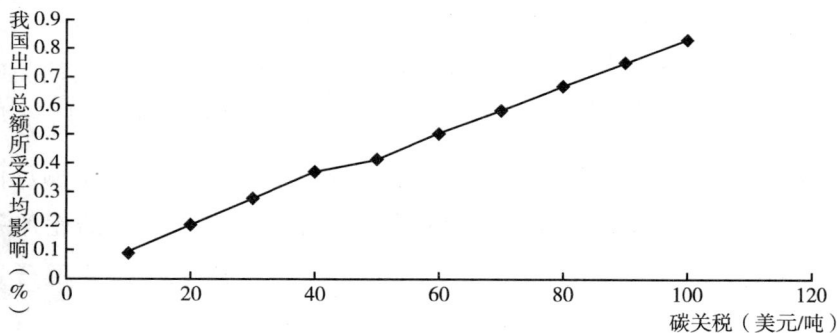

**图 8-3  我国平均出口总额受碳关税影响预测**

鲍勤等（2011）建立了包含 37 个生产部门和 7 个国内国外账户的动态递归可计算一般均衡模型，模拟了 2020～2030 年美国征收碳关税对中

---

① 黄凌云、李星：《美国拟征收碳关税对我国经济的影响——基于 GTAP 模型的实证分析》，《国际贸易问题》2010 年第 11 期。

② 万毅：《低碳时代碳关税征收的一般均衡分析》，湖南大学硕士学位论文，2010。

国宏观经济的影响。结果表明，在不存在能源节约型技术进步的假设下，碳关税的征收将会降低我国国内生产总值。以 2030 年为例，当碳关税分别为 20 美元/吨、50 美元/吨和 80 美元/吨时，我国实际国内生产总值将分别下降 0.03%、0.06% 和 0.1%。当存在能源节约型技术进步时，会增强碳关税政策对我国经济增长的负面影响。当技术进步越快，碳关税税率越高时，碳关税对这种负面影响的强化效应将愈加明显。以碳关税为 50 美元/吨为例，当技术进步率分别为 1%、2% 和 3% 时，到 2030 年，碳关税使得我国实际国内生产总值下降的数额将会比不存在技术进步时分别恶化约 36.1 亿美元、60.9 亿美元和 75.2 亿美元[①]。

## （二）碳关税对相关产业的影响

分行业的估计结果表明，通信电子设备制造业、电气机械器材工业、纺织业、服装皮革羽绒制品加工业以及化学工业等出口占比相对较高的几个行业，每万元产出的隐含碳排放量分别处在 2.5 吨 ~ 5.5 吨碳的水平，以每吨碳 30 ~ 60 美元的碳关税测算，相当于每出口万元产值将加征 6% ~ 14% 甚至 12% ~ 28% 的关税。值得注意的是，60 美元/吨的碳关税已经接近甚至超过部分出口产品遭遇的反倾销税。例如，欧盟 2006 年 8 月对产地为中国大陆地区的皮鞋提出的反倾销税率仅为 16.5%，2009 年 6 月对产地为中国大陆地区的铝合金轮毂提出的反倾销税率最高为 33%，美国 2009 年 6 月对产地为中国大陆地区的轮胎提出特保案的 3 年特别关税方案中第 1 年至第 3 年额外征收的关税分别为 55%、45% 和 35%。

综上所述，征收碳关税将使我国的机电、建材、化工、钢铁、塑料制造等高碳产业，电气机械器材制造、仪器仪表制造和办公机械等能源密集型产业或碳密集型产业遭受严重影响。连续 15 年保持我国第一大类出口产品地位的机电产品，正是碳关税首要针对的高耗能产品，将首当其冲面

---

① 鲍勤、汤玲、杨烈勋：《能源节约技术进步下碳关税对中国经济与环境的影响：基于动态递归可计算一般均衡模型》，《系统科学与数学》2011 年第 2 期。

临重大挑战。同时，玻璃制造业、化肥加工业、钢铁业、造纸业等高耗能、高排放行业也将面临较大冲击[①]。

有研究构建了包含41个部门的动态CGE模型，测算碳关税对中国工业生产的可能影响[②]。测算结果表明，30美元/吨和60美元/吨的碳关税可能使中国工业部门的总产量下降0.62%和1.22%，使工业品出口量下降3.53%和6.95%。该研究结果表明，受碳关税冲击产量下降最大的7个行业顺序依次为：仪器仪表及文化办公用机械制造业、纺织业、服装皮革羽绒制品加工业、电气机械器材制造业、通信电子设备制造业、化学工业和金属制品制造业（见图8-4）。

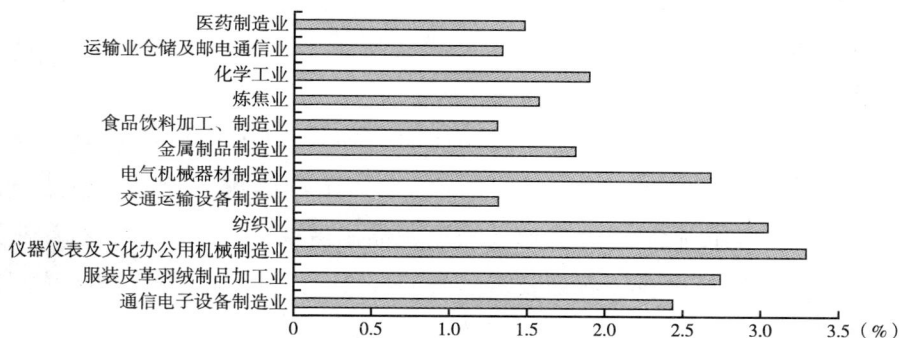

图8-4　我国部分产业出口受碳关税影响百分比

此外，由于碳关税的征收对象主要针对中国出口的工业品，因此其对工业品出口的负面冲击显著高于对工业品产量的影响。有研究结果表明，在征收30美元/吨和60美元/吨两种碳关税的情况下，出口量受碳关税冲击降幅最大（超过工业部门平均降幅）的7个行业顺序依次为：石油加工业、非金属矿物制品业、金属冶炼加工业、化学工业、金属制品制造业、电气机械器材制造业以及仪器仪表及文化办公机械制造业。值得注意的是，通常被认为不属于碳密集型行业并且受冲击相对较小的电气机械器

①　沈可挺、李钢：《碳关税或冲击中国工业品出口》，2010年6月17日《中国社会科学报》。
②　鲍勤、汤玲、杨烈勋：《能源节约技术进步下碳关税对中国经济与环境的影响：基于动态递归可计算一般均衡模型》，《系统科学与数学》2011年第2期。

材制造业和仪器仪表办公机械制造业，在征收 30 美元/吨碳关税的情况下出口降幅分别达到了 3.97% 和 3.85%；在征收 60 美元/吨碳关税的情况下出口降幅则分别达到 7.79% 和 7.66%。整个机械设备制造业在 30 美元/吨和 60 美元/吨两种碳关税的情况下，其出口降幅分别达到了 3.15% 和 6.24%，这个幅度介于纺织业和服装业之间，且略低于工业部门 3.53% 和 6.95% 的平均降幅。

另有研究测算了征收碳关税对中国能源密集型产业的可能影响[①]：在相关能源密集型产业中，玻璃制造业和化肥业所受影响最大。其中，30 美元/吨的碳关税将使玻璃制造业产出下降 3.65%，化肥业产出下降 3.29%，其他高含碳产业的产出平均下降幅度将近 3%；而 60 美元/吨的碳关税将使玻璃制造业产出下降 6.35%，化肥业产出下降 5.89%，其他高含碳产业的产出平均下降幅度为 6%。

鲍勤、汤玲、杨列勋（2010）的研究表明，碳关税的征收对我国相关行业出口影响最大的 10 个行业包括：电力蒸汽热水生产及供应业、其他非金属矿物制品制造业、玻璃及玻璃制品制造业、水泥石灰和石膏制造业、煤炭开采和洗选业、石油及天然气开采业、化学原料及化学制品制造业、黑色金属冶炼及压延加工业、炼焦业、造纸及纸制品业等行业；对进口影响最大的相关行业包括：化学纤维制造业、纺织业、化学原料及化学制品制造业、农业、服装及其他纤维制品制造业等行业。但是，值得注意的是，碳关税对部分商品的进口产生了一定程度的刺激作用，如电气机械及器材、电子及通信设备、交通运输设备、普通机械与专用设备、建筑原材料、煤炭、水泥石灰和石膏等。这些商品进口增加的主要原因在于，碳关税的冲击增加了生产成本，使上述商品的国内价格有所上升，从而刺激了这些商品的进口需求[②]。

鲍勤、汤玲、汪寿阳（2011）的测算结果表明，在众多行业部门中，碳关税对某些行业有着格外显著的负面影响。其原因主要在于：一方面，

---

[①] 刘小川：《美国征收"碳关税"对中国经济的影响》，新华网，2009 年 10 月 13 日。
[②] 鲍勤、汤玲、杨列勋：《美国征收碳关税对中国的影响：基于可计算一般均衡模型的分析》，《管理评论》2010 年第 6 期。

这些行业的能源投入强度较大，碳排放密度通常较高；另一方面，这些行业的产品中，较大比重直接销往碳关税的征收国（如美国和欧盟），从而承担的碳关税税额也相应越高。模拟的结果表明，在碳关税对不同行业总产出的影响中，水泥石灰和石膏制造业、玻璃及玻璃制品制造业、其他非金属制品制造业等产业所受的负面影响较大①。

　　黄凌云、李星（2010）的相关研究结果表明，我国造纸业、石化工业、矿物制品业（主要为铁石制品）、金属矿业、其他制造业等产业对美出口都将受到较大的负面冲击。并且随着关税的不断增加，负面冲击愈发严重。在方案一（碳关税为 30 美元/吨）和方案二（碳关税为 60 美元/吨）中，矿物制品业的出口受到最大的负面冲击，分别为 35.86% 和 63.32%；金属矿业紧随其后，将分别减少 22.51% 和 41.99%；造纸业对美出口则分别下降了 10.4% 和 20.22%；较之于上述三个行业来说，其他制造业所受到的冲击相对较小，负面影响分别为 1.49% 和 3.13%；农业、食品加工业、矿产及资源开发业、建筑业、交通业、服务业等部门对美出口受到的影响均较小或为正值（见图 8-5）。

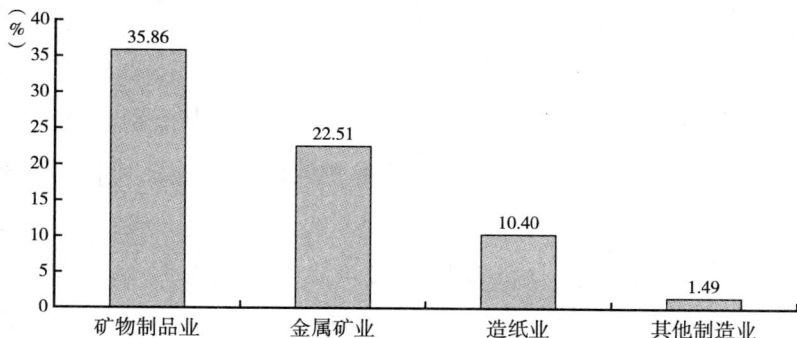

图 8-5　碳关税为 30 美元/吨时我国制造业所受的负面冲击

　　在方案一和方案二中，造纸业、石化工业、矿物制品业、金属矿业这几个产业部门的产品被征收碳关税后，产出减少 0.23%～1.36% 不等。

---

①　鲍勤、汤玲、汪寿阳：《技术进步下碳关税对我国的影响分析》，《科技促进发展》2011 年第 1 期。

建筑业和服务业受到的负面冲击不如上述产业明显，但产出同样有所下降。而由于相关产品之间的替代效应，非能源密集型（低含碳）产业，如农业、食品加工业等其他行业的产出则略有增加，然而其不超过0.1%的增加幅度要远低于能源密集型产业产出水平下降的幅度。但是，值得注意的是，被征收碳关税的其他制造业的产出却增加了0.26%和0.48%。这是因为国内消费的上涨和部分国外市场的需求成为其他制造业产出增长的主要动力。

就销售价格而言，方案一中，造纸业、石化工业、矿物制品业、金属矿业和其他制造业等部门分别下降了0.21%、0.19%、0.21%、0.19%和0.19%。随着碳关税水平的上升，方案二中这些部门的国内销售价格下降幅度大约是方案一的两倍。与此同时，我国出口到美国市场的能源密集型产品价格会有显著上涨。在方案一和方案二中，造纸业产品在美国市场上的价格上涨了1.9%和3.81%；石化工业产品上涨了1.97%和3.95%；矿物制品上涨幅度最大，达到了7.64%和15.29%；金属矿业产品价格上涨了3.51%和7.03%；其他制造业产品价格上涨了0.22%和0.47%。就贸易平衡而言，在方案一和方案二中，我国出口急剧下降，进口缓慢增加，导致我国的贸易收支平衡分别减少了1.74亿美元和3.32亿美元，且其贸易条件也呈现出相同的变化态势，在两种方案中分别恶化0.19%和0.37%。很显然，征收碳关税的贸易政策对我国经济发展具有十分不利的影响[①]。

万毅（2010）的模型分析结果表明，征收碳关税对不同行业所产生的影响不尽相同，既有部分行业受损，也不乏部分行业受益。一方面，对我国出口产品征收碳关税，其最直接的影响莫过于出口产品的成本增加，这将使我国部分出口行业受损。尤其是对基础产业的冲击，对整个产业链的影响是不容忽视的。模拟结果显示：受损行业主要集中于能源行业和高碳行业，如汽油行业、化学制品业、电气机械制造业等。众所周知，能源

---

① 黄凌云、李星：《美国拟征收碳关税对我国经济的影响——基于GTAP模型的实证分析》，《国际贸易问题》2010年第11期。

行业和高碳行业是二氧化碳排放的主要来源。以化学制品行业为例，到2015年，对该行业征收23美元/吨和55美元/吨的碳关税会使该行业产出分别降低0.035%和0.077%，这对于化学制品行业所造成的负面效应将是比较明显的。若长期不进行技术改进，降低产品的碳排放，中小型企业的负担无疑还会继续增加，甚至面临倒闭的困境。

模拟结果同时表明：当征收23美元/吨的碳关税时，能源行业和高碳行业的受损主要源于其属地吸收能力的显著下降。此外，化学制品、黑色金属、金属制品、电气机械及其他工业制成品所受损害则来源于出口能力的直接受阻。当征收55美元/吨的碳关税时，各行业受损的原因主要是出口成本大幅度增加、出口能力下降。同时，结果也表明：部分产品（如汽油、液化石油气、其他石化制品、电力等）对进口品的替代率有所增强。由此可见，碳关税的征收一方面在某种程度上能够刺激产业提高节能技术、增强竞争力；另一方面，征收碳关税后，长期资本存量和实际工资呈下降趋势，有利于劳动密集型产业发展。例如，谷物，农作物，林、牧、渔产品及服装皮革行业的产出将有所增加。到2015年，相比基线值，上述行业在23美元/吨和55美元/吨的碳关税下将分别增加约（0.011%，0.024%）、（0.011%，0.028%）、（0.017%，0.038%）和（0.016%，0.036%）[1]（见图8-6）。

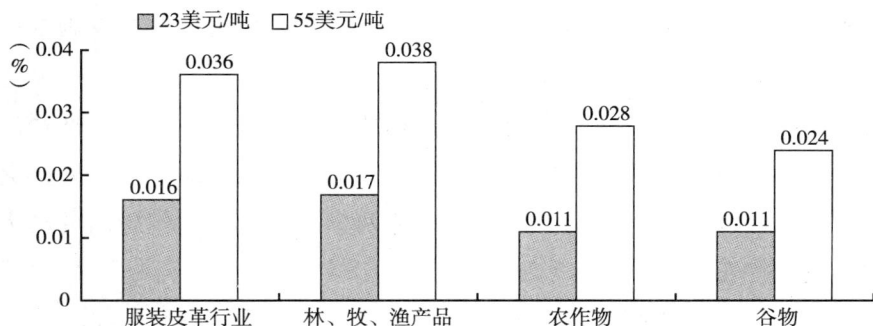

图 8-6　碳关税对劳动密集型产业的正面影响

---

① 万毅：《低碳时代碳关税征收的一般均衡分析》，湖南大学硕士学位论文，2010。

吴力波、汤维祺（2010）分析了碳关税对中国能源密集型出口部门的影响。结果表明，依据美国的碳关税方案测算，中国四大能源密集型出口部门（黑色金属冶炼及压延加工业、非金属矿物制品业、造纸及纸制品业、有色金属冶炼及压延加工业）每年最多需要支付 22.53 亿美元（美国碳关税方案：15 美元/吨二氧化碳）；如果依据欧洲碳关税方案测算，最多需要支付 76.75 亿美元（丹麦情形）。不同部门碳关税额度占出口总额的比重差异较大，非金属矿物制品业、有色金属行业所受到的影响尤其明显。

在碳关税较高的情形下，碳关税最高可达出口总额的 32.8%（非金属制品业，如水泥、平板玻璃等），行业总的碳关税成本可达其主营业务总成本的 13.4% 左右。这对中国出口企业而言确实是较难承受的。而在中等碳关税税负的情形下，碳关税总额最高可达出口总额的 10% 左右。在碳关税较低的情形下，碳关税总额占出口总额的 3%~7% 左右。以我国有色金属产业为例，其 2007 年的毛利率约为 12.1%，因此即使仅以中等税负测算，利润率被压缩的比例仍然很高。反之，也只有在碳关税较低的情形下，中小企业才勉强可以接受。而如果从高征收，出口企业根本无利可图①。

## （三） 碳关税对相关产业就业的影响

由于中国的高含碳产业受碳关税的冲击最大，从短期来看，必然会导致此类产业劳动者的就业困境加剧。碳关税的征收使得中国高含碳部门中的企业或面临被淘汰出局的命运，或主动选择产业结构升级，力争逆势而上。企业被市场淘汰无疑会直接产生大量的失业劳动者；而即使选择产业升级，科技含量的提升也会使得企业对劳动力的需求相对减少，同样会间接造成部分劳动者失业。综上所述，上述两方面均会对中国国内劳动力就业状况造成冲击。

在假设各行业之间劳动力要素无法流动的前提下，各行业将形成有差别的失业率水平。在这样的情况下，征收碳关税将使能源密集型行业的失

---

① 吴力波、汤维祺：《碳关税的理论机制与经济影响初探》，《世界经济情况》2010 年第 3 期。

业率普遍上升 1~2 个百分点，而其他行业失业率也将略有提高①。一般均衡模型的测算结果表明，征收 30 美元/吨或 60 美元/吨的碳关税，将使工业部门的就业岗位数减少 1.22% 和 2.39%，并且以上冲击可能在 5~7 年甚至更长的时期内产生持续影响。仪器仪表及文化办公机械制造业、电子及通信设备制造业、电气机械及器材制造业、纺织业、服装业、化学工业、金属制品制造业等几个行业的就业岗位遭受的冲击较为明显，其中仪器仪表及文化办公机械制造业、电子及通信设备制造业、电气及机械器材制造业和纺织业在 60 美元/吨的碳关税下第 1 年的就业岗位降幅将分别达到 12.14%、6.14%、5.41% 和 5.48%。

　　模拟结果表明，整个工业部门的就业岗位数在 30 美元/吨和 60 美元/吨的碳关税情况下，与没有碳关税的历史数据相比较，第 1 年就业岗位分别下降 1.22% 和 2.39%，第 2 年分别下降 1.23% 和 2.41%。模型测算结果表明，碳关税对就业岗位的负面冲击并不像对产量和出口的冲击那样呈现逐渐弱化的趋势。按照模型基准年份 2002 年制造业 8300 万人的就业规模估算，30 美元/吨的碳关税税额将造成大约 100 万工人失业；如果上述标准提高到 60 美元/吨，失业工人数将达到 200 万人左右②。而且，上述评估只是在一系列保守参数的框架下进行的，碳关税对工业部门就业的实际冲击只可能会更加严重。

　　万毅（2010）的模型分析结果表明，相比于基线值，征收碳关税后，我国就业总水平短期呈现出先下降后上升的趋势。到 2015 年，就业总量将累计降低约 0.012%。模型结果同时表明，征收碳关税对不同行业的就业水平具有不同的影响。一方面，由于征收碳关税导致出口成本增加，受到冲击的产业将会缩减生产规模，从而造成劳动力相对剩余。其结果只能是使得身处上述产业的工人面临裁员以及重新进行就业选择的命运。以化工制品行业为例，当碳关税税额为 23 美元/吨时，到 2015 年，该行业的产出将缩减 0.035% 左右，导致该行业的就业水平累计降低约 0.041%。

---

① 刘小川：《美国征收"碳关税"对中国经济的影响》，新华网，2009 年 10 月 13 日。
② 高静：《从边境调节税初探"碳关税"法律制度》，《研究生法学》2010 年第 3 期。

另一方面，由于受益行业的产能有所增加，使其具备了吸纳更多社会劳动力的潜力。以服装皮革行业为例，到 2015 年，在 23 美元/吨和 55 美元/吨的碳关税情形下，该行业的就业水平将分别累计增加 0.015% 和 0.036%。与之类似，其他受益行业的就业水平也将小幅度增加①。

### （四）碳关税的积极效应

诚然，在国际贸易领域，任何政策（即使是单边政策）的出台也会或多或少地存在积极效应。"碳关税"的征收将会在一定程度上有利于中国加快转变经济发展方式，调整产业结构，减少能耗，发展绿色生产和绿色经济，加速实现我国由追求传统 GDP 向追求绿色 GDP 的转轨，促使国内低碳技术的发展。同时，由于外在压力的加大，也会使中国的高含碳企业和碳密集型企业加快技术创新，主动追求产业结构升级，以期在低碳领域的发展阶段创造新的机遇。从低碳经济以及可持续发展的实际要求角度看，碳关税的征收从某种意义上讲是对中国经济发展的一种外部驱动和鞭策机制。

奥巴马游说国会通过《清洁能源安全法案》所强调的原因是"美国需要调整自身，进入一个新的发展方向，这个新的发展方向就是低碳经济的发展，是新能源、智力电网和生物技术，这些产业成为美国新的产业选择和战略选择"。尽管这只是奥巴马的表面说辞，但这种原因也可以成为中国在今后一个时期内经济发展的方向②。从长远来看，以新能源为主导的低碳经济必然会成为全球经济发展的普遍趋势，而主动顺应这一潮流和趋势，对于中国这样一个必须抓住每一个发展机遇的新兴市场经济国家而言具有极其重要的战略意义。

## 五 中国应对碳关税的战略选择

中国是一个发展中国家，总体经济发展水平相对滞后，出口商品结构

---

① 万毅：《低碳时代碳关税征收的一般均衡分析》，湖南大学硕士学位论文，2010。
② 高静：《从边境调节税初探"碳关税"法律制度》，《研究生法学》2010 年第 3 期。

比较单一，产品档次还具有相当明显的改善空间。中国在国际贸易中之所以会面临碳关税问题的困扰，根本弱点在于中国本身的产业结构和贸易结构。基于此，中国在国际贸易中应对碳关税风险，应主要从以下方面着手。

**（一）国际层面的对策**

第一，中国应积极参与国际贸易规则的制定过程，以提升自身的话语权。在未来谈判中，我国必须掌握一定的话语权，必须坚持以下基本立场：首先，坚持和进一步落实"共同但有区别的责任"原则。由于发达国家在经济积累的阶段中也有过高排放、高耗能的阶段，根据"污染者付费"原则，发达国家理应承担比发展中国家更多的减排要求，因此我国不能接受与发达国家额度相当的强制减排义务。其次，坚定维护自由贸易的立场，反对少数发达国家企图在后京都议定书时代的国际协定谈判中为采取单边贸易措施提供便利。由于尚不存在温室气体减排的统一标准，与环境相关的贸易措施的实施势必会增加贸易壁垒，对全球经济造成不利影响。因此，我国在进行对外贸易时必须对碳关税保持审慎的态度[1]。

我国要力争通过国际谈判、协商和协调机制，为发展中国家争取更为有利的发展时机与发展空间，并通过加强与国际社会在碳关税问题上的沟通、协商和谈判，使中国在国际贸易体系中处于更为有利的地位，成为国际经济规则的主动参与者和制定者——突破贸易壁垒和限制，制定利于多赢的新规则，为企业生存和经济发展创造良好的外部环境；加强对国际贸易规则的研究，联合其他发展中国家适时提出有利于自己的新主张，通过国际协调机制维护国家的正当权益；建立国际社会在碳关税问题上的对话、激励与合作机制。

第二，中国应制定多元化对外战略，积极拓展国际市场。从2010年1~9月份中国与主要贸易伙伴的贸易情况可以看出，我国主要的出口贸易伙伴国是欧盟、美国和日本（见表8-1）。而这些国家正是贸易壁垒的主要发起国，其环境保护标准、劳工标准均远远高于其他发达国家的平均

---

[1]　李伟、杨青：《碳关税对我国贸易的影响及应对策略》，《商业时代》2010年第16期。

水平。因此，我国在推进技术创新和产业升级的同时，也必须注意调整我国出口贸易的地理方向，进一步扩大向广大发展中国家的出口规模。这样一方面可以绕开严格的碳关税贸易壁垒，延长产品的生命周期；另一方面可以减缓来自发达国家的市场压力，降低因出口过度集中而隐含的宏观经济风险，实现出口贸易伙伴的结构多元化。

### 表 8-1　中国与主要贸易伙伴的贸易情况

| 国家（地区） | 金额（亿美元） | | | 同比增长（%） | | |
|---|---|---|---|---|---|---|
| | 进出口 | 出口 | 进口 | 进出口 | 出口 | 进口 |
| 全　　球 | 21486.8 | 11346.4 | 10140.4 | 37.9 | 34.0 | 42.4 |
| 欧　　盟 | 3494.9 | 2260.7 | 1234.2 | 34.4 | 35.0 | 33.4 |
| 美　　国 | 2785.4 | 2055.4 | 730.0 | 31.5 | 30.7 | 33.8 |
| 日　　本 | 2144.6 | 865.1 | 1279.5 | 32.2 | 24.1 | 38.4 |
| 东　　盟 | 2113.1 | 995.3 | 1117.8 | 43.7 | 36.2 | 51.1 |
| 香港地区 | 1611.3 | 1523.7 | 87.7 | 33.5 | 33.1 | 40.5 |
| 韩　　国 | 1511.8 | 494.8 | 1017.0 | 36.7 | 31.0 | 39.7 |
| 台 湾 省 | 1074.3 | 212.4 | 861.9 | 45.9 | 52.6 | 44.3 |
| 澳大利亚 | 622.4 | 190.2 | 432.2 | 45.1 | 32.7 | 51.3 |
| 印　　度 | 454.3 | 295.2 | 159.1 | 46.7 | 39.5 | 62.1 |
| 巴　　西 | 454.3 | 177.7 | 276.6 | 48.8 | 89.9 | 30.6 |

资料来源：《2010 年前三季度对外贸易运行情况》，中华人民共和国商务部网站 www.mofcom.gov.cn。

## （二）国内层面的对策

第一，要切实提高中国的生产技术水平，提高出口产品的技术含量，实现中国产业结构和贸易结构升级，降低消耗，走可持续发展道路。据中国海关统计资料显示，我国的主要出口商品依次是玉米、煤、原油、棉机织物、塑料制品、鞋、钢材、录放机、电视机等初级产品或工业产品中技术含量以及附加值均较低的劳动密集型产品，而附加值高的技术和资本密集型产品在出口中所占的份额依然十分有限。

因此，我国政府必须坚持走可持续发展道路，运用高新技术改造传统出口产业，提高出口产品的技术含量，坚持"科学兴贸"战略，加快发展新能源和新材料产业，加快经济结构调整和产业调整、转型、升级步伐，加快节能减排进程，引导企业强化绿色生产意识和不断提高节能减排技术水平，力争与国际社会积极协作，特别是加强在发展清洁能源和提高能效方面的全面合作，积极履行国际减排义务，共同实现全球减排目标。同时，我国应调整出口策略，在国际贸易中坚持以质取胜。中国应对技术壁垒以及碳关税问题的最根本手段是可持续地扩大内需，降低出口依赖度，特别是高耗能产品的出口依赖度。

第二，大力发展新型能源产业。目前，中国政府对新型能源产业的补贴主要局限于太阳能、风电、新能源汽车三大领域，政策主要包括税收优惠、信贷优惠、价格优惠和研发优惠等。今后，应扩大补贴新型能源领域，推出更完善的、不违反《补贴与反补贴协定》的补贴政策，积极应对诸如美国针对中国新能源补贴政策提出的"301"调查和"302"调查等别有用心的不合理的外贸举措，争取尽早占据新能源产业国际竞争的制高点，为中国今后在该领域的进一步发展创造条件。积极开发绿色能源（太阳能、风能、水能等），在照明设备、家用电器、汽车工业、工业电动机和工业锅炉等领域进行技术改进，提高热能的有效利用率和能源转换效率，在条件允许的情况下减少化石燃料的使用率。

第三，建立应对碳关税和技术壁垒的预警机制，研究和掌握有关技术壁垒和碳关税的国际协议、条例，及时获得与我国目标市场所在国或地区相关的技术法规、标准和合格评定程序等方面的信息，建立和完善我国的技术标准体系以及统一规范的认证体系，与国际社会接轨。我国出口的产品以纺织品、农副产品等基于加工的劳动密集型产品为主，生产技术相对落后，很少采用国际标准和国外先进技术，加之国内标准、地方标准、行业标准和企业标准复杂多样，使政府在监督和管理的过程中，缺乏对企业的有效监督和宏观统一指导。

另外，我国的技术法规与标准的制定和管理工作也严重落后，在已经制定的技术法规和国家标准中，约有 70% ~ 80% 低于国际平均水平和国外先进标准。为了减少贸易摩擦和减轻碳关税以及技术壁垒给国内企业带来的负担，政府应当积极参与国际标准的制定和修订过程，并且与各国签订相应的标准互认协议，以消除因疏于相关工作而可能造成的负面影响。

改革开放以来，我国在技术标准、合格评定等方面已经取得了长足进步。特别是近年来以 TBT 的要求为目标，制定并实施了一系列的法律法规，在采用国际标准、认可认证方面同国际接轨也取得了显著成绩。截至 2000 年底，我国共制定了国际标准 19278 项。其中，等同、等效采用国内或国际先进标准的占 40% 左右。在认可认证方面，中国质量体系认证机构国家认可委员会（CNACR）成为唯一获准首批签署国际认可论坛多边承认协议（IAF/MLA）的发展中国家的认可机构，也成为国际审核员与培训认证协会（IATCA）的首批成员机构之一，认证证书、审核员资格证书得到国际社会的广泛认可。同时，我国政府应进一步优化市场的反应、协调机制。

第四，构建应对碳关税的有效机制，大力发展绿色生产、清洁生产和低碳经济。碳贸易（或碳交易）是应对碳关税和技术壁垒的一种有效机制。碳交易是为促进全球温室气体减排，尤其是减少全球二氧化碳排放量所采用的市场机制。《京都议定书》把市场机制作为解决以二氧化碳为代表的温室气体减排问题的新路径，即把二氧化碳排放权作为一种商品，从而形成了二氧化碳排放权的交易，简称碳交易。根据京都协议，每个国家都有一定的二氧化碳排放量。如果超过了排放量但仍有排放需求，则可以向其他具备二氧化碳排放条件的国家购买排放量，这种交易即被称为碳交易。碳交易把气候变化这一科学问题、减少碳排放这一技术问题与可持续发展这个经济问题紧密地结合起来，以市场机制来解决这个科学、技术和经济领域的综合问题。

经过多年的发展，碳交易市场渐趋成熟，随着参与国地理范围的不断扩展延伸，市场结构的多层次深化和财务复杂度也不可同日而语。据联合国和世界银行预测，全球碳交易在 2008～2012 年间，市场规模每年可达 600 亿美元，2012 年全球碳交易市场容量为 1500 亿美元，有望超过石油市场成为世界第一大市场。我国要加快节能减排进程，引导企业强化绿色生产和清洁生产意识，不断提高节能减排技术水平。我国可以通过清洁发展机制（CDM）争取发达国家的资金和技术支持。CDM 使得发达国家可以通过在发展中国家投资有助于温室气体减排效果的项目或提供相关技术，换取所需的碳减排额度。目前我国是全球最大的 CDM 碳交易量国家，占到大约 60% 的市场交易份额。

我国的碳排放权交易在制度设计上，可以根据不同的发展阶段采取具有针对性的不同模式：第一种是强制减排和交易的模式，即由各级政府主管部门主要针对大中型企业制定碳减排时间表以及减排基准线，以确定每年的固定减排额；第二种模式是自愿减排和交易的模式，然而这种模式要求买卖碳排放权的企业主体必须具备相当程度的社会责任感。可以预计，第二种模式的减排效果或许不如第一种模式明显，但在向低碳经济转型的初期，对企业和国民经济的冲击可以控制在一个相对易于接受的范围内。根据我国的实际国情，应优先推行第二种模式，待到低碳技术和市场发育较为成熟之后，再全面推行第一种模式，同时必须注重建立与我国国情相适应的支持低碳经济发展的市场体系和政策体系。

事实上，碳交易是利用市场机制引领低碳经济发展的必由之路。所谓低碳经济，是指在可持续发展理念指导下，通过技术创新、制度创新、产业转型、新能源开发等多种手段，尽可能地减少煤炭石油等高碳能源消耗，减少温室气体排放，达到经济社会发展与生态环境保护双赢的一种经济发展形态。低碳经济最终要通过实体经济的技术革新和优化转型来减少对化石燃料的依赖，降低温室气体排放水平。低碳经济是以低能耗、低污染、低排放为基础的经济模式，是人类社会继农业文明、工业文明之后的又一次重大进步，其实质是提高能源利用效率，开发清洁能源技术，优化产业结构，追求绿色 GDP 的理想目标，核心是能源技术和减排技术创新、产业结构和制度创新以及人类生存发展观念的根本性转变。

我国发展低碳经济，一方面要积极承担环境保护责任，完成节能降耗指标的要求，大力发展清洁能源技术，减少对化石燃料的依赖；另一方面要调整经济结构，提高能源利用效益，发展新兴工业，建设生态文明，摒弃以往先污染后治理、先低端后高端、先粗放后集约的发展模式，建立温室气体排放交易系统，发展出新型的碳交易市场，实现经济发展与资源环境保护的双赢。

促进低碳经济与经济发展的融合可以在以下几个方面多下工夫：

第一，推进低碳技术和新能源技术的研究与开发。科学技术是第一生产力，对于中国这样一个资源结构不甚合理的经济体而言，优化能源结构、提高能源使用效率尤为重要。

第二，对传统部门进行节能减排方面的改组改造。通过财政补贴和贷款优惠等方式积极鼓励企业引进先进技术设备，逐步淘汰落后产能，探索低能耗、低污染、高附加值的经济增长新领域。坚持走科学发展道路，取消"两高一资"（高耗能、高污染排放、资源型）产品的出口退税，对一些重点的"两高一资"产品还要加征出口关税，引导这些产业向高附加值和更为节能的方向发展。

第三，合理引导外资，使外资尽可能多地流向符合国际节能和环保标准的深加工和技术密集型项目以及中西部和东北地区的城市基础设施建设和服务业项目，提高我国产业结构的级别与合理化程度。同时从政策、资金上推动国内企业低碳化生产经营进程，加快建设以低碳为特征的工业、建筑和流通体系。

## 主要参考文献

王金南等著《绿色壁垒与国际贸易》，中国环境科学出版社，2002。

孙晓霓：《论新型贸易壁垒"碳关税"》，《商业现代化》2009年9月（中旬刊）总第587期。

张宁：《应对碳关税》，《中国经贸》2010年第3期。

陈洁民、王勤：《"碳关税"：新型的贸易保护形式》，《黑龙江对外经贸》2010年第4期。

闫锐、李伯涛：《我国开征环境税的探讨与建议》，《宏观经济管理》2009年第7期。

吕海霞：《碳关税：全球金融危机下的新型绿色壁垒》，《中国物价》2009年第10期。

张建平：《严防国际贸易保护，主动应对碳关税》，《中国科技投资》2009年第10期。

高静：《从边境调节税初探"碳关税"法律制度》，《研究生法学》2010

年第 3 期。

沈可挺、李钢：《碳关税对中国工业品出口的影响——基于可计算一般均衡模型的评估》，《财贸经济》2010 年第 1 期。

沈可挺、李钢：《碳关税或冲击中国工业品出口》，2010 年 6 月 17 日《中国社会科学报》。

吴玲琍：《WTO 体制下的绿色贸易壁垒法律问题研究》，中国政法大学出版社，2009。

鲍勤、汤玲、杨列勋：《美国征收碳关税对中国的影响：基于可计算一般均衡模型的分析》，《管理评论》2010 年第 6 期。

鲍勤、汤玲、汪寿阳：《技术进步下碳关税对我国的影响分析》，《科技促进发展》2011 年第 1 期。

黄凌云、李星：《美国拟征收碳关税对我国经济的影响——基于 GTAP 模型的实证分析》，《国际贸易问题》2010 年第 11 期。

万毅：《低碳时代碳关税征收的一般均衡分析》，湖南大学硕士学位论文，2010。

吴力波、汤维祺：《碳关税的理论机制与经济影响初探》，《世界经济情况》2010 年第 3 期。

颜克益、巫景飞：《碳关税相关研究综述》，《商业时代》2010 年第 32 期。

王明喜、王明荣、汪寿阳：《碳关税对发展中国家的经济影响及对策分析》，《系统科学与数学》2011 年第 2 期。

鲍勤、汤玲、杨烈勋：《能源节约技术进步下碳关税对中国经济与环境的影响：基于动态递归可计算一般均衡模型》，《系统科学与数学》2011 年第 2 期。

李伟、杨青：《碳关税对我国贸易的影响及应对策略》，《商业时代》2010 年第 16 期。

World Bank：International trade and climate change. Washington D. C.：World Bank，2007.

Wang T，Watson J：Who owns China's Carbon Emissions?. Brighton：Tyndall Centre for Climate Change Research，2007.

Shui，B and R．C．Harriss，（2006）"The Role of CO2 Embodiment in US-hina Trade," Energy Policy 34（18）.

Peterson，S．，Klepper，G．The competitiveness effects of the EU climate policy［J］．Kiel Working Paper，1464，Institut für Weltwirtschaft，Kiel，2008（35）.

# 附录一

# 马克思、恩格斯关于国际
# 价值问题的论述（摘编）

杨圣明

  每一个国家都有一个中等的劳动强度，在这个强度以下的劳动，在生产一种商品时所耗费的时间要多于社会必要劳动时间，所以不能算作正常质量的劳动。在一个国家内，只有超过国民平均水平的强度，才会改变单纯以劳动的持续时间来计量的价值尺度。在以各个国家作为组成部分的世界市场上，情形就不同了。国家不同，劳动的中等强度也就不同；有的国家高些，有的国家低些。于是各国的平均数形成一个阶梯，它的计量单位是世界劳动的平均单位。因此，强度较大的国民劳动比强度较小的国民劳动，会在同一时间内生产出更多的价值，而这又表现为更多的货币。

  但是，价值规律在国际上的运用，还会由于下述情况而发生更大的变化。只要生产效率较高的国家没有因竞争而被迫把它们的商品的出售价格降低到和商品的价值相等的程度，生产效率较高的国民劳动在世界市场上也被算作强度较大的劳动。

  一个国家的资本主义生产越发达，那里的国民劳动的强度和生产率，就越超过国际水平。因此，不同国家在同一劳动时间内所生产的同种商品的不同量，有不同的国际价值，从而表现为不同的价格，即表现为按各自的国际价值而不同的货币额。所以，货币的相对价值在资本主义生产方式较发达的国家里，比在资本主义生产方式不太发达的国家里要小。由此可以得出结论：名义工资，即表现为货币的劳动力的等价物，在前一种国家比在后一种国家高；但这决不是说，实际工资即供工人支配的生活资料也是这样。

但是，即使撇开不同国家货币价值的这种相对的差异，也常常可以发现，日工资、周工资等等在前一种国家比在后一种国家高，而相对的劳动价格，即同剩余价值和产品价值相比较的劳动价格，在后一种国家却比前一种国家高。

——马克思：《资本论》第 1 卷，人民出版社，1975，第
613~615 页。

棉花的价值不是由英国的劳动小时，而是由世界市场上的平均必要劳动时间来决定。

——《马克思恩格斯全集》第 47 卷，人民出版社，1979，
第 405 页。

社会必要劳动时间是在现有的社会正常条件下，在社会平均的劳动熟练程度和劳动强度下制造某种使用价值所需要的劳动时间。

——马克思：《资本论》第 1 卷，人民出版社，1975，第
52 页。

萨伊为康斯坦西奥翻译的李嘉图著作所加的注释，只有一个关于对外贸易的正确意见。① 通过欺骗行为，由于一个人得到了另一个人失掉的东西，也可能获得利润。在一个国家内，亏损和盈利是平衡的。在不同国家的相互关系中，情况就不是这样。即使从李嘉图理论的角度看，——这一点是萨伊没有注意到的，——一个国家的三个工作日也可能同另一个国家的一个工作日交换。价值规律在这里有了重大的变化。或者说，不同国家的工作日相互间的比例，可能与一个国家内熟练的、复杂的劳动同不熟练的、简单的劳动的比例一样。在这种情况下，比较富有的国家剥削比较贫

---

① 萨伊在这里所加的注释是："法国从安的列群岛进口的糖在法国的价格，比法国本国生产的便宜。"见《马克思恩格斯全集》第 26 卷（Ⅲ），人民出版社，1974，第 609 页。

穷的国家，甚至当后者像约·斯·穆勒在《略论政治经济学的某些有待解决的问题》一文中所指出的那样从交换中得到好处①的时候，情况也是这样。

——《马克思恩格斯全集》第 26 卷（Ⅲ），人民出版社，<br>1974，第 112 页。

随着新开辟的交换的源泉，国内贸易和对外贸易的价值量都会增加。因此，交换的能力创造新的劳动，并使新的土地投入耕作，所以交换的能力不是由劳动和土地来衡量的。

——《马克思恩格斯全集》第 44 卷，人民出版社，1982，<br>第 118 ~ 119 页。

由于伟大的经济学家如斯密、李嘉图等人考察的是资本的基本形式，是作为产业资本的资本，而流通资本（货币资本和商品资本）事实上只是在它本身是每个资本的再生产过程的一个阶段的时候才加以考察，因此，他们遇到商业资本这种特殊种类的资本，就陷入了困境。考察产业资本时直接得出的关于价值形成、利润等等的原理，并不直接适用于商人资本。因此，他们事实上把商人资本完全搁在一边了，在提到它时，只是把它当作产业资本的一种。例如在李嘉图描述对外贸易的时候，在他们特别论述商人资本的地方，他们总是力图证明，它不创造价值（因而也不创造剩余价值）。但是，关于对外贸易的论述，也适用于国内贸易。

——马克思：《资本论》第 3 卷，人民出版社，1975，第<br>362 ~ 363 页。

商人资本的独立发展与资本主义生产的发展程度成反比例这个规律，在例如威尼斯人、热那亚人、荷兰人等经营的转运贸易（carrying trade）的历史上表现得最为明显，在这种贸易上，主要利润的获取不是靠输出本

---

① 约·斯·穆勒在他的《略论政治经济学的某些有待解决的问题》（1844 年伦敦版）第一篇中考察了"各国相互交换的规律以及商业世界各国商业利益的分配"，并且指出："我们通过对外国人的贸易取得他们的商品，而花费的劳动和资本，往往少于他们自己为这些商品所花费的。然而，这种贸易对外国人还是有利的，因为他们从我们这里换得的商品，如果他们自己去生产，要花费较高的代价，尽管我们为它花费的代价较少。"（参见《马克思恩格斯全集》第 26 卷（Ⅲ），人民出版社，1974，第 609 页）

国产品，而是靠对商业和一般经济都不发达的共同体的产品交换起中介作用，靠对两个生产国家进行剥削……转运贸易的这种垄断权，从而这种贸易本身，是随着这样一些民族的经济发展而衰落下去的，这些民族从两方面受这种垄断的剥削，其不发达状况成了这种垄断存在的基础。

——马克思：《资本论》第 3 卷，人民出版社，1975，第 367～368 页。

只要商业资本是对不发达的共同体的产品交换起中介作用，商业利润就不仅表现为侵占和欺诈，而且大部分是从侵占和欺诈中产生的。撇开商业资本榨取不同国家的生产价格之间的差额（就这方面来说，它对拉平和确定商品价值发生影响）不说，那些生产方式也造成了这样的结果：商人资本占据了剩余产品的绝大部分。

——马克思：《资本论》第 3 卷，人民出版社，1974，第 369 页。

其实，连货币主义也认为，这个利润不是在国内产生，而只是在同其他国家的交换中产生。重商主义体系只看到，这个价值表现为货币（金和银），因此，剩余价值表现为用货币结算的贸易差额。

——《马克思恩格斯全集》第 26 卷（Ⅰ），人民出版社，1972，第 13 页。

根据重商主义体系，剩余价值只是相对的：一人赢利就是他人亏损……因此，从一国总资本来看，在这个国家内部，实际上并没有形成剩余价值。剩余价值只有在一个国家同另一个国家的关系中才能形成。

——《马克思恩格斯全集》第 26 卷（Ⅰ），人民出版社，1972，第 43 页。

如果每年消费的不变资本在一个国家是 1000 万镑，在另一个国家只是 100 万镑，而 100 万人一年内新增加的劳动表现为 1 亿镑，那末产品价值在前一个国家就是 11000 万镑，在后一个国家就只是 10100 万镑。在这种情况下，第一个国家的单位商品不但可能而且毫无疑问会比第二个国家便宜，因为第二个国家花费同量的（直接）劳动生产出来的商品量少得多，比 10 与 1 之差少得多。当然，和第二个国家相比，第一个国家要拿出产品的更大一部分价值，因而要拿出总产品的更大一部分，用于补偿资本。但是第一个国家的总产品也多得多。

就工业品来说，大家知道，拿英国比如说同俄国相比，100万人生产的产品，不仅数量多得多，而且产品价值也大得多，虽然英国的单位商品便宜得多。但就农业来说，看来在资本主义发达的国家和比较不发达的国家之间就不存在这种关系。落后国家的产品比资本主义发达国家的产品便宜。这是就货币价格来说的。然而，看来发达国家的产品比起落后国家的产品来，则是劳动量（一年内花费的劳动量）少得多的产品。例如，在英国从事农业的人口不到1/3，在俄国从事农业的人口却有4/5，在英国是5/15，在俄国则是12/15。这些数字不应当从字面上去理解。例如，在英国，在机器制造业、商业、运输业等等非农业经济部门，有大批的人从事农业生产各要素的制造和输送，而在俄国就没有。可见，从事农业的相对人数不能简单地由直接从事农业的人数来决定。在进行资本主义生产的国家，有许多人间接地参加这种农业生产，而在不发达的国家，这些人都是直接从属于农业的。因此，表现出来的差别要比实际的差别大。但是对于一国文明的总水平来说，这个差别极为重要，哪怕这个差别只在于，有相当大一部分参与农业的生产者不直接参加农业，而摆脱了农村生活的愚昧，属于工业人口。

首先，我们不谈这一点。其次，我们也不谈这样一种情况，就是大多数农业民族不得不低于自己产品的价值出卖产品，而在资本主义生产发达的国家，农产品的价格却提高到它的价值的水平。无论如何，有一部分不变资本的价值加入英国土地耕种者的产品的价值，却没有这样一部分不变资本的价值加入俄国土地耕种者的产品的价值。

假定这部分价值等于10个工作日的劳动。再假定这个不变资本由1个英国工人推动。我所说的是农产品中不是用花费［土地耕种者的］新劳动来补偿的那部分不变资本，如农具。如果1个英国人用［等于10个工作日的］不变资本生产出来的产品，需要5个俄国工人才能生产出来，如果俄国人使用的不变资本等于1个工作日，那末，英国人的产品就等于10＋1＝11工作日，俄国人的产品就等于1＋5＝6工作日。如果俄国的土地比英国肥沃，以致不使用不变资本或只使用十分之一的不变资本生产出来的谷物，就和英国人使用十倍资本生产出来的一样多，那么，同量的英国谷物的价值和同量的俄国谷物的价值之比将是 11：6。如果俄国谷物每夸脱卖 2 镑，那么英国谷物每夸脱就要卖 3 +（2/3）镑，因为 2：[3 +（2/3）]＝6：11。可见，英国谷物的货币价格和价值比俄国谷物的货币价格和价值高得多，然而英国谷物是花费较少量的［直接］劳动生产出来的，因为过去劳动无论是在产品量中，还是在产品价值中再现出来，都无须花费任何追加的新劳动。只要英国人比俄国人使用较少的直接劳动而使用较多的不变资本，并且，只要这种不变资本——它无须英国人花费什么［在花费新劳动的意义上说］，虽然它曾经花费过［一定的费用］，并且必须得到支付，——没有把劳动生产率提高到足以抵消俄国土地的自然肥力的程度，英国谷物的价格和价值较高的情况就会始终存在。因此，在进行资本主义生产的国家，农产品的货币价格可能比不发达的国家高，虽然实际上这种产品花费的劳动量较少。这种产品包含较多的总劳动——直接劳动加过去劳动，但再现在这种产品中的过去劳动不需要任何［新］花费。如果不是自然肥力的差别发生影响，产品就会比较便宜。［发达的资本主义国家中］工资的较高的货币价格也可以用这种情况来说明。

　　　　　　　——《马克思恩格斯全集》第 26 卷（Ⅱ），人民出版社，
　　　　　　　1973，第 541 ~ 544 页。

　　两个国家可以根据利润规律进行交换，两国都获利，但一国总是吃亏。利润可以低于剩余价值，也就是说，资本可以通过交换获得利润，然而并没有在严格意义上实现价值增值。因此，不仅单个资本家之间，而且国家之间可以不断地进行交换，甚至反复进行规模越来越大的交换，然而双方的盈利无须因此而相等。一国可以不断攫取另一国的一部分剩余劳动而在交换中不付任何代价。

　　　　　　　——《马克思恩格斯全集》第 46 卷（下），人民出版社，
　　　　　　　1980，第 401 ~ 402 页。

　　投在对外贸易上的资本能够提供较高的利润率，首先因为这里是和生产条件较为不利的其他国家所生产的商品进行竞争，所以，比较发达的国

家高于商品的价值出售自己的商品，虽然比它的竞争国卖得便宜。只要比较发达的国家的劳动在这里作为比重较高的劳动来实现，利润率就会提高，因为这种劳动没有被作为质量较高的劳动来支付报酬，却被作为质量较高的劳动来出售。对有商品输入和输出的国家来说，同样的情况也都可能发生；就是说，这种国家所付出的实物形式的物化劳动多于它所得到的，但是它由此得到的商品比它自己所能生产的更便宜。

——马克思：《资本论》第 3 卷，人民出版社，1975，第<br/>264～265 页。

至于投在殖民地等处的资本，它们能提供较高的利润率，是因为在那里，由于发展程度较低，利润率一般较高，由于使用奴隶和苦力等等，劳动的剥削程度也较高。……处在有利条件下的国家，在交换中以较少的劳动换回较多的劳动，虽然这种差额，这种余额，同劳动和资本之间进行交换时通常发生的情况一样，总是会被某一个阶级装进腰包。所以，只要利润率较高是因为它在殖民地国家一般比较高，在这个殖民地国家的有利的自然条件下，较高的利润率就可以和较低的商品价格同时存在。平均化是会发生的，但不是像李嘉图认为的那样，平均化到原来的水平。

——马克思：《资本论》第 3 卷，人民出版社，1975，第<br/>265～266 页。

为什么投在某些部门的资本以这种方式提供的并且送回本国的较高的利润率，在没有垄断的妨碍时，不应当参加一般利润率的平均化，因而不应当相应提高一般利润率呢，这是不能理解的。特别是那些投资部门受自由竞争规律支配的情况下，这就更不能理解。相反，李嘉图所想象的情况是：用在国外按较高的价格出售所得的货币，在那里购买商品，并且送回本国；这些商品在国内出售，因此，这至多只会使这些处在有利条件下的生产部门比别的生产部门得到一种暂时的额外利益。只要撇开货币形式，这种假象就会消失。处在有利条件下的国家，在交换中以较少的劳动换回较多的劳动。

——马克思：《资本论》第 3 卷，人民出版社，1975，第<br/>265 页。

在国内单个生产者之间进行的零售贸易中，商品平均来说是按照价值出售的，但是在国际贸易中，由于上面所说的理由，通常都不是如此。这种情况完全和现在的世界相反。现在，生产价格适用于国际贸易和批发商业。

———恩格斯：《〈资本论〉第 3 卷增补》，载《资本论》第 3 卷，人民出版社，1975，第 1024 页。

把世界范围的剥削美其名曰普遍的友爱，这种观念只有资产阶级才想得出来。……怪不得自由贸易的信徒弄不懂一国如何牺牲别国而致富。

———《马克思恩格斯全集》第 4 卷，人民出版社，1958，第 457 页。

这些竞争者也会逐渐变成包买商，这时，额外利润对所有的人都会变为普通利润，在所有的人的资本已经增加的情况下，甚至还会变为更低的利润。利润率的均等再一次形成了，虽然所形成的利润率的水平可能不一样了，因为国内生产的剩余价值已经有一部分让给国外的买者了。

———恩格斯：《〈资本论〉第 3 卷增补》，载《资本论》第 3 卷，人民出版社，1975，第 1026 页。

在向同一些市场输出同种商品或类似商品的各个民族之间，也必然会逐渐发生利润率的平均化，其中有些民族往往会遭到破产，从而退出舞台。

———恩格斯：《〈资本论〉第 3 卷增补》，载《资本论》第 3 卷，人民出版社，1975，第 1022 页。

在世界贸易中，商品普遍地展开自己的价值。因此，在这里，商品独立的价值形态，也是作为世界货币与商品相对应。……在世界市场上，占统治地位的是双重价值尺度，即金和银。

———《马克思恩格斯全集》第 23 卷，人民出版社，1972，第 163 页。

# 附录二

# 尼·布哈林关于国际
# 价值问题的论述（摘编）

杨圣明

　　国际商品交换的基础是国际分工。但是不应当认为，只有在国际分工限定的范围内才发生国际商品交换。要知道，各国不仅相互交换不同的商品，而且还交换同一种类的商品，例如甲国不仅可以对乙国输出乙国不生产或产量很少的那些商品，而且还可以对乙国输出同乙国的地方性生产进行竞争的商品。在这种情况下，国际交换的基础就不在于以生产不同的使用价值为前提的国际分工，而只在于生产成本的差异，在于各国内不同量的价值，这些价值通过国际交换，化为全世界范围的社会必要劳动。

　　　　——尼·布哈林：《世界经济和帝国主义》，中国社会科
　　　　学出版社，1983，第7页。

　　在商品交换领域里已经形成了商品的世界市场。同样地，在货币资本领域里也已形成了货币资本的世界市场，其表现就是利息和贴现率在国际上的均等化。可见，"金融因素也显示了一个趋向——促进以世界市场条件取代单个国家市场条件的趋向"。

　　　　——尼·布哈林：《世界经济和帝国主义》，中国社会科
　　　　学出版社，1983，第7页。

　　马克思从劳动价值学说出发，对超额利润问题作了阐明。依据这个观

点，超额利润来源于商品的社会价值（所谓"社会"，应理解为世界资本主义整体）同它们的个别价值（所谓"个别"，应理解为"各国民经济"）之间的差异。而且，马克思已经预见并且解释了，在一定的领域里，由于垄断组织的支配地位，会发生超额利润的某种固定性。这种情况，在现代具有特别重要的意义。

　　——尼·布哈林：《世界经济和帝国主义》，中国社会科学出版社，1983，第 61 页。

国际商品流通使地方的和"国家的"价格形成统一的世界价格水平，雇佣工人的移动使各国的不同工资趋于一个水平，同样，资本的流动也使各国的利润率趋于一个水平。这种趋向不过是资本主义生产方式的最普遍的规律之一，在世界范围的表现罢了。

　　——尼·布哈林：《世界经济和帝国主义》，中国社会科学出版社，1983，第 27 页。

如果说国际商品流通是世界社会经济有机体中"物质变换"的表现，那末，国际人口移动就主要是经济生活的基本要素——劳动力再分配的表现。在"国民经济"的范围里，劳动力在各个生产部门间的分配受着趋于同一水平的工资率的调节，同样，在世界经济的范围里，不同工资率的均等化是通过移民来调节的。资本主义新世界这个巨大的蓄水池吸收了欧亚两洲的"过剩人口"，从被驱逐出农业的贫困破产的农民起，直到各城市中失业的"后备军"为止。这就在世界范围内按照资本的需要造成对"劳动人手"的供给与需求的一致……劳动力移动浪潮的起伏消长已成为世界劳动力市场上重要现象之一。劳动力的移动是资本主义生产关系的一极，与此对应的另一极是资本的移动。

　　——尼·布哈林：《世界经济和帝国主义》，中国社会科学出版社，1983，第 20~21 页。

# 后　　记

这本书是中国社会科学院交办课题成果。在课题成果付梓之际，首先让我们衷心感谢中国社会科学院常务副院长王伟光对我们的关怀和支持。两年前，当我们的研究工作遇到阻力时，正是他伸手相助，帮助我们解决了困难，才有面前这部著作的问世。同时，我们对院科研局和财经战略研究院科研处的同志为完成这个课题付出的辛勤劳动和智慧表示敬意，也感谢社会科学文献出版社恽薇、林尧为我们这本书付出的辛劳。

本书各章的作者分别是：第一章杨圣明、黄胜强，第二章冯雷，第三章裴长洪，第四章陈炳才，第五章夏先良，第六章王迎新，第七章冯远，第八章高文书、陈光普、冯珺，附录（一、二）杨圣明。温桂芳研究员、王振霞博士参加了前期的一些工作。

限于我们的知识和水平，书中不妥之处在所难免，欢迎批评指正。

**图书在版编目（CIP）数据**

马克思国际价值理论及其中国化探索：中国"五外"和谐新战略研究/杨圣明主编 . —北京：社会科学文献出版社，2012.6
（中国社会科学院财经战略研究院文库）
ISBN 978 - 7 - 5097 - 3428 - 5

Ⅰ.①马…　Ⅱ.①杨…　Ⅲ.①马克思主义 - 价值论 - 应用 - 中外关系 - 对外经济关系 - 研究　Ⅳ.①A811.66 ②F125.5

中国版本图书馆 CIP 数据核字（2012）第 099122 号

中国社会科学院财经战略研究院文库

马克思国际价值理论及其中国化探索
——中国"五外"和谐新战略研究

主　　编 / 杨圣明
副 主 编 / 冯　雷

出 版 人 / 谢寿光
出 版 者 / 社会科学文献出版社
地　　址 / 北京市西城区北三环中路甲 29 号院 3 号楼华龙大厦
邮政编码 / 100029

责任部门 / 财经与管理图书事业部（010）59367226　　责任编辑 / 许秀江　林　尧
电子信箱 / caijingbu@ ssap. cn　　　　　　　　　　 责任校对 / 李　惠
项目统筹 / 恽　薇　　　　　　　　　　　　　　　　 责任印制 / 岳　阳
总 经 销 / 社会科学文献出版社发行部（010）59367081　59367089
读者服务 / 读者服务中心（010）59367028

印　　装 / 北京季蜂印刷有限公司
开　　本 / 787mm × 1092mm　1/16　　　　　　　　　印　张 / 19.75
版　　次 / 2012 年 6 月第 1 版　　　　　　　　　　　字　数 / 301 千字
印　　次 / 2012 年 6 月第 1 次印刷
书　　号 / ISBN 978 - 7 - 5097 - 3428 - 5
定　　价 / 59.00 元